サステナブル経営と
コーポレートガバナンスの進化

松田千恵子 著

Corporate Governance

日経BP

サステナブル経営と　コーポレートガバナンスの進化

第1章

これからのカギを握る
コーポレートガバナンスの進化

第1節

はじめに　最新の状況はどうなっているのか

▼コーポレートガバナンス・コードの再改訂

２０１５年に行われたコーポレートガバナンス・コードの公表から早くも6年。２０１８年に続き、２０２１年には再改訂が行われ、実に83もの原則からなる〝大著〟となりつつあります。加えて、コーポレートガバナンス・コードと併せて「投資家と企業の対話ガイドライン」も大幅に改訂されています。「もう疲れた」――経営者やガバナンス事務局のため息が聞こえてきそうです。

しかし、そうやって背を向けていると困った事態になりそうな気配も濃厚です。何と言っても今回は、東京証券取引所における市場改革とセットです。コーポレートガバナンス・コード自体は「ソフト・ロー」であり、遵守しなかったからといって罰則が課されるわけではありませんが、ここに記載された内容は、市場区分の見直しや会社法の改正など「ハード・ロー」としての規制にも影響を与えており、無視するわけにはいきません。また、ESG（Environment, Social, Governance）投資の隆盛にも目覚ましいものがあります。今回の再改訂も、「ESG」要素の一つである「G」についてアップデートしようというのですから、気合も入ろうというものです。

とは言え、改めて内容を読んでいくと「何とガバナンスというのは口うるさいものか」という感じもします。経営者としては、箸の上げ下ろしまで指図されているようで嫌ですね。正直そういった面も無きにしも非ず。「ここまで書かないと駄目なのか」と正直思うこともあります。

▼ガバナンスとマネジメントは合わせ鏡

ただ、ここはちょっと発想を変えてみましょう。これからの時代は、企業を取り巻く環境、そしてビジネスや組織の大規模な変容が続く「荒波」の時代です。静かに凪いだ海で「今日と同じ明日が待っている」と思える時には、船の手入れを怠らず、ボトムアップで船員一人一人が忠実に決められた仕事を果たし、勤勉さに磨きをかけることが日々の糧となります。オペレーショナル・エクセレンスの世界ですね。しかし、いったん暴風雨になったらそんなことは言っていられません。沈まないためにはマストを切り倒したり、大事な荷物を海に捨てたりしなければなりません。そうした難しい意思決定を行うのは船長の役目です。船長が意思決定を誤れば、船は沈没します。企業も同じです。荒波の時代には、経営者の意思決定の巧拙が企業の命運を左右します。言い換えれば、それだけ経営者の持つ力が強大になってきているということです。

マネジメントとガバナンスは合わせ鏡のようなものです。マネジメントが強力になればなるほど、それを規律付けるガバナンスもしっかりしなければなりません。ガバナンスが指し示す様々な要素は、これからの荒波をくぐり抜けるために、マネジメントが考えなければならない重要ポイントなのではないでしょうか。この本もそのつもりで書いています。本書では「コーポレートガバナンス・コードではこうなっている」といった記載も多く出てきますが、ひたすら遵守することをお勧めしているわけではありません。それよりも、経営課題を考える糸口として活用して頂きたいというのが本音です。「ガバナンスにどう対応しようか」という受動的な心持ちではなく、「マネジメントとしてこれからどうするか」という能動的な観点で活用頂ければ幸いです。

そうは言っても、まずはガバナンスに関して何が変わるのかを押さえておかないと話になりません。ここからしばらく、２０２１年のコーポレートガバナンス・コードの再改訂について具体的に見ていきましょう。その後、それらがマネジメントに与える影響についてじっくり考えることにします。

第2節

ガバナンスを巡る法制はさらに進化する

▼再改訂のポイントはＥＳＧ

再改訂の内容を概観してみましょう。コーポレートガバナンス・コードがあまりに盛りだくさんになったからか、金融庁は親切にも今回の改訂のポイントを表１－１のように公表してくれています。

眺めて頂くと狙いは一目瞭然、「1．取締役会の機能発揮」＝「G（ガバナンス）」、「2．企業の中核人材における多様性の確保」＝「S（社会）」、「3．サステナビリティを巡る課題への取組み」＝「E（環境）」と、まさに「ＥＳＧ」が柱ともみえます。順を追って、もう少し詳しく見てみましょう。

表1−1　コーポレートガバナンス・コード再改訂のポイント

1. 取締役会の機能発揮
   - ▶プライム市場上場企業において、独立社外取締役を3分の1以上選任（必要な場合には、過半数の選任の検討を慫慂）
   - ▶指名委員会・報酬委員会の設置（プライム市場上場企業は、独立社外取締役を委員会の過半数選任）
   - ▶経営戦略に照らして取締役会が備えるべきスキル（知識・経験・能力）と、各取締役のスキルとの対応関係の公表
   - ▶他社での経営経験を有する経営人材の独立社外取締役への選任

2. 企業の中核人材における多様性の確保
   - ▶管理職における多様性の確保（女性・外国人・中途採用者の登用）についての考え方と測定可能な自主目標の設定
   - ▶多様性の確保に向けた人材育成方針・社内環境整備方針をその実施状況とあわせて公表

3. サステナビリティを巡る課題への取組み
   - ▶プライム市場上場企業において、TCFD又はそれと同等の国際的枠組みに基づく気候変動開示の質と量を充実
   - ▶サステナビリティについて基本的な方針を策定し自社の取組みを開示

4. 上記以外の主な課題
   - ▶プライム市場に上場する「子会社」において、独立社外取締役を過半数選任又は利益相反管理のための委員会の設置
   - ▶プライム市場上場企業において、議決権電子行使プラットフォーム利用と英文開示の促進

出所：金融庁（2021）「『コーポレートガバナンス・コードと投資家と企業の対話ガイドラインの改訂について』の公表について

▼取締役会の機能発揮① 独立社外取締役の人数

まずは取締役会についてです。コーポレートガバナンス・コードでは第4章「取締役会等の責務」で主に取り扱われています。コーポレートガバナンス・コードの精神は「監督と執行は分離せよ」であり、「取締役会は監督の場である」というものです。これを受けて、現行の会社法の定めにこだわらず、日本企業の取締役会はモニタリング・ボード型[注1]へと急速に移行しつつありますが、今回の改訂はそれをさらに後押しするような内容です。

まず、プライム市場上場企業において、独立社外取締役を3分の1以上選任することが求められます。必要な場合には「過半数の選任の検討を〝慫慂《しょうよう》〟」するとしています。「必要な場合」とは、「業種・規模・事業特性・機関設計・会社をとりまく環境等を総合的に勘案して、（企業が）必要と考える」場合とされています。〝慫慂《しょうよう》〟とはまた難しい言葉を使ったものですが、「そうするように誘って、しきりに勧めること」（大辞泉）だそうです。この「過半数」のおススメは、さらに将来の改訂に向けた布石かもしれません。実際、2015年公表当時には「3分の1以上」について同様な扱いをされていたところ、今回の再改訂ではこれが標準になってきたわけですから、ハードルは徐々に上がりこそすれ、下がることはまず無いでしょう。同時に改訂された

表1―2　コーポレートガバナンス・コード

【原則4―8．独立社外取締役の有効な活用】（今回改訂部分下線、以下同様）

独立社外取締役は会社の持続的な成長と中長期的な企業価値の向上に寄与するように役割・責務を果たすべきであり、プライム市場上場会社はそのような資質を十分に備えた独立社外取締役を少なくとも3分の1（その他の市場の上場会社においては2名）以上選任すべきである。

また、上記にかかわらず、業種・規模・事業特性・機関設計・会社をとりまく環境等を総合的に勘案して、過半数の独立社外取締役を選任することが必要と考えるプライム市場上場会社（その他の市場の上場会社においては少なくとも3分の1以上の独立社外取締役を選任することが必要と考える）は、十分な人数の独立社外取締役を選任すべきである。

出所：東京証券取引所（2021）「コーポレートガバナンス・コード（2021年6月版）」

「投資家と企業の対話ガイドライン」では、「必要に応じて独立社外取締役を取締役会議長に選任することなども含め、取締役会が経営に対する監督の実効性を確保しているか」とかなり踏み込んで言及しています。

ちなみに、スタンダード市場、グロース市場上場企業については、現状では従来通り「2名以上の選任」が求められることとなっていますが、これについても3分の1以上の選任がおススメされていることに変わりはありません。

取締役会の機能発揮②
ボード・ダイバーシティ

独立社外取締役の数だけ増えても、それに「質」が伴っていなければ困ります。経営のことなど全く知らない人々ばかり取締役会に名を連ねていたらちょっと不安ですよね。それゆえ、今回の改訂では独立社外取締役に「他社での経営経験を有する者を含めるべき」という文言が加わりました。とはいえ、今度は経営者ばかりでも困ります。多様な人材が必要です。ボード・ダイバーシティ（取締役会の多様性）を確保しなければなりません。

なぜ取締役会に多様性が必要なのでしょうか。女性活躍推進や企業の社会貢献のためではありません。もっと生々しいものです。一言でいえば「意思決定の確度を上げるため」に不可欠なのです。何かの問題を討議して意思決定をする場合を想定しましょう。同じ発想の人々が10人集まっても、考えるのはしょせん同じこと。同じような意見しか出ません。その結果、大きな見落としなどが生じるかもしれませんし、誰も気が付かないままとんでもない方向に向かってしまうかもしれません。一方、違う発想をする人々が集まっていれば、違う見方も出てきますし、様々な角度から問題を検討することができます。その結果、誤った意思決定をするリスクは減り、適切な意思決定を行う確度は上がります。ましてや取締役会というのは、会社の命運を左右するような重要な意思決定を行う場です。「違う頭」がたくさんあった方が意思決定の質がはるかに上がるということです。

従って、コーポレートガバナンス・コードもこのあたりについては結構うるさいのです。2018年の改訂では「ジェンダーや国際性」を考えた多様性を持つべきと言及されましたが、今回の再改訂ではそれに加えて「職歴、年齢」にも言及しています。先ほどの経営人材はもちろんのこと、中途採用者や若者が加わったりすれば多様性の幅はさらに広がります。「年齢」というの

表1－3　コーポレートガバナンス・コード

【原則4－11．取締役会・監査役会の実効性確保のための前提条件】

取締役会は、その役割・責務を実効的に果たすための知識・経験・能力を全体としてバランス良く備え、ジェンダーや国際性、職歴、年齢の面を含む多様性と適正規模を両立させる形で構成されるべきである。また、監査役には、適切な経験・能力及び必要な財務・会計・法務に関する知識を有する者が選任されるべきであり、特に、財務・会計に関する十分な知見を有している者が1名以上選任されるべきである。

取締役会は、取締役会全体としての実効性に関する分析・評価を行うことなどにより、その機能の向上を図るべきである。

補充原則4－11①

取締役会は、経営戦略に照らして自らが備えるべきスキル等を特定した上で、取締役会の全体としての知識・経験・能力のバランス、多様性及び規模に関する考え方を定め、各取締役の知識・経験・能力等を一覧化したいわゆるスキル・マトリックスをはじめ、経営環境や事業特性等に応じた適切な形で取締役の有するスキル等の組み合わせを取締役の選任に関する方針・手続と併せて開示すべきである。その際、独立社外取締役には、他社での経営経験を有する者を含めるべきである。

出所：東京証券取引所（2021）「コーポレートガバナンス・コード（2021年6月版）」

は何だかちょっと引っかかる感じもしますが、筆者が行った研究では「年齢の高い取締役がいればいるほど、現預金の保有率が高まる（投資もせずにひたすらおカネをため込む）」という結果が出ています。[注2] 日本における終身雇用や年功序列の影響を考えると、年齢というのも避けては通れない要素かもしれません。

こうした多様性を考えて、知識や経験、能力などのバランスが取れた取締役会が実現すれば、議論も活発に進み、実効性ある取締役会となることが期待されます。ただし、「本当にそうなっているのか」というのは外部からはなかなか分からないものです。性別や国籍、年齢といった属性は読み取れますが、その人がどのような分野に精通していて、どんな知識や経験、能力を持っているかというところまで理解するのは結構難しいです。加えて、意思決定にどのような知識や経験、能力が必要かということも、会社が営む事業や置かれている環境などによって異なってきます。それゆえ、そうした情報を開示せよ、という要請が今回加わりました。いわゆるスキル・マトリックスなどを用いて自社に必要な知識や経験、能力と、それを持つ取締役がちゃんといるのか、ということを説明せよ、ということです。スキル・マトリックスについては後述しますが、東証1部上場で売上高5,000億円以上の296社に絞ってみても、スキル・マトリックスを開示している企業は23%しかありません。[注3]これからの対応が求められるところです。

▼取締役会の機能発揮③　指名・報酬委員会

取締役会の機能発揮に関しては、もう一つ新たに加わった要素があります。指名委員会・報酬委員会に関しての要請が厳しくなったことです。なぜ、「指名」「報酬」についてコーポレートガバナンス・コードは「うるさい」のでしょうか。それは、これが「ガバナンスの一丁目一番地」とも呼ばれる重要な点だからです。このことは、自分が経営者の身になってみればすぐにわかります。それも「サボろうかな」などと思っているあまり宜しくない経営者をイメージしてみて下

表1−4　コーポレートガバナンス・コード 委員会の設置に関する記載

補充原則4−10①

上場会社が監査役会設置会社または監査等委員会設置会社であって、独立社外取締役が取締役会の過半数に達していない場合には、経営陣幹部・取締役の指名（後継者計画を含む）・報酬などに係る取締役会の機能の独立性・客観性と説明責任を強化するため、取締役会の下に独立社外取締役を主要な構成員とする独立した指名委員会・報酬委員会を設置することにより、指名や報酬などの特に重要な事項に関する検討に当たり、ジェンダー等の多様性やスキルの観点を含め、これらの委員会の適切な関与・助言を得るべきである。

特に、プライム市場上場会社は、各委員会の構成員の過半数を独立社外取締役とすることを基本とし、その委員会構成の独立性に関する考え方・権限・役割等を開示すべきである。

出所：東京証券取引所（2021）「コーポレートガバナンス・コード（2021年6月版）」

さい。こうした悪徳経営者が「株主からそれをやられるとさすがに困る」と思うのは何でしょう。まず「そんないい加減な事ばかりやっていると〝クビにするぞ〟」です。経営者の「指名」権限を株主や取締役会にしっかり握られるということですね。次に「〝報酬〟なんかやらないぞ、下げるぞ」と言われるとこれも結構嫌です。さらに「悪いことをしていたらちゃんと見つけるぞ」という〝監査〟が加わると三点セットです。これらが揃えば、経営者にとっては文字通り首根っこを押さえられたようなものです――と、やや露悪的な説明になりましたが、「指名」「報酬」「監査」は経営者を規律付けるために最も大事な要素ということですね。[注4]

「監査」については後ほど見るとして、ここでは「指名」「報酬」に話を絞りましょう。非常に重要なことなので、取締役会とは別に委員会を設けて検討することが要請されています。これも、2015年の公表時には「例えば任意の諮問委員会などあるといいかも」とおススメされるにとどまっていたのが、2018年の改訂時には「例えば」が消え、今回は更に一歩進んで「任意」も「諮問」も消えています。全ての上場企業は「独立した指名委員会・報酬委員会を設置すること」と明記されました。

また、指名に関しては後継者計画を含む検討を行うべきことと、検討にあたっては多様性も勘案すること、プライム市場上場企業については委員会の構成員の過半数は独立社外取締役とすることが要請されました。同時に改訂された「投資家と企業の対話ガイドライン」では、「独立した指名委員会が活用されているか」のみならず、「必要な権限を備え」ているか、そうした委員会について「評価が適切に行われているか」まで踏み込んで問われています。昔ながらの経営者にとっては、後継者や役員報酬などを決めることこそ権力の源泉であり、絶対に手放したくない経営トップの専管事項でしょう。従って、この点はコーポレートガバナンス・コードの中でもかなりセンシティブな扱いをされていたのですが、度重なる改訂を経て、経営者の抵抗に対する「外堀」が埋まってきた感があります。

▼企業の中核人材における多様性の確保

多様性に関しては、取締役会だけではなく、企業の中核人材にも焦点が当てられることとなりました。まるまる一つ、補充原則が新設されています。

以前から、原則2－4において「女性の活躍促進を含む社内の多様性の確保」が要請されていました。正直「何だか政権（当時）の方針をあからさまにコードに入れ込んだ感じだなあ」といった文言だったのですが、今回はその補充原則としてもう少し別の観点から多様性に言及し、加えて中長期的な企業価値向上に向けた人的資本に関する考え方まで言及しています（本来、そうであれば原則2－4自体を直せば良いのにと思うのですが、さすがに〝女性活躍促進〟という文字の削除はできなかったのかもしれません）。

僻目のツッコミはさておいて、多様性については、ジェンダーや国際性のほかに、中途採用者に言及しているのが特徴的です。これには賛否両論あったようですが、終身雇用・年功序列の影響が根強い日本企業においては、中途採用者というのは多様性をもたらす人材の最たるものといってもよいでしょう。学術研究では、ジェンダーや国際性といった属性の多様性（デモグラフィ型多様性）よりも、知識や経験、能力といったスキルの多様性（タスク型多様性）の方が業績に

表 1−5　コーポレートガバナンス・コード
　　　　多様性の確保に関する記載

【原則2−4．女性の活躍促進を含む社内の多様性の確保】

上場会社は、社内に異なる経験・技能・属性を反映した多様な視点や価値観が存在することは、会社の持続的な成長を確保する上での強みとなり得る、との認識に立ち、社内における女性の活躍促進を含む多様性の確保を推進すべきである。

補充原則2−4①（新設）

上場会社は、女性・外国人・中途採用者の管理職への登用等、中核人材の登用等における多様性の確保についての考え方と自主的かつ測定可能な目標を示すとともに、その状況を開示すべきである。

また、中長期的な企業価値の向上に向けた人材戦略の重要性に鑑み、多様性の確保に向けた人材育成方針と社内環境整備方針をその実施状況と併せて開示すべきである。

出所：東京証券取引所（2021）「コーポレートガバナンス・コード（2021年6月版）」

プラスの影響を及ぼすという結果が多くあります。[注5]中途採用者だけがスキルの多様性を持つわけではありませんが、何かといえば女性偏重の多様性論議が多い中、スキルの多様性に目が向けられたのは良いことではないかと思います。

また、ここで「中核人材」と言っていることにも注意が必要です。具体的にやり玉に挙がるのは「執行役員」の多様性ではないでしょうか。前述のボード・ダイバーシティについては、独立社外取締役の人材多様化などを通じて少しは進んできたように見えますが、執行役員などはまだまだ「日本人新卒採用男性、転職歴無し、似たような大学卒」ばかりです。筆者がある業界を調べたところでは、業界上位100社における社外取締役に占める女性の割合は9・7％[注6]であるのに対して、社内執行役員に占める女性の割合は2・2％にすぎませんでした。部門長レベルでもほぼ同様でしょう。「いやあ、女性の優秀層がまだ課長どまりで…もう少し時間が経たないと」などと言う企業も未だに存在しますが、男女雇用機会均等法が施行されてから既に35年も経つのです。如何に説得力の無いことを言っているのか、そろそろ深く反省すべき頃合いでしょう。

もう一つ、補充原則2－4①には重要な記述があります。「中長期的な企業価値の向上に向けた人材戦略の重要性」[注7]という文言です。後ほどゆっくりみましょう。

▼サステナビリティを巡る課題への取り組み① 方針の策定と開示

サステナビリティについては、今回大幅に言及が増えました。今回の改訂は全部で14項目あるのですが、そのうちの4項目がこの関連です。また、今回の改訂のうち、基本原則の考え方まで修正が行われたのはサステナビリティに関する内容だけです。[注8]それほどここ数年の変化は大きかったということでしょう。

ここでは大きく二つのことが要請されています。一つには、取締役会が責任をもってサステナビリティが重要な経営課題であることを認識し、それについて基本的な方針を策定し、自社の取り組みを適切に開示すべきということです。幾つもの原則に分かれているので読みにくいのですが、関連する原則を挙げると表1－6および表1－7の通りです。

表1－6　コーポレートガバナンス・コード
基本原則2　考え方

上場会社には、株主以外にも重要なステークホルダーが数多く存在する。これらのステークホルダーには、従業員をはじめとする社内の関係者や、顧客・取引先・債権者等の社外の関係者、更には、地域社会のように会社の存続・活動の基盤をなす主体が含まれる。上場会社は、自らの持続的な成長と中長期的な企業価値の創出を達成するためには、これらのステークホルダーとの適切な協働が不可欠であることを十分に認識すべきである。 また、「持続可能な開発目標」（ＳＤＧｓ）が国連サミットで採択され、気候関連財務情報開示タスクフォース（ＴＣＦＤ）への賛同機関数が増加するなど、中長期的な企業価値の向上に向け、サステナビリティ（ＥＳＧ要素を含む中長期的な持続可能性）が重要な経営課題であるとの意識が高まっている。こうした中、我が国企業においては、サステナビリティ課題への積極的・能動的な対応を一層進めていくことが重要である。 上場会社が、こうした認識を踏まえて適切な対応を行うことは、社会・経済全体に利益を及ぼすとともに、その結果として、会社自身にも更に利益がもたらされる、という好循環の実現に資するものである。

出所：東京証券取引所（2021）「コーポレートガバナンス・コード（2021年6月版）」

ステークホルダーとの関連性の観点から第2章で大枠を説明し、情報開示に関わる第3章で開示の重要性に触れ、取締役会の仕事であることを明らかにするために第4章で駄目押しした、という感じでしょうか。ここで留意すべきは、「サステナビリティを巡る課題への対応はリスクの減少のみならず収益機会にもつながる重要な経営課題である」「中長期的な企業価値向上の観点から」「自社の経営戦略・経営課題との整合性を意識しつつ」「検討を深めるべきである」と力説している点です。加えて、今回同時に改訂された「投資家と企業の対話ガイドライン」においては、「サステナビリティに関する委員会を設置するなど、サステナビリティに関する取組みを全社的に検討・推進するための枠組みを整備

表1−7　コーポレートガバナンス・コード TCFD関連の記載

補充原則2−3①

取締役会は、気候変動などの地球環境問題への配慮、人権の尊重、従業員の健康・労働環境への配慮や公正・適切な処遇、取引先との公正・適正な取引、自然災害等への危機管理など、サステナビリティを巡る課題への対応は、リスクの減少のみならず収益機会にもつながる重要な経営課題の一部であると認識し、中長期的な企業価値の向上の観点から、これらの課題に積極的・能動的に取り組むよう検討を深めるべきである。

補充原則3−1③（新設）

上場会社は、経営戦略の開示に当たって、自社のサステナビリティについての取組みを適切に開示すべきである。また、人的資本や知的財産への投資等についても、自社の経営戦略・経営課題との整合性を意識しつつ分かりやすく具体的に情報を開示・提供すべきである。

特に、プライム市場上場会社は、気候変動に係るリスク及び収益機会が自社の事業活動や収益等に与える影響について、必要なデータの収集と分析を行い、国際的に確立された開示の枠組みであるＴＣＦＤまたはそれと同等の枠組みに基づく開示の質と量の充実を進めるべきである。

補充原則4−2②（新設）

取締役会は、中長期的な企業価値の向上の観点から、自社のサステナビリティを巡る取組みについて基本的な方針を策定すべきである。（後略）

出所：東京証券取引所（2021）「コーポレートガバナンス・コード（2021年6月版）」

しているか」といったことも問われています。

ここまでお節介が必要なのかとも思いますが、実はこの点は企業がこれまで取り組んできたＣＳＲ（Corporate Social Responsibility、企業の社会的責任）活動との混濁がみられ、企業が現状最も悩んでいる分野です。本書でも、この点については後ほど詳しく扱います。

▼サステナビリティを巡る課題への取組み② 気候変動への対応

もう一つの要請はＴＣＦＤ（Task Force on Climate-related Financial Disclosures、気候関連財務情報開示タスクフォース）関連の記載です。ＴＣＦＤとは、Ｇ20の要請を受け、ＦＳＢ(Financial Stability Board、金融安定理事会)[注9]により、気候関連の情報開示及び金融機関の対応をどのように行うかを検討するために設立されたタスクフォースで、２０１７年6月に最終報告書を公表し、企業等に対して、気候変動関連リスク及び機会に関して開示することを推奨しています。

プライム市場上場企業は、こうした枠組みに基づいて気候変動開示の質と量を充実させるよう要請されました「ＴＣＦＤ又はそれと同等の国際的枠組みに基づく」とされているのは、ＴＣＦＤ以外にも現在気候変動やその他サステナビリティ関連の開示の枠組みを統一化、規格化しようという動きが進んでいるからです。[注10]それであれば開示の枠組みが規格化されてからでも良いような気もするのですが、なぜＴＣＦＤに焦点があてられたかというと、気候変動については企業が多く用いているからといったことの他に、発端がＧ20、各国政府の要請によるものなので、政府主導で進めやすいからということもあるでしょう。[注11]また、世界を見渡すと気候変動に関する情報

表1−8　TCFDの枠組み

▶**ガバナンス（Governance）**：どのような体制で検討し、それを企業経営に反映しているか。
▶**戦略（Strategy）**：短期・中期・長期にわたり、企業経営にどのように影響を与えるか。またそれについてどう考えたか。
▶**リスク管理（Risk Management）**：気候変動のリスクについて、どのように特定、評価し、またそれを低減しようとしているか。
▶**指標と目標（Metrics and Targets）**：リスクと機会の評価について、どのような指標を用いて判断し、目標への進捗度を評価しているか

出所：TCFD Consortium（2021）「TCFDとは」https://tcfd-consortium.jp/about（2021.10.5閲覧）

開示の義務化が急速に進んできており、日本でも検討がなされています。企業にとっては、開示の枠組みの規格化や義務化の動向をにらみつつ、具体的に対応していかなければならない要請といえましょう。

▼「その他」というには重要すぎる改訂

ここまで、今回の改訂における三つの主要論点を見てきました。金融庁のポイント解説は、この論点のほかは「その他」として一括りにしてしまっていますが、この中には企業にとって重要な事項が満載です。加えて「投資家と企業の対話ガイドライン」の改訂内容もかなりのものです。げんなりしているかもしれませんが、ここでさっさと整理してしまいましょう。大別すると以下の５つです。

1. 株主総会の在り方と必要な情報開示
2. 社外取締役と株主との対話

3．上場子会社におけるコーポレートガバナンス
4．資本コストと事業ポートフォリオマネジメント
5．監査の信頼性の担保

まずは株主総会についてです。今回の再改訂では、コーポレートガバナンス・コードの第一章「株主の権利・平等性の原則」に関しては一カ所しか改訂がなかったのですが、その一カ所が「プライム市場上場企業における議決権電子行使プラットフォーム利用」です。個人はともかく、機関投資家[注12]と呼ばれる大口の投資家は莫大な数の企業に投資していますから、議決権をいちいち行使するのも大変です。昔ながらに紙に書いて提出などという面倒くさい手段はできれば勘弁してほしいと思っているわけですね。その声に応えなさいということです。海外では、議決権電子行使プラットフォーム利用率が米国で98％、英国では9割以上、ドイツでは7割以上となっています。しかし、日本ではまだ14・3％にすぎません。[注13]従って、2015年のコーポレートガバナンス・コード公表時から議決権の電子行使を可能とするための環境作りが要請されていたのですが、今般、グローバルな投資家層を想定しているプライム市場上場企業について、より具体的な要請が行われたということです。

補充原則1－2④には、同じくグローバルな投資家層を想定して、「招集通知の英訳を進める

表1−9　コーポレートガバナンス・コード
情報開示関連の記載

補充原則1−2④

上場会社は、自社の株主における機関投資家や海外投資家の比率等も踏まえ、議決権の電子行使を可能とするための環境作り（議決権電子行使プラットフォームの利用等）や招集通知の英訳を進めるべきである。

特に、プライム市場上場会社は、少なくとも機関投資家向けに議決権電子行使プラットフォームを利用可能とすべきである。

補充原則3−1②

上場会社は、自社の株主における海外投資家等の比率も踏まえ、合理的な範囲において、英語での情報の開示・提供を進めるべきである。

特に、プライム市場上場会社は、開示書類のうち必要とされる情報について、英語での開示・提供を行うべきである。

出所：東京証券取引所（2021）「コーポレートガバナンス・コード（2021年6月版）」

べきである」という一項があります。また、情報開示に関する第三章では補充原則3−1②において、英語での情報開示・提供を要請しています。今回はこれに更に加えて「プライム市場上場企業の英語での開示・提供」がダメ押しされています。プライム市場上場企業に要請される「一段高度なガバナンス」というのは、こうした具体的な作業にまで及んでいるのですね。

株主への対応に関する今回の改訂は、コーポレートガバナンス・コード上ではこれだけですが、「投資家と企業の対話ガイドライン」においては「株主総会の在り方」という一項が新たに設けられています。ほとんどは既にコーポレートガバナンス・コードで述べられている内容ですが、「不測の事態が生じても株主へ正確に情報提供しつつ、決算・監査のための時間的余裕を確保できるよう、株主総会関連の日程の適切な設定を含め、株主総会の在り方について検討を行っているか」といった点や、「バーチャル方式により株主総会を開催する場合には、株主の利益の確保に配慮し、その運営にあたり透明性・公正性が確保されるよう、適切な対応を行っているか」など、コロナ禍で表面化した課題なども早速採り入れられています。今年度からはバーチャルオンリーの株主総会[注14]も認められるようになりました。企業にとっては効率化が進む半面、セキュリティ対策や通信障害対策に加え、株主の質問権確保や議決権行使手法など〝透明性・公正性の確保〟が最大の課題となってくるでしょう。「投資家と企業の対話ガイドライン」の記載はその点を先取りしたものともいえます。

▼社外取締役と株主との対話

株主との対話に関しても、ちょっと興味深い改訂がありました。株主との対話の対応者について、「社外取締役」に焦点があたっています。

既に先進企業を中心に、社外取締役が株主や投資家との対話の場に出てくることは結構行われるようになっています。経営や事業に関する投資家向け説明会等の催しに社外取締役が出席して質問を受けることも増えました。株主総会でも社外取締役に対して質問が飛ぶのは今や普通のことになってきています。

表1―10　コーポレートガバナンス・コード
社外役員との対話に関する記載

補充原則5―1① 株主との実際の対話（面談）の対応者については、株主の希望と面談の主な関心事項も踏まえた上で、合理的な範囲で、経営陣幹部、社外取締役を含む取締役または監査役が面談に臨むことを基本とすべきである。

出所：東京証券取引所（2021）「コーポレートガバナンス・コード（2021年6月版）」

こうした中で前述のように社外取締役の人数が増えていくとどうなるでしょう。良くも悪くも、色々な人が色々なことを言いだす可能性があります。いったい誰が投資家との対話に責任を持つのかといった問題も生まれます。この点をカバーするために、「投資家と企業の対話ガイドライン」では、「株主との面談の対応者について、（中略）例えば『筆頭独立社外取締役』の設置など、適切に取組みを行っているか」といった問いかけがなされています。「筆頭独立社外取締役」については、既に2015年のコーポレートガバナンス・コード公表当時から例示されていましたが、「経営陣との連絡・調整や監査役または監査役会との連携にかかる体制整備」の一環として挙げられていたので、字面を見る限りでは「単なる連絡係？」といったイメージさえ与えかねないものでした。今回「投資家と企業の対話ガイドライン」に明記されたように、「筆頭独立社外取締役」の重要な役割の一つは株主との対話にあります。コーポレートガバナンス・コード本家本元の英国では、筆頭独立社外取締役にあたるＳＩＤ（Senior Independent Director）を置くことが一般的となっており、株主との対話のほか、取締役会の自己評価も含めた機能強化の役割を担っています。

▼上場子会社におけるコーポレートガバナンス

さて、この辺りから話が重くなってきます。前回のコーポレートガバナンス・コード改訂（2018年）から今回に至るまで、コーポレートガバナンスに関しては様々な論点が掲げられ、議論されてきました。こうした議論の多くは、これまで経済産業省等が公表してきたガイドラインや実務指針等にまとめられています。今回のコーポレートガバナンス・コードの再改訂には、こうした議論の蓄積を改めてコードに反映させておこうという趣旨もありそうです。その筆頭ともいえるのが「上場子会社におけるコーポレートガバナンス」に関する記載です。いわゆる「親子上場」ですね。

別に「親子上場イコール悪」というわけではありません。支配株主（多数株主）を有する企業が上場している時に、多数株主の利害が優先されて一般の株主（少数株主）が不利益を被るという利害相反の可能性が問題なのです。従って、別に親会社ではなくても、例えば創業者や投資ファンドが多数の株式を持っていたりしても同様のことが起こりますし、持合いを形成する株主の間に強い結びつきがあることなどを想定すれば、広い意味では政策保有株式についても同様の利

表 1−11　主なガイドライン・実務指針の一覧

2018年9月	コーポレート・ガバナンス・システムに関する実務指針
2019年6月	グループ・ガバナンス・システムに関する実務指針
2019年6月	公正なM&Aの在り方に関する指針−企業価値の向上と株主利益の確保に向けて−
2020年7月	社外取締役の在り方に関する実務指針
2020年7月	事業再編実務指針〜事業ポートフォリオと組織の変革に向けて〜
2020年9月	持続的な企業価値の向上と人的資本に関する研究会 報告書

害相反が生じていると言えます。この「利害相反」が嫌なのですね。[注15]

親子上場は、２０１５年公表当時のコーポレートガバナンス・コードにおいては全く言及されていませんでした。民営化された国営企業や大手企業が多く親子上場の状態にあったからではないかとも思われますが、そうそう放置しておくわけにもいかず、２０１９年には政府の大方針を決める未来投資会議[注16]で議論されるまでになり、経済産業省も「グループ・ガバナンス・システムに関する実務指針」を出し、そのエッセンスが今般コーポレートガバナンス・コードに採り入れられました。こうした動きを受けて、２００６年度に４１７社あった親子上場会社は、２０２１年３月末には２４８社と14年連続で減っています。[注17]

利害相反という本質的な問題を考えれば、親子上場に関わる内容は、本来は第一章の「株主の権利・平等性の確保」に関係の深いはずですが、今回の再改訂では「上場子会社のガバナンス体制の問題」として、第四章の「取締役会等の責務」において取り扱われています。具体的には「考え方」において追記が入るとともに、上場子会社であれば独

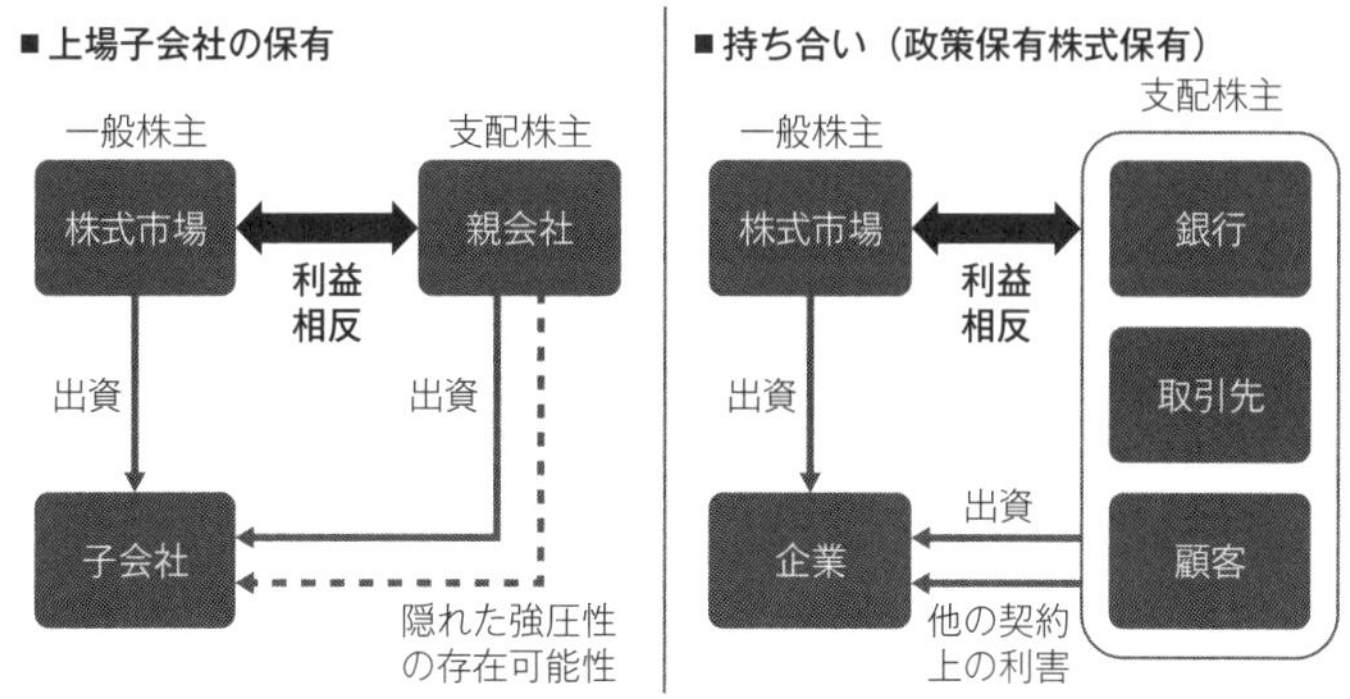

図 1−1　支配株主と一般株主の利益相反

立社外取締役を少なくとも3分の1以上、プライム市場上場企業においては過半数選任するか、特別委員会を作りなさいということになっています。特別委員会というのは、支配株主と一般株主の利益相反が生じる重要事項について、独立性を有する者で構成し、審議や検討を行うという委員会です。こちらも独立社外取締役を含むこととなっています。先述の経済産業省による「グループ・ガバナンス・システムに関する実務指針」においても、つまるところ上場子会社の利害相反回避は独立社外取締役に任せよう、という立て付けになっていたので、それを踏襲したものといえるでしょう。

考え方として重要なのは、「株主共同の利益」という文言が入ったことです。支配株主は自らの利益だけを考えるのではなく、一般株主も含めた株主全体に共通する利益を尊重しなければならないということです。「一般株主を不公正に取り扱ってはならない」ことも明言されました。海外でも、支配株主が株主共同の利益を考え、一般株主を重んじるべきと

表1－12　コーポレートガバナンス・コード上場子会社に関する記載

第4章　考え方 （前略）そして、支配株主は、会社及び株主共同の利益を尊重し、少数株主を不公正に取り扱ってはならないのであって、支配株主を有する上場会社には、少数株主の利益を保護するためのガバナンス体制の整備が求められる。 **補充原則4－8③（新設）** 支配株主を有する上場会社は、取締役会において支配株主からの独立性を有する独立社外取締役を少なくとも3分の1以上（プライム市場上場会社においては過半数）選任するか、または支配株主と少数株主との利益が相反する重要な取引・行為について審議・検討を行う、独立社外取締役を含む独立性を有する者で構成された特別委員会を設置すべきである。

出所：東京証券取引所（2021）「コーポレートガバナンス・コード（2021年6月版）」

いう論点は重視されており、米国では、支配株主が一般株主に対して「信認義務」（Fiduciary Duty）を負うことが判例法上認められており、損害賠償責任や差し止めを認めた裁判例があります。また、英国では支配株主を有する会社の株主総会における独立取締役の選任は、株主全体の過半数だけではなく、一般株主の過半数（いわゆるＭｏＭ：Majority of Minority）のそれぞれで承認されなければならないとされています。

日本でも平成26年会社法改正の議論の過程において、子会社一般株主を保護するための親会社の責任に関する規定を創設するか否かが議論されたのですが、最終的には規定は創設されず、その代わり、親子会社間取引に関して情報開示の充実が図られることとなりました。今回の再改訂の内容は、そこから一歩踏み出し、支配株主の責任をより強く求めるようになってきたものと見ることができます。

▼資本コストと事業ポートフォリオマネジメント

金融庁のポイント解説にはなぜか含まれていませんが、「資本コストを踏まえた事業ポートフォリオマネジメント」は、実務的には企業に最も大きな影響を与える内容の一つです。あまりに大変なので後でまたじっくりみますが、ここでは前著でも触れた「株主は多角化企業が嫌い」という話をちょっとおさらいしておきましょう。

もともと、株主は多角化企業を嫌います。株式市場を活用して投資ポートフォリオを作りたいのに、企業が勝手に事業を増やして自分でポートフォリオを作ってしまったら困るではないですか。従って、専業企業を好み、多角化企業に対しては厳しい目を向けます。多角化企業がその存在を主張できるのは、一つには事業間でのシナジーが実現していること、二つめにはそれら事業を束ねる本社が、巷の投資家よりも投資家能力に優れており、より高いリターンを生むポートフォリオ管理を行っていることが証明されている場合だけです。おまけで加えるとすれば、グループ全体として持つブランド価値その他が非常に強い場合でしょう。これらが実現できていれば、個々の事業の価値の単純合計よりも、企業全体の価値のほうが上回るはずです。そうでなければ、「なぜ事業価値の単純合計は100になるのに、企業全体の価値は80しかないのだ」と責められ

表1－13　コーポレートガバナンス・コード
事業ポートフォリオマネジメントに関する記載

【原則5－2．経営戦略や経営計画の策定・公表】

経営戦略や経営計画の策定・公表に当たっては、自社の資本コストを的確に把握した上で、収益計画や資本政策の基本的な方針を示すとともに、収益力・資本効率等に関する目標を提示し、その実現のために、事業ポートフォリオの見直しや、設備投資・研究開発投資・人的資本への投資等を含む経営資源の配分等に関し具体的に何を実行するのかについて、株主に分かりやすい言葉・論理で明確に説明を行うべきである。

補充原則5－2①（新設）

上場会社は、経営戦略等の策定・公表に当たっては、取締役会において決定された事業ポートフォリオに関する基本的な方針や事業ポートフォリオの見直しの状況について分かりやすく示すべきである。

補充原則4－2②（新設）

取締役会は、（中略）人的資本・知的財産への投資等の重要性に鑑み、これらをはじめとする経営資源の配分や、事業ポートフォリオに関する戦略の実行が、企業の持続的な成長に資するよう、実効的に監督を行うべきである。

出所：東京証券取引所（2021）「コーポレートガバナンス・コード（2021年6月版）」

ます。この状態をコングロマリット・ディスカウントといいます。こうしたコングロマリット・ディスカウントを生じさせている企業に対して株主は辛辣です。特に、投資家的能力の欠如に関しては、もちろんプロの投資家ですから容赦しません。それぞれの事業にかかる資本コストさえ把握できないまま、下手をすれば資本コストをはるかに下回るようなリターンしか上げられず、企業価値を毀損している事業をいつまでも持ち続けているのは許し難いわけですね。「お前が持っていて良いことなど何もない、さっさと止めるなり売るなり始末をつけろ」と企業に迫ってきます。経済産業省が「事業再編実務指針」を公表して、ベストオーナーであるかといった問題提起や、事業売却等の手法にまで言及したのはこうした流れを受けてのことです。今回の再改訂は、それを反映していると考えて良いでしょう。

もともと、原則5－2において「収益力だけではなくて資本効率も見なさいね」といったことは言われていました。[注18] しかし遅々として進まず。業を煮やして今回は新たに原則自体を一つ増やしてしまいました。また、こうしたことについて取締役会できちんと議論しているのかを問うために「事業ポートフォリオに関する戦略の実行が、企業の持続的な成長に資するよう、実効的に監督を行うべきである」との言葉も盛り込まれました。企業としてはいよいよ待ったなしで対応しなければならなくなってきたということですね。ただ、これはなかなか大変です。企業における経営管理を全面的に見直さなければならないのですが、この経営管理分野は日本企業において一番遅れている分野の一つといってもよいからです。逆に言えば、株主からのプレッシャーが弱かったからこそ、未発達のままだったと言えるかもしれません。これから具体的にどう対処していけば良いのか、本書の後半で一緒に考えていきましょう。

▼監査の信頼性の担保

最後は「監査の信頼性の担保」です。主として「内部監査」機能の充実が取り上げられています。これも前回のコーポレートガバナンス・コード改訂の後、2019年に経済産業省より公表された「グループ・ガバナンス・システムに関する実務指針」に記載されていましたが[注19]、そのキーワードは「3線ディフェンス」と「デュアル・レポーティング」でしょう[注20]。3線ディフェンスとは、実効性ある内部統制を行うために、第1線として事業部門、第2線として管理（コーポレート）部門、第3線として内部監査部門、が働くべきとする考え方で、広くグローバルで用いられています。過去の企業不祥事などを見ると「特に第2線における第1線に対する牽制機能（第1線のリスクテイクに対するリスク管理機能）の確保と第3線の客観性を担保するための実質的な独立性確保が重要である」と同指針でも述べられています。日本企業ではとにかく第1線＝事業部門が強く、内部監査部門はどちらかというと日陰者扱いが続いていました。そうした結果としての不祥事の続発をもっと真剣に反省しなさい、ということです。それにはまず、内部監査部門に力をつけてもらわなければならず、今回の再改訂ではその機能にスポットライトが当たったわけです。

さて、ここで問題です。企業不祥事があるたびに、経営者が従業員をしっかりチェックしていなかったという非難のもと「ガバナンス不全」という言葉がメディアに踊りますが、この言葉の使い方は正しいのでしょうか？　実はそうではありません。コーポレートガバナンスが意味するのは、株主をはじめとするステークホルダーによる経営者の規律付けです。そのために取締役会もあるわけで、規律付けを担う「監督」機能を担うのが株主や取締役会、実際に事業を運営するのが「執行」機能である経営者ということになっています。「監督と執行の分離」が行われているわけですね。一方、企業が大きくなってくると、経営者自身が実際に事業運営を行うのではなく、従業員に実際の運営は任せて自分は意思決定に専念するといったことが起こります。こちらは執行における「経営と実行の分離」とでもいいましょうか。こうなってくると、従業員にあれこれ任せている経営者は、その従業員がきちんと仕事をしているのかをチェックしたくなります。これが「内部統制」ですね。さきほどの「ガバナンス不全」というのは、経営者が従業員をしっかりチェックしていなかったという意味であれば、正確には「コーポレートガバナンス不全」ではなく、「内部統制不全」と言われるべきでしょう。

内部監査部門におけるデュアル・レポーティング

では、内部統制を十分なものとするために、経営者は何をするべきでしょうか。先ほどの3線ディフェンスはその一つです。第1線はやっていることをきちんとセルフチェックする。その状況を第2線がまたきちんとチェックする。しかし、これだけでは経営者はちょっと不安です。チェックすることに専念してくれる自分の特命部隊がほしくなりませんか？　これが内部監査部門です。

すなわち、内部監査部門のレポーティングラインは、本来的には「経営者」だということです。内部監査部門はあくまで執行機能の一つとして、他の執行機能の状況をチェックして経営者に報告するのがもともとの仕事でした。

しかし、ここまで見てきた通り、企業には取締役会による監督機能というものがあります。日本においては監査役会設置会社が多いですから、監査役による監督機能も重要です。こうした監督を担っている人々が、内部監査で判明した事実については露知らず、などということがあったらどうしましょう。本来は経営者がきちんと報告すればよいわけですが、悪徳経営者ほど自分に都合の悪い事実は隠します。何も情報が入らないまま突然とんでもない不祥事が起こったなどと聞かされたら監督側はたまったものではありません。従って、内部監査部門は判明した事実があったら、直属のレポーティングラインである経営者だけではなく、監督機能を担う取締役会や監査役会にも同時にきちんと報告するべき、ということになってきたのです。これを「デュアル・レポーティング」といいます。今回の再改訂はその点をかなり強調しています。取締役会は内部監査部門を活用してリスク管理等を監督するべきであるし、内部監査部門は取締役会や監査役会に適切に直接報告を行うべきということが明記されています。「直接」の報告というのがポイン

表1−14　コーポレートガバナンス・コード 内部監査に関する記載

補充原則4−3④

内部統制や先を見越した全社的リスク管理体制の整備は、適切なコンプライアンスの確保とリスクテイクの裏付けとなり得るものであり、取締役会はグループ全体を含めたこれらの体制を適切に構築し、内部監査部門を活用しつつ、その運用状況を監督すべきである。

補充原則4−13③

上場会社は、取締役会及び監査役会の機能発揮に向け、内部監査部門がこれらに対しても適切に直接報告を行う仕組みを構築すること等により、内部監査部門と取締役・監査役との連携を確保すべきである。また、上場会社は、例えば、社外取締役・社外監査役の指示を受けて会社の情報を適確に提供できるよう社内との連絡・調整にあたる者の選任など、社外取締役や社外監査役に必要な情報を適確に提供するための工夫を行うべきである。

出所：東京証券取引所（2021）「コーポレートガバナンス・コード（2021年6月版）」

トですね。経営者を介していると先ほどのような懸念が生じるからです。注21

２０１５年のコーポレートガバナンス・コード公表当初には、企業が内部にため込んでいるとされる内部留保や余剰現預金を、株主をはじめとする監督機能の強化により有効に投資に回させ、ひいては経済成長につなげようという「攻めのガバナンス」が大いに喧伝されたわけですが、落ち着いて考えれば、リターンを上げるためにリスクをしっかり管理するという「守りのガバナンス」についてはは少々手薄だったのではないかという声もありました。監査の信頼性の担保については、こうした声を反映したものともいえそうです。

▼企業にどのような影響があるのか

　ようやく改訂内容のご紹介が全て終わりました。5つの原則（補充原則）を新設し、14の原則（補充原則）に追加・修正を加え、78原則から83原則に増えたわけですが、コーポレートガバナンス・コードそのものの改訂はこれで全部です。後は、「投資家と企業の対話ガイドライン」の改訂のみで取り上げられている項目が幾つかあります。

　一つには、経営全体の将来に向けた判断と投資戦略についての文言が強化されていることが挙げられます。「投資戦略の実行を支える営業キャッシュフローを十分に確保するなど、持続的な経営戦略・投資戦略の実現が図られているか」などとあります。また、前述のサステナビリティを含め、「環境の変化が、経営戦略・経営計画等において適切に反映されているか」といったことにも言及されています。これについては大変重要な点なので、後ほどじっくりと取り扱います。

　その他には個別論点として、先に挙げた「株主総会」に加えて、「政策保有株式」と「アセット・オーナー」に関する事項に追加がみられます。前者は、「保有効果の検証が、例えば、独立社外取締役の実効的な関与等により、株主共同の利益の視点を十分に踏まえたものになっているか。そうした検証の内容について検証の手法も含め具体的に分かりやすく開示・説明されているか」を問うています。ここにも「株主共同の利益」がでてきましたね。広い意味では政策保有株式が利益相反問題を内包していることが分かります。

また、アセット・オーナーに関しても「自社の企業年金の運用に当たり、企業年金に対して、自社の取引先との関係維持の観点から運用委託先を選定することを求めるなどにより、企業年金の適切な運用を妨げていないか」という点が追加されています。これも利益相反についての指摘ですね。アセット・オーナーたる企業年金は、ひとえに年金受給者（すなわち従業員です）の最大利益のみを考えて動かなければならないのに、母体となる企業の利益のために動いてやしませんか、ということです。本当はもっと高いリターンを上げてくれる運用委託先があるのに、本業の取引上関係が強いからというだけの理由でさして業績も良くない運用委託先に平気で資金を預けている、というのは立派な利益相反ということですね。「信認義務」違反ということでもあります。

さて、コーポレートガバナンスに関して新たに求められることとなった要請の中身は、今度こそこれで全部です。お疲れ様でした。

と、ここで終わりにしてしまっては意味がありません。企業にとっては、再改訂の内容を事細かに知るのがゴールではなく、再改訂を一つの契機として、これからの時代に合うように自社のマネジメントをどう変えていくのか、という方がはるかに大事です。ここから先はそうした視点で、「ガバナンス」に対する「マネジメント」の在り方を見ていきましょう。

（注１） 監督としての機能を重視する取締役会の機関設計をモニタリング・ボード型と呼びます。典型的には指名委員会等設置会社が該当します。一方、業務執行についての意思決定を中心に行っていく機関設計をマネジメント・ボード型と呼び、伝統的な日本の取締役会はこちらを想定していました。しかし、近年ではコーポレートガバナンス・コードの影響もあり、監査役会設置会社であってもモニタリング・ボード型を志向する企業が大手を中心に増えています。

（注２） 松田千恵子（２０２０）「ボード・ダイバーシティは投資意思決定に影響を与えるか?」異文化経営研究 Transcultural management review, (17), 63-78.

（注３） 経済産業省（２０２１）「第1回 人的資本経営の実現に向けた検討会 事務局説明資料 令和３年７月」

（注４） 前著「ＥＳＧ経営を強くするコーポレートガバナンスの実践」（松田千恵子、日経ＢＰ、２０１８年）にも書きましたが、重要なことですので改めて記載します。

（注５） Joshi, A., & Roh, H. (2009) "The role of context in work team diversity research: A meta-analytic review", Academy of Management Journal, 52(3), pp.599-627.

Horwitz, S. K., & Horwitz, I. B. (2007) "The effects of team diversity on team outcomes: A meta-analytic review of team demography", Journal of management, 33(6), pp.987-1015.

（注６） この数字は実はまだ良い方で、コーポレートガバナンス助言会社のプロネッド社によると、東証１部上場の２，１８６社において、女性の社外取締役は前年同期に比べ30％増の１，４５８人、とは言え取締役全体に占める比率は８・８％に過ぎないそうです。ちなみに、社内出身の女性取締役は22％増で２８２人とのことです（２０２１年7月時点）。

（注７） この背景としては、経済産業省が２０２０年に公表した「持続的な企業価値の向上と人的資本に関する研究会 報告書～人材版伊藤レポート～」の考え方が色濃く反映されています。

（注８） 第4章は、修正ではなく追加文言が入ったものとして扱っています。

（注９） 各国の金融関連省庁及び中央銀行からなり、国際金融に関する監督業務を行う機関

（注10） 例えば、ＩＦＲＳ（International Financial Reporting Standards、国際会計基準）を設定する国際会計基準審議会では、新たに組織を設けてサステナビリティ報告基準を定めようとしています。これまで財務報告が主流であったところ、非財務情報の開示の質量が一段と求められている証左のような話ですね。

（注11） 今回の再改訂にあたっても、ＴＣＦＤに関する内容が加えられたのは２０２１年３月の再改訂案公表直前であり、以下のような経緯もあるようです。「自民党の財務金融部会は19日、脱炭素社会の実現に向けた金融のあり方に関する提言案をまとめた。企業の

情報開示を充実させるルールを整備するよう促し、上場企業に適用する企業統治指針（コーポレートガバナンス・コード）で開示させるよう求めた。義務化を検討することも提案した。（中略）提言案では『改定が予定されるコーポレートガバナンス・コードにＴＣＦＤなどに基づく開示を記載することが望まれる』とした。」（日本経済新聞２０２１年３月19日）。この流れに従い、金融庁では企業の気候変動リスクに関する開示を義務付ける検討が行われており、近い将来には有価証券報告書への記載が求められるようになる可能性もあります。

（注12）金主（おカネを持っている本人）から何らかの形で預かった大量の資金を使って株式や債券で運用を行う大口投資家のことをこう呼びます。生命保険会社、損害保険会社、信託銀行、普通銀行、信用金庫、年金基金、共済組合、農協、政府系金融機関などが該当します。

（注13）経済産業省「第９回　株主総会プロセスの電子化促進等に関する研究会」２０１８年

（注14）バーチャル総会は大きく分けて３パターンあります。一つめは会場を定めずにオンラインのみで開催する「完全オンライン型」で、これまでは認められていなかったのですが、産業競争力強化法が改正されて可能になりました。一定の要件を満たした会社において、定款変更や取締役会決議が必要となりますが、施行から２年間に限っては、経産大臣と法務大臣の「確認」を条件に、定款を変更しなくてもよいことになっています。

二つめは「ハイブリッド型」で、これが更に二つに分かれます。質問や議決権を行使できる「出席型」と、視聴だけできる「参加型」です。こちらは現行法でも開催可能で、昨年、新型コロナ禍で一つの会場に多くの人数を集めるのが難しくなったことで注目を集め、２０２０年度は上場会社のうち９社がハイブリッド「出席型」、１１３社がハイブリッド「参加型」の株主総会を実施しました。経済産業省からは、「ハイブリッド型バーチャル株主総会の実施ガイド」（２０２０年２月）が公表され、２０２１年２月にはその実施事例集も策定されています。

（注15）ちなみに多数株主や少数株主という言葉を使うと、単純に持株割合の多少だけをイメージしてしまいがちですが、少なくともこの文脈においてはそれだけではありません。少数株主というのは、ここでは普通に株式市場で株式を売買して企業の株主となっている一般の株主のことです。

（注16）２０１９年３月７日開催。未来投資会議は成長戦略会議に取って代わられ、更に現在では新しい資本主義実現会議となっていますが、２０１６年９月には安倍晋三元首相を本部長とする「日本経済再生本部」の下に設置されていました。

（注17）西山賢吾（２０２０）「親子上場の状況（２０２０年度末）―４年ぶりに二桁の純減に―」金融アップデイトNo21-11、野村資本市場研究所

（注18）２０１５年の公表当時といえば、その前年に公表されたいわゆる伊藤レポートが「ＲＯＥ８％以上」といった具体的基準を持ち出したことで話題になっていた頃です。ＲＯＥには長所もありますが短所も多く、また具体的な数値を持ち出すにはやや抵抗もあっ

たためか、コーポレートガバナンス・コードには「資本効率」という言葉だけが入ったわけですが、これまで売上至上主義だった企業はなかなか変わりません。そのため、２０１８年の再改訂ではもう少し強く「自社の資本コストを的確に把握」しろとか、「事業ポートフォリオの見直し」を行うべき、などと明記されました。

（注19）　同指針では、一章丸ごと内部統制の在り方について語られています。

（注20）　ちなみに、「3線ディフェンス」と似た言葉に「三様監査」というものがあります。監査役等－会計監査人－内部監査部門の三者連携による監査のことをこう呼びますが、この「三様監査」が有効に機能するよう、適切な連携を行うべきという点も、「グループ・ガバナンス・システムに関する実務指針」及び「投資家と企業の対話ガイドライン」に盛り込まれています。ただ、この如何にも日本的な「連携」という表現は具体的には何を指すのか、本当に機能しているのか、などについては議論も多いところです。特に、監査役と内部監査部門との関係については、連携という以上に明確にデュアル・レポーティングの考え方が示されているので、早晩さらに収斂していくことになるでしょう。

（注21）　この点に関して、東京証券取引所は「内部監査部門が取締役会や監査役会に対して適切に直接報告を行う仕組みの構築以外の方法をとることでも差し支えないものと考えられます」という見解を示していますが、いずれにせよ内部監査部門が取締役・監査役（員）に対して報告を行う仕組みの構築と強化は必須であり、シンプルかつ実効性のある仕組みにすればするほど、直接報告という形態を考慮せざるを得なくなってくるでしょう。コーポレートガバナンス・コード改訂時のパブリックコメントでも直接報告の仕組みはより強化すべきという意見が多数であり、不可逆的な流れといえます。

第2章

進化へのポイント①
プライム市場における高度なガバナンス

第1節

エクィティガバナンスの本格化が進む

▼メインバンクガバナンスの残滓

ガバナンスに対するマネジメントを考える上で、まず払拭しておかなければならないのが「経営者の頭の中に多く残るメインバンクガバナンスの残滓」です。戦後以来強固であったメインバンクガバナンスの枠組み[注1]も、'90年代後半には揺らぎをみせます。それまでのメインバンクガバナンス（主要取引銀行によるガバナンス）から、エクィティガバナンス（株主によるガバナンス）へ、世の中は移り行くことになったのでした。

コーポレートガバナンス・コードはこうした流れを決定的にしました。同コードは「エクィティガバナンスかくあるべし」の見本のような内容です。かくして我々は現在、「株主からのガバナンスにマネジメントはどう応えるべきか」という問題に取り組んでいるわけです。

ところが、経営者によっては、頭の中が未だエクィティガバナンスに切り替わっていないように見えることもあります。これがなぜ問題かというと、メインバンクガバナンスに代表される「債権者」の思考と、エクィティガバナンスがもたらす「株主」の思考はかなり異なるからです。そもそも「債権者」と「株主」は立場が異なり、利害が相反する場合もあります。その二つの立場をうまく見極め、使い分けるのが「経営者」の仕事であるはずなのですが、あまりに長く「債権者」の思考に浸かっていたために、経営者まで未だ債権者的思考から抜け出せなくなってはいないでしょうか。

▼債権者と株主の利害対立

具体的にどのような時にこうした〝残滓〟の影響は出てくるのでしょうか。最も単純な例を挙げると、「現預金保有」に対する考え方がそれにあたります。株主は企業が現預金を多く保有しすぎていることには否定的です。せっかく事業投資に振り向けてもらおうとお金を預けたのに、現預金で運用ばかりしているならさっさと返せ——当然ですね。現預金の運用なら投資家の方がはるかにうまいはずです。資金運用のプロでもない事業会社におカネを預け、企業や経営者にまつわる様々なリスクも取らされ、しかも法人税まで抜かれた後にしかリターンが得られないのに、

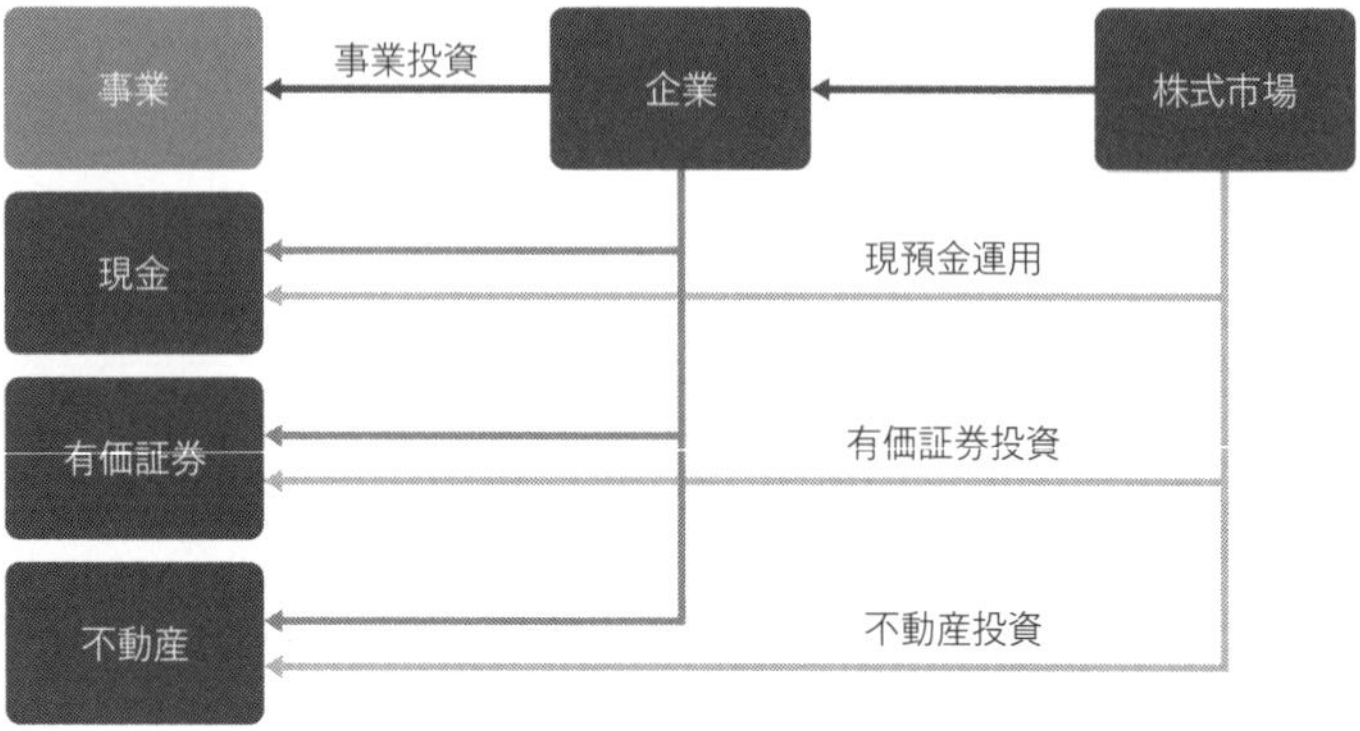

図 2−1　「現預金」「有価証券」「不動産」に対する株主の見方

現預金の運用ばかりやっているような状況を株主が許すはずはありません。

現金のみならず、有価証券や不動産についても同じことがいえます。株主にとっては先の現金同様、「それなら自分でやった方がうまく運用できる」投資でしかありません。不動産も今やＲＥＩＴという手段で、投資家は直接不動産投資を行うことができます。何が悲しくてわざわざ事業会社にそのためのおカネを渡す必要があるのでしょう。

一方、債権者はそういう考え方をしません。現金があれば普通は預金として銀行に預けられるので、これだけでも大歓迎（最近は必ずしもそうでもないかもしれませんが）。企業内におカネが積み上がっていれば返済の不安もなく、しかも、いざという時に担保に取れるような預金や有価証券、不動産があるならばなお安心。取引の安定化を図れますし、不動産を持っているなら仲介や斡旋など新たなビジネスも広がります。またとないお客様です。

「現預金」「有価証券」「不動産」などを多く保有している企業に対する見方は、このように真っ二つに分かれます。

借金についての考え方も対立するところです。銀行はとにかく信用リスクに敏感ですから、〝最も良い状態〟は「無借金会社」[注2]です。一方、株主は適度に財務レバレッジをかければより儲かるのですから、借金に対しては寛容です。無借金会社などは、「高い株主資本コストばかり払っているけれどそれを上回る事業のリターンを本当に出せているのか？」と懐疑的な目で見られます。借金をして自社株買いを行い、ＲＯＥ（Return On Equity、株主資本利益率）を高めてくれるのも歓迎。株価も上がったりします。一方、債権者としては借金が増えることには否定的ですから、こうした場合には債権者の見方を代表する指標である信用格付けは下がる可能性があります。

▼経営者としてはどうすべきなのか

こうした「債権者」と「株主」の考え方が対立するような主なテーマを、図２－２にまとめておきました。これを見て頂くとお分かりの通り、今回のコーポレートガバナンス・コード再改訂でも取り上げられているような重要なテーマについて、「債権者」と「株主」の思考が対立することが実は結構多いのです。例えば「多角化企業」や「上場子会社」に対して債権者は肯定的、

経営課題	債権者（メインバンクガバナンス）	株主（エクイティガバナンス）
経営戦略をどう立て、どのように語るか	契約遵守、返済原資が明確になるように精緻に、網羅的に語る **→過去の実績が大事** **→中期経営計画**	将来成長が明確になるように、焦点を当てて優先順位を明確にする **→将来の予測が大事** **→エクイティストーリー**
ステークホルダーへの還元をどのようにするか	元本と金利返済は契約で決定済み **→安定して返済原資を確保せよ** **→安定配当、リスク回避**	株価上昇も配当も企業業績次第 **→成長せよ、もしくは還元せよ** **→成長するならリスクテイク必要**
事業の多角化をどのようにとらえるか	リスクの違う事業を多く持てば返済原資のリスク分散につながる **→多角化には好意的**	自分の投資ポートフォリオは市場で自分が作りたい **→多角化には否定的**
上場子会社の存在をどう考えるか	子会社上場でキャッシュが入り親会社の返済原資が潤沢となる **→子会社上場を推進**	子会社の「少数株主」の利害は親会社（支配株主）と対立する懸念 **→子会社上場に否定的**
政策保有株式（持合い）をどう考えるか	経営の安定性や取引強化に資する **→持合いに対して肯定的**	「少数株主」の利害に反する **→持合いに対して否定的**
無借金会社をどう考えるか	信用リスクが極めて低い優良会社 **→自行の他に借金が無いのは理想**	財務をうまく行えていない非効率な会社 **→レバレッジ効果を使えていないことに疑問**
現預金、有価証券、不動産等の遊休資産保有	信用リスク補完として担保に取れる **→返済原資が確保できるので好意的**	投資してほしいのは「事業」のみ **→資金の機会損失となり否定的**
経営者をどのように選び、遇するか	安定的な承継システムで自立すべし **→指名や報酬は機密事項** **→コンプライアンスが重要**	成長できなければ次を探すべし **→指名や報酬こそ根幹** **→ガバナンスが重要**

図 2−2　経営課題に対する株主と債権者の反応の主な違い

株主は否定的です。「中期経営計画」といった開示内容も、もしかしたら株主の考え方からはだいぶ遠いものであるかもしれません。

「いや、そんなことはちゃんと頭では分かっている」という経営者も、何となく気持ちの底では腹落ちしていなかったりします。エクイティガバナンスへの号砲がなってから既に四半世紀、そろそろ債権者と株主の考え方は違う[注3]のだということをしっかり踏まえたうえで、目の前にいる株主と対話する必要があります。

第2節

東証市場改革が企業に与える影響

▼なぜ改革が行われるのか

エクィティガバナンスへの移行をもたらした90年代後半からの資本市場の規制緩和は、遂に東証の市場区分見直しにたどり着くことになりました。昭和の昔は「東証一部上場すれば優良企業の証」とばかりに、一部上場をゴールとして企業は成長を競ったものですが[注4]、よく考えてみれば上場というのはゴールではなく、むしろ不特定多数の株主を有する社会的公器としての企業のスタートのはずです。それなのに上場したらそのステータスに安住してしまって、時価総額が上場時の基準を下回ったり、PBR（Price Book-Value Ratio、株価純資産倍率）が1倍割れしたりしている企業が続出、しかし数だけは増え続けて2021年3月現在、東証一部上場企業数は何と2,194社を数えます。[注5]こんなに増えた背景には、マザーズ等を経由した「迂回上場」が後を絶たなかったこともあります。[注6] 加えて、上場廃止基準や指定替え基準も緩かったため、いったん東証一部上場企業という〝名誉〟さえ得られればその後は、時価総額が低かろうがPBRが悪かろうが、退場圧力などほとんど感じることなく居座れる状態になっていました。成長もせず企業価値も上がらず、中には抜け殻同然の企業まで。まるで生ける屍、ゾンビみたいなものですね。

しかも、こうした企業も含めてすべてTOPIX（Tokyo Stock Price Index、東証株価指数）に組み込まれるわけです。折しも世の中はインデックス運用花盛り。[注7]「その国を代表する先進企業により構成される指数」で運用したはずが、こうしたゾンビ企業の値動きまで反映してしまいます。こんな運用は投資家にとってはもっとも避けたいことの一つです。そこで東証は「国内外の多様な投資者から高い支持を得られる魅力的な現物市場を提供することを目的として、3つの市場区分に見直す[注8]」こととしました。

▼変化は既に始まっている

プライム、スタンダード、グロースそれぞれの市場への移行は2022年4月に一斉に行われますが、実はその前に様々な変化は既に始まっています。2020年11月には、東証一部への迂回上場の穴がふさがれました。実はこれまで、東証一部に直接上場するか、ジャスダックからの市場替えを行うためには時価総額250億円以上でなければならない一方、東証二部やマザーズからの市場替えであれば時価総額40億円以上で可能だったのです。さすがに不公平感が強いので、東証一部への上場はすべて時価総額250億円以上と変更されました。

また、これまでの東証一部上場維持基準であった株主数の定めは、2,200人以上から800人以上へと大幅に縮小されました。従来、株主数を維持するだけのために無理に個人株主を募ろうとして株主優待を乱発したりする企業が目に付きましたが、こうした小手先の生き残り策にさしたる意味はありません。本来行うべき企業価値向上を実現して、魅力を感じる株主を増やしていくことがやはり王道といえるでしょう。

▼これから先に何が起こるか

他にも、企業不祥事に対する実効性確保措置の見直しや、資本政策・経営戦略の柔軟性を向上させるための上場廃止基準（債務超過基準）の見直し、短期的な業績動向に左右されないための赤字上場の緩和（実質的な収益基盤や開示状況を確認）などの改正などが既に行われており、これらは、〝市場区分再編に係る「第一次」制度改正事項〟と呼ばれています。

「第一次」があるならば、当然「第二次」「第三次」もあるわけで、「第二次」にあたるのが、メ

<table>
<tr><th>項目</th><th>考え方・狙い</th><th>概要（注1）</th></tr>
<tr><td>流動性</td><td>多様な機関投資家が安心して投資対象とすることができる潤沢な流動性の基礎を備えた銘柄を選定する。</td><td><table>
<tr><th>項目</th><th>新規上場基準</th><th>上場維持基準</th></tr>
<tr><td>株主数</td><td>800人以上</td><td>800人以上</td></tr>
<tr><td>流通株式数</td><td>20,000単位以上</td><td>20,000単位以上</td></tr>
<tr><td>流通株式時価総額</td><td>100億円以上</td><td>100億円以上</td></tr>
<tr><td>売買代金</td><td>時価総額250億円以上</td><td>平均売買代金0.2億円以上</td></tr>
</table></td></tr>
<tr><td>ガバナンス</td><td>上場会社と機関投資家との間の建設的な対話の実効性を担保する基盤のある銘柄を選定する。
※ガバナンス・コード（一段高い水準の内容を含む）全原則の適用</td><td>役資家との建設的な対話の促進の観点から、いわゆる安定株主が株主総会における特別決議可決のために必要な水準（3分の2）を占めることのない公開性を求める。<table>
<tr><th>項目</th><th>新規上場基準</th><th>上場維持基準</th></tr>
<tr><td>流通株式比率</td><td>35%以上</td><td>35%以上</td></tr>
</table></td></tr>
<tr><td>経営成績財政状態</td><td>安定的かつ優れた収益基盤・財政状態を有する銘柄を選定する。</td><td><table>
<tr><th>項目</th><th>新規上場基準</th><th>上場維持基準</th></tr>
<tr><td rowspan="2">収益基盤</td><td>最低2年間の利益合計が25億円以上</td><td rowspan="2">—</td></tr>
<tr><td>売上高100億円以上かつ時価総額1,000億円以上</td></tr>
<tr><td>財政状態</td><td>純資産50億円以上</td><td>純資産額が正であること</td></tr>
</table></td></tr>
</table>

（注1）市場コンセプトを反映したこれらの基準のほか、株式の譲渡制限、証券代行機関の選定などの共通の基準を設ける

出所：東京証券取引所（2021）「市場区分見直しの概要」

図 2−3　新市場の主な上場基準（プライム市場の場合）

表 2−1　プライム市場上場企業に求められる「一段高度なガバナンス」

- 独立社外取締役の要請
  - 独立社外取締役を３分の１以上選任（必要な場合には、過半数の選任の検討を慫慂）
- 指名委員会・報酬委員会の構成への要請
  - 独立社外取締役を委員会の過半数選任
- サステナビリティ開示の要請
  - TCFD又はそれと同等の国際的枠組みに基づく気候変動開示の質と量を充実
- 上場子会社対応の要請
  - プライム市場に上場する「子会社」において、独立社外取締役を過半数選任又は利益相反管理のための委員会の設置
- 情報開示への要請
  - 議決権電子行使プラットフォーム利用と英文開示の促進

出所：東京証券取引所（2021）「コーポレートガバナンス・コード（2021年6月版）」

インイベントとなるプライム、スタンダード、グロースそれぞれの市場への移行です。新規上場、上場維持、上場廃止基準などもそれぞれ定められ、移行スケジュールが進んでいます。

上場基準について企業への影響が大きい点の一つに、流通株式に関する事項があります。東証一部上場を維持するためには流通株式比率が35％以上、流通株式時価総額が１００億円以上であることという規定が既に導入されており、そのままプライム市場に引き継がれるのですが、この流通株式比率の定義が変わるところがポイントです。流通株式というのは、上場株式から、大株主や役員等の所有株式や自己株式など、その所有が固定的でほとんど流通可能性が認められない株式を除いた株式をいいます。今回の改革では、この「所有が固定的で流通可能性が認められない株式」の定義の中に、「政策保有株式（いわゆる〝持ち合い株式〟）」

が含まれることになりました。株式の持ち合いばかりしていると、流通株式数、ひいては流通株式の時価総額が少なくなって、上場基準に抵触してしまうかもしれませんよ、という「規律付け」が働くということです。今後、流通時価総額が100億円に届かない企業の株式は、段階的にTOPIXからも外されていきます。これまでのように東証一部上場であればTOPIXに採用されるという状況は、TOPIX連動型の投資信託が買われさえすれば、自社による企業価値向上努力をしなくても株価が上がりやすくなることを示します。こうした弊害を解消する必要があるわけですね。TOPIXから外される企業にとっては、株価の売り圧力となることはもちろん、きちんと外部から評価される経営を行っていかなければ上場企業として生き残れないというシグナルにもなります。何とかプライム市場にしがみつこうとしても、その先にはさらに試練が待っているということです。

また、これらはいずれも「規制」の改正です。「規範」の改訂であるコーポレートガバナンス・コードとは異なり、強制力を持ちます。「規制」と「規範」双方からの変革が企業に迫っています。

東証市場改革の「第三次」にあたるのが、今般のコーポレートガバナンス・コード再改訂となります。[注9] ここでは何と言っても、表2−1にある通り「プライム市場に求められる一段高度なガバナンス」が注目ポイントです。

この中で最も影響が大きいのは、独立社外取締役を現指針の2人以上から、取締役全体の3分の1以上に引き上げるということでしょう。現在の東証一部上場企業のおよそ半数近くが、この基準を現状満たせていません。手っ取り早く満たそうとしても、一方では多様性の確保も求められますから、結構なハードルとなりそうです。また、指名委員会・報酬委員会への要請は、中長期的に日本企業の在り方を変えるものになるかもしれません。詳しくは後述しますが、コーポレートガバナンス改革もこれからが正念場ということです。

なお、プライム市場上場企業だけではなく、JASDAQ市場からスタンダード市場へ移行しようとする企業において、遵守すべき項目が5つの基本原則から補充原則を含む83の原則すべてとなるのも、対象となる企業にとっては負担の大きい変化になりそうです。

第3節

資本市場は先を見ている

▼不可逆的な変化が続く資本市場

コーポレートガバナンス改革は東証市場改革とセットですので、資本市場の側にも大きな変化を迫ります。本書では、基本的に企業経営への影響を中心に取り扱いますが、ここで少し資本市場の動向を整理しておくのも悪くはないでしょう。

資本市場では、先ほどの「メインバンクガバナンスからエクィティガバナンスへの潮流」が不可逆的に進んでいます。[注10] だからと言って、株式投資家の世界が順風満帆というわけでもありません。一見華やかに輝いているようにも見えますが、株式投資家の世界にも変化の波は押し寄せています。何と言っても、これまでサボっていた議決権行使をきちんとやらなければならなくなった影響は大きいといえます。2017年のスチュワードシップ・コードの改訂により、議決権行使結果について個別の投資先および議案ごとに開示することが強く促されました。これまで概要の開示程度しかしていなかった機関投資家も一斉に個別開示を求められるようになりました。自らの議決権行使判断に対して責任を問われるようになったのですね。問題のある企業に対してきちんとそれを指摘し、経営陣に反対票を投じなければ、機関投資家としては金主（アセットオーナー）から非難を浴びることになるかもしれません。これは大変です。[注11]

株式投資家は的確な議決権行使ができるように、投資先企業の現在や将来をしっかり見定め、経営者と十分に対話を行っていかなければなりません。しかし、それを行うにはまだ経営資源も足りず、経営者との対話の機会も不足しがち、何より対話するために不可欠な戦略知識や経営への理解に乏しいという状況にあるのが現在の投資家の姿ではないでしょうか。もちろん、経営に対する素晴らしい洞察力を備えた投資家やアナリストの方々は数多くいますが、全体としてみた場合、情報の受け手である株式投資家のグレードアップは不可欠であろうと思います。どこの国でも、企業と投資家の片方だけが非常に優れていて他方が劣っているということはありません。一方がダメなら他方もダメなのです。この点、ちょっと政治家と国民の関係に似ているかもしれない、というのは言い過ぎでしょうか。事業会社側の将来像実現と対話への努力が行われることを前提として、ぜひ投資家の側の「企業を見る眼」についても磨いてほしいものだと思います。

▼実は強い日本の「株主権」

なぜこんなことを言うかというと、日本では株主の権利が実は結構強いからです。一歩間違えば株主権を濫用して経営を混乱に陥れることもありえます。はるか昔、メインバンクガバナンスの時代には、株主の権利など滅多に使われなかったので問題にもならなかったのですが、エクイティガバナンスへの移行とともに、その功罪が顕在化しつつあります。

我が国では、株主が株主総会を通じて、取締役の選解任まで含めた重要事項の決定に関与する仕組みになっており、株主総会での決議は拘束力を持ちます。一方、米国では、株主から取締役会への権限移譲が進んでいるため、経営に関する多くの重要事項に関して株主総会の承認を得ることなく取締役会で決定を下すことができます。株主総会で決議されたとしても、必ずしもそれに拘束されるとは限りません。[注12] 米国は州によって株主の権利についての定めが異なるので一概には言えませんが、株主の権利はそれほど強くはないともいえます。株主提案にしても、米国では提案数を制限できたり、英国やドイツでは明らかに濫用的な内容の議案については排除できることになっていたりします。日本では、以前は際限なく幾らでも株主提案ができたため、奇妙な提案に企業が苦しんだ事例もありました。さすがに今回の会社法改正にて株主提案数の制限が盛り込まれましたが、ことほど左様に日本の株主は〝強い〟のです。

▼今、アクティビストは何を考えているのか

こんなに株主の権利に関して鷹揚な市場を、世界中の投資家やファンドが見逃すはずはありません。株主総会でかなりの株主提案ができ、しかも拘束力を持ちます。増配も経営者の選解任も提案し放題です。特に、アクティビストと呼ばれる投資家たちの動きは活発化しています。最近では、超大企業における動きが派手に報道される一方で、それほど知られていない中堅中小の、失礼ながらあまり先進的とはいえない企業などへの食い込みも進んでいます。成長の余地がなく現預金や株式、不動産を溜め込んでいたり、多額の内部留保を積み上げていたりする上場企業は山ほどありますから、これを狙わない手はないですね。

企業に対する規律付けとして真っ当な主張を行う投資ファンドも多い一方、なかには、結構質の悪い輩も跋扈しているようです。コーポレートガバナンス改革は大事ですが、日本における様々な不具合やアンバランスを見極めたうえで正しい方向を目指す必要がありそうです。

こうしたアクティビスト[注13]の手法が、最近では随分洗練されてきています。古い日本企業を散々脅してはみたものの、結局は濫用的買収者[注14]などと言われた昔の事例を反面教師としているのかも

しれません。現在の世界的なカネ余りを背景に、資金力も強くなっています。また、日本における彼らにとっての追い風となっているのが、まさに「コーポレートガバナンス強化の流れ」です。コーポレートガバナンスを進化させる上では正論と思われる事柄を押し立てて企業との対話を求めてきますので、企業としても無下に断るわけにもいきません。また、以前のようにメディアなどに華々しく登場する劇場型の展開ではなく、あくまでもガバナンスの一環、投資家との対話の必要性を説きながら水面下で企業と接触するコミュニケーションが主流となっています。

こうした動きには、アクティビスト以外の機関投資家も反対しにくくなっています。コーポレートガバナンスを進化させる上で「良いこと」ならば、アクティビストの言い分に乗らざるを得ないこともあります。先ほど見たように、機関投資家は、アセット・オーナーへの責任から議案に対する賛否の個別開示を求められるようになっており、説明に窮するような議決権行使をすることが難しくなっているからです。

▼アクティビストの典型的な動き

ここで、アクティビストの典型的な動きを見ておきましょう。一般的に、アクティビストの行動は三段階に分類されると言われます。第一段階は「エンゲージメント」です。スチュワードシ

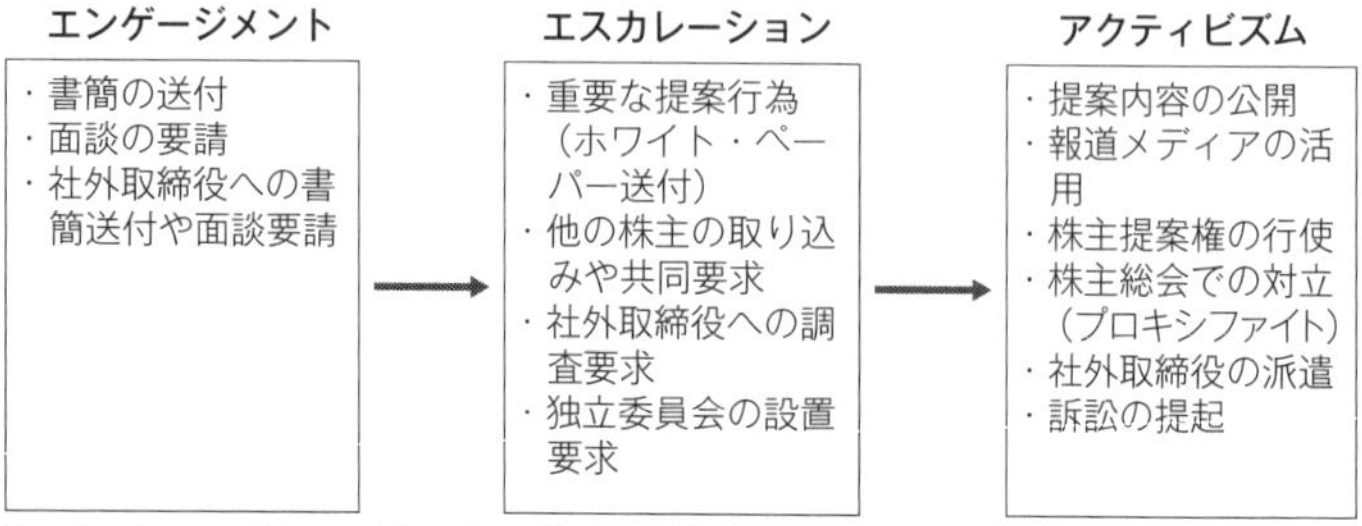
エンゲージメント
・書簡の送付
・面談の要請
・社外取締役への書簡送付や面談要請
エスカレーション
・重要な提案行為（ホワイト・ペーパー送付）
・他の株主の取り込みや共同要求
・社外取締役への調査要求
・独立委員会の設置要求
アクティビズム
・提案内容の公開
・報道メディアの活用
・株主提案権の行使
・株主総会での対立（プロキシファイト）
・社外取締役の派遣
・訴訟の提起

図 2―4　アクティビストの行動の変化

出所：松田千恵子（2020）「学び直し講座コーポレートガバナンス第24回」、日経ESG

ップ・コード、コーポレートガバナンス・コードが導入されて以降、企業の置かれている環境や事業内容等に関する深い理解に基づいた建設的な「目的を持った」対話を行うことは投資家、企業の双方に求められるようになりました。これは別にアクティビストならずとも行っていることですし、株主によっては、「この段階では〝物言う株主〟ではなく〝物聞く株主〟として十分に企業の話を聞いて内情を理解したい」と思っている場合もあります。一方、アクティビストにとっても、こうした「エンゲージメント」は企業と接触する絶好のツールですので、この一環として企業に接触を試みてくることが多いといえましょう。アクティビストの場合には、この時点でも結構「物言う」状況にあることが多いように思います。自らの主張を連ねた書面を送ってきたり、社外取締役に会わせてほしいという要請などを行ったりすることもあります。

企業としては、突然現れた相手から難癖をつけられたような気になって、嫌悪感が先立つのも無理ないことです。しかも、〝環境や事業内容を深く理解した対話〟であるべきなのにそうは見えないケースもありますのでなおさらです。ただ、ここで無視したりすると、行動は次の段階に移ります。

第二段階は「エスカレーション」です。単なる対話ではなく、具体的な提案を行ってきたり、社外取締役に調査要請をしたり、あるいは他の株主と共同歩調をとって自らの主張を通そうとしたりします。最近では「ホワイト・ペーパー」と呼ばれる企業改革のための提言などを送ってくることも増えています。[注15]

ここで要求が通らないと、第三段階がいわゆる「アクティビズム」の段階に入ります。メディア等に自らの要求内容を公開して劇場型の展開を行おうとすることはやはり多く、これがアクティビストと呼ばれるかどうかの境目となっているようです。この段階に至ると、株主総会に向けた株主提案権も駆使してくるでしょうし、委任状争奪合戦（プロキシファイト）も避けられなくなってきます。こうした株主提案の中には大抵の場合、アクティビスト側に有利とされるような社外取締役の派遣を要求するものが含まれます。株主権を駆使し、訴訟などの提起が行われることもあります。[注16]

▼事業会社による敵対的買収の増加

企業にとってさらに悩ましいのは、アクティビストならずとも敵対的買収を仕掛けるようになってきたことです。事業会社による敵対的買収です。以前であれば考えられなかったようなことでしょうが、ここ2〜3年の間に世間を賑わすディールが多く発生しています。これは資本市場における大きな変化といえるでしょう。大手企業どうしが争う敵対的買収としては、過去には2005年のドン・キホーテによるオリジン東秀への敵対的TOB[注17]や、2006年の王子製紙が仕掛けた北越製紙への敵対的TOB[注18]などがありますが、いずれも失敗に終わり、以降13年間は全く鳴りを潜めていました。それが再燃する嚆矢となったのは、2019年に行われた伊藤忠対デサントの一件です。続いて、コクヨがぺんてるに、HOYAが東芝の半導体製造装置子会社ニューフレアテクノロジーに、前田建設工業が前田道路に、HISがユニゾホールディングスに、そして日本製鐵といった典型的な日本企業も、東京製綱に対して敵対的TOBを行って成功しています。また、敵対的TOBならずとも、アスクルに対してヤフーが社長選任議案に反対したり、島忠を巡ってニトリとDCMホールディングスが争ったり、関西スーパーマーケットを巡ってエイチ・ツー・オー（H2O）リテイリングとオーケーとの間で争奪戦が起きるなどといった例も増えてきました。新生銀行に対してSBIが敵対的買収を仕掛けるなど、銀行業界でもこうしたことが起こるようにもなっています。投資ファンドだけが「物言う株主」ではなくなってきたわけですね。

こうした案件を見ていくと、根底には企業の成長ストーリーを巡る争いがあることが分かります。アクティビストのみならず、株主なら誰でも、企業の将来成長ストーリーを知りたがっています。将来業績にすべてを賭けているのが株主ですから、その基となる将来成長ストーリーが的確であるかどうかは最も大事です。株主は、このストーリー策定をプロフェッショナルに委ねています。これが経営者です。従って、経営者が的確な将来成長ストーリーを策定し、実行し、その説明を納得いくように行うというのは、とても重要なことなのです。

問題は、この重要な仕事を任されている経営者の考え方と、株主の考え方との間に齟齬が発生した場合です。どちらが悪いとか間違っているといった議論ではなく、どちらが企業価値向上に資するのかという冷静な判断が必要です。株主の考え方といっても、ごく一部の株主だけが特殊なことを主張しているのか、多くの株主がそう思っているのかも場合によって変わります。株主が集まって「皆そう思っているのかどうか」を確認する必要もあります。これに最も適した場はどこでしょうか。そう、株主総会ですね。通常の株主総会は、経営者が提案した内容について株主全員の賛否を確かめるといった形になりますが、経営者提案に異議を申し立てる特定の株主がいる場合には、その異議を株主提案という形で出してもらい、ではどちらが企業価値向上に資するのか、株主皆で考えて決めましょう、という場となります。

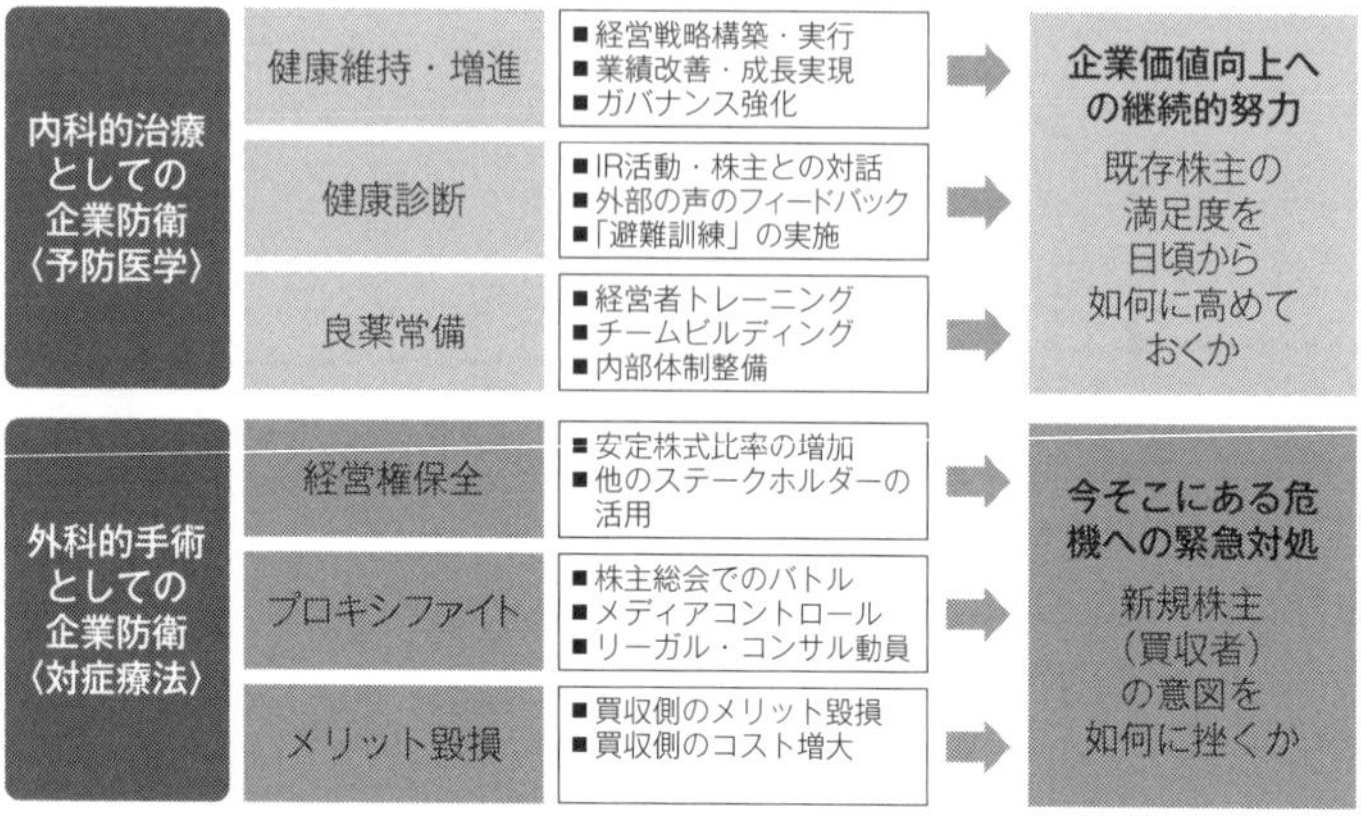

内科的治療としての企業防衛〈予防医学〉
健康維持・増進
■経営戦略構築・実行
■業績改善・成長実現
■ガバナンス強化
健康診断
■IR活動・株主との対話
■外部の声のフィードバック
■「避難訓練」の実施
良薬常備
■経営者トレーニング
■チームビルディング
■内部体制整備
企業価値向上への継続的努力
既存株主の満足度を日頃から如何に高めておくか
外科的手術としての企業防衛〈対症療法〉
経営権保全
■安定株式比率の増加
■他のステークホルダーの活用
プロキシファイト
■株主総会でのバトル
■メディアコントロール
■リーガル・コンサル動員
メリット毀損
■買収側のメリット毀損
■買収側のコスト増大
今そこにある危機への緊急対処
新規株主（買収者）の意図を如何に挫くか

図 2−5　企業買収防衛

▼「対症療法」より「健康増進」

言い換えれば、敵対的買収や株主提案が行われたからと言って、それがそのまま通るわけではありません。株主多数の賛意を得て初めてその提案は成り立ちます。企業の将来を、今の経営者に任せておく方が良いのか、新たな提案者に任せてみた方が良いのか、という判断がなされるということです。従って、経営者が考えるべきは、新たな提案者に委ねるよりも、自らが提案している将来成長ストーリーに沿った方が企業価値は高まるということを、多数の株主、もっと言えば潜在的な買収者も含む利害関係者全員に納得させることです。その自信が無い経営者ほど、企業買収防衛策といったテクニカルな手段に頼るかもしれません。しかし、そのような「対症療法」に頼るよりも、普段からの「健康増進」が最も大事です。すなわち、普段から将来成長ストーリーを磨き、その内容を株主に説明することに意を尽くすということです。具体的には、ビジョンや経営戦略、中期経営計画などをしっかり作り、きちんと開示するということになるでしょう。コーポレートガバナンス・コードの示す通りですね。後ほど具体的に見ていきます。

▼ESGと投資家の長期的視点

資本市場の大きな変化は他にもあります。ESG投資の隆盛です。改めて考えてみれば「ESG」というのは不思議な言葉です。通常、こうした英文字略称は正式名称として意味を持つ長い名前があり、その略称として使われていることが普通です。企業で長らく使われてきたCSRはCorporate Social Responsibility（企業の社会的責任）を意味する略語ですし、カラフルなデザインで一世を風靡しているSDGsはSustainable Development Goals（持続可能な開発目標）という意味です。しかし、ESGという言葉は、単にEnvironment（環境）、Social（社会）、Governance（企業統治）の頭文字を並べただけの造語でしかありません。しかも、この三つは等しく同じ意味を持つわけでもありません。投資家用語として、環境や社会といった分野に意を用いつつ事業を行っている企業をしっかりガバナンスすることができれば、長期的にはより大き

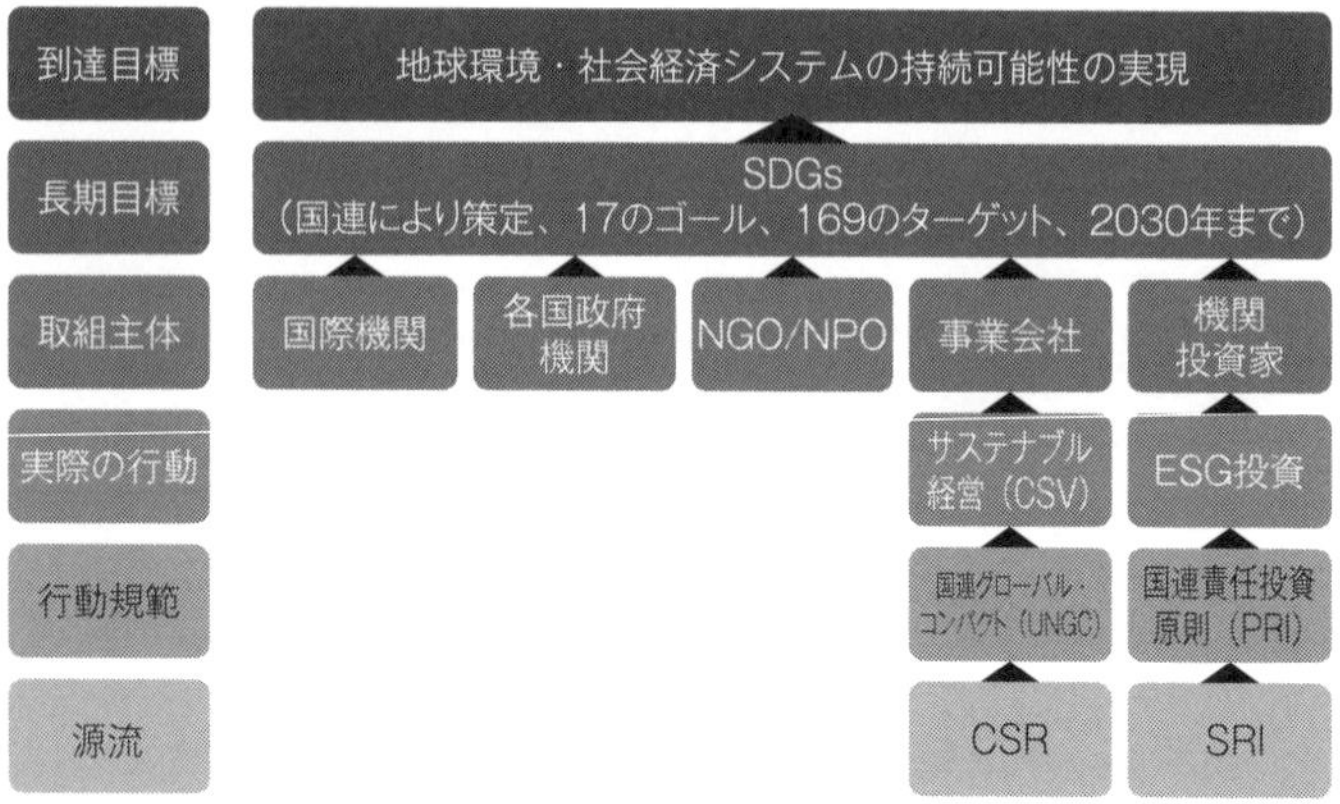

図 2−6　SDGs−ESG−CSR等の関係

なリターンが得られるはずだ、とする投資手法の一つをこう呼んだだけのことです。

　しかし、今や「ＥＳＧ」は投資の世界を離れて一人歩きを始め、企業の経営目標となったり、環境団体や人権団体の活動の糧になったりしています。こうなってくると人々は混乱します。「いったいＣＳＲと何が違うの？」「ＳＤＧｓとの関係は何？」…そして、英文字三文字略称[注19]の泥沼にはまることになります。

　泥沼にはまった企業側の話は後ほどゆっくりするとして、英文字三文字略称のあれこれについては、図２－６のように整理すると少しは整理が進むかもしれません。究極の目標は、壊れゆく一方の地球環境、そしてその中に存在する我々の社会経済システムを、何とか持続可能、サステナブルにしていこうということです。逆に言えば、「ここで頑張らなければもう駄目かもしれない」という危機感がようやく少しは醸成されたということかもしれません。ただ、漠然と持続について叫んでもたぶん誰も何もしません。従って、国連が「具体的に17のゴールについて頑張ろう」と定めたのがＳＤＧｓです。これは、２０１５年９月の国連サミットの採択内容に基づく２０１６年から２０３０年までの国際的な長期目標です。[注20]ＳＤＧｓは広く知られるようになりましたが、これは別に企業だけに「頑張れ」と言っているわけではありません。取組主体は地球に存在する個人、法人すべてです。各国政府も取組主体の一つですし、日本でも様々な官庁がこれに関わっています。そうした取り組みのうち、投資家が行っている活動がＥＳＧであるということです。方針を定めるにあたっては、投資にＥＳＧの視点を組み入れることなどを原則として掲げるＰＲＩ（Principles for Responsibe Investment、国連責任投資原則）を制定し、それに沿ってＥＳＧ投資を行うようになりました。[注21]日本でも、かのＧＰＩＦ（Government Pension Investment Fund、年金積立金管理運用独立行政法人）が２０１５年にＰＲＩに署名したことを受け、ＥＳＧ投資が加速度的に広がっている状況です。

なぜ投資家はＥＳＧに目覚めたのか

もちろん、投資家がある日突然改心して地球環境と社会貢献に目覚めた、という話ではなく、

ＥＳＧ投資の隆盛は、カネ余りの中で投資テーマに事欠いていた投資家にとって「うってつけの儲け話」だったことによるともいえます。ただ、もちろんそれだけでこのような広がりは見せないわけで、やはりコロナ禍をきっかけとする社会の変化や世界の向かう方向への危機感の醸成がこうした動きを後押ししているのでしょう。ＥＳＧが一過性の取り組みだという人もいますが、この先もＥＳＧという呼び方をするかどうかはともかくとして、そう言える段階はもう過ぎたのではないかと思います。ＥＳＧ投資の主体となる投資家には、年金基金、生命保険会社、信託銀行等の機関投資家や運用機関など、金主に対して受託者責任を負いつつ、比較的長期の投資を行う投資家が多くいます。こうした投資家が企業の中長期的な価値向上を見極めるにあたって、事業が環境や社会に与える影響や、環境や社会の変化により事業が影響を受ける可能性を無視できなくなってきました。短期的なリターンだけを追求する投資は割に合わなくなってきたということです。特に米国において、短期的な投機や株主への過剰還元が問題化し、より長期的かつ他のステークホルダーへの配慮にも目が行くようになったこともこうした動きを後押ししています。

だからと言って、投資家が儲けを度外視しているわけではありません。最終的には、企業が生み出す将来のキャッシュフローがより豊かになるという見極めが無ければ、単に社会貢献を謳うだけの企業に投資をする筋合いはありません。このあたりは企業も誤解しやすいところですので、後でまた詳しく見ましょう。

▼インパクト投資、サステナブルファイナンスなどの隆盛

　ここでは主として投資家側の動向を概観するのが目的ですので、ＥＳＧ投資の代表的な手法を見ておきましょう。以下のように大別できます。

　相変わらず多いのは、実はネガティブ・スクリーニングです。ＥＳＧの観点から適当ではないと思われる事業を営む企業への投資を回避するという手法です。規範的スクリーニングも、国際基準に満たない企業への投資を行わないという点ではネガティブ・スクリーニングと考え方は同じです。その逆がポジティブ・スクリーニングで、これはＥＳＧの観点から適当と思われる企業を選別して投資する手法です。最近では、ＥＳＧに関するテーマを選んでそれに関連する企業に投資をするサステナビリティテーマ投資、あるいは環境・社会問題の解決を掲げる企業に投資するインパクト投資なども広がりを見せています。また、先ほど見たアクティビストなど物言う株主の行動も、環境や社会に関する事項についてのエンゲージメントや議決権行使を行うものが増えてきました。環境団体や人権団体などが株主となってこうした行動をとることもあります。こうした〝株主〟は、単に投資に対するリスクやリターンだけではなく、社会的正義の追求を掲げて企業に迫ってくるので、企業としては時として対応に悩むこともあるでしょう。最近ではメガ

投資手法	内容
ネガティブスクリーニング	ESGの観点から、特定の企業（武器製造産業、化石燃料産業等）を投資対象から除外する
ポジティブスクリーニング	ESG評価の高い企業を投資対象に組み入れる
規範に基づくスクリーニング	ESGの国際的基準をクリアしていない企業を投資対象から除外する
ESGインテグレーション	投資先の分析にESGファクターを組み込む
サステナビリティテーマ投資	サステナビリティ関係の企業やプロジェクト（再生可能エネルギー、サステナブル農業等）に投資する
インパクト投資	社会・環境に対する問題を解決することを目的とした企業に投資する（社会的弱者やコミュニティに対するコミュニティ投資を含む）
エンゲージメントおよび請決権行使	議決権行使やエンゲージメント、情報開示要求などを通じて、企業に影響を与える（アクティビスト、物言う株主）

図 2−7　ESG投資の代表的な手法

バンク[注22]などに対する株主提案やエクソンモービルの例などが有名です。企業の将来戦略を、環境や社会問題と結び付けて多面的に分析するＥＳＧインテグレーションと呼ばれる分析手法も重視されています。

最近では、更に広い概念として、サステナブル融資や、グリーンボンドやソーシャルボンドなどのサステナブルボンド等を含めたサステナブルファイナンスという言葉も良く使われるようになってきました。ややバブルめいた感じもしますし、グリーンウオッシュ、ＥＳＧウオッシュ（要は〝なんちゃってサステナブル〟ではないのか）という批判もみられますが、今や投資だけではなく企業評価や開示支援などの情報サービスの裾野にもサステナブルファイナンスの影響は及んできており、資本市場の大きな潮流となっています。今回のコーポレートガバナンス・コードのキーワードの一つが「サステナビリティ」であるのも、こうした投資家の動きが背景の一つにあると言って過言ではないでしょう。では、企業はどうすべきか――この続きは第4章で。

（注1）日本では銀行を中心とした経済の枠組みが強固で、企業の財務ニーズは銀行が一手に引き受ける一方、資本市場は厳しい制約下に置かれるような時代が長く続きました。企業へのガバナンスは主要取引銀行であるメインバンクが主として担い、株主からのガバナンスは企業経営から遠い存在として扱われてきました。'90年代後半には多くの銀行が制度疲労により淘汰される一方、外圧も相まって資本市場への規制は大幅に緩和され、それを受けて各種の法改正も行われていきました。

（注2）正確に言えば、自分のところからだけ借りてくれて、その他には借金などなく、株主資本のクッションを厚く積んでいる会社がよいわけですね。

（注3）この二者の違いは、資金の性質に由来します。詳しい話は、松田千恵子『コーポレートファイナンス実務の教科書』（日本実業出版社）に譲ります。

（注4）これもメインバンクガバナンスの残滓の一つかもしれません。主要取引行としては、取引先が東証一部上場であることによる信用力強化は望ましいものですし、持合い株の評価益も確固たるものになります。業容拡大による更なる取引機会の増加も見込めます。「ぜひ上場なさったら」——メインバンクにそう言われ、上場をゴールとして走り続けた企業も多かったのではないでしょうか。

（注5）これだけの東証一部企業があるにもかかわらず、本当に日本の代表的な先進企業だと胸を張って言えるのは恐らく100社にも満たないのではないかなどと、市場関係者の間では以前から囁かれていました。

（注6）マザーズなどに上場してから一部へ市場変更すると、直接一部上場するよりはるかに緩い基準で上場できるという基準がありました。

（注7）目安となる指数に連動した運用スタイルのことです。例えば、日本株で運用する投資信託の場合、日本株の代表的な指数である日経平均株価やTOPIXなどをベンチマークとして、それに連動した値動きをするよう運用します。

（注8）株式会社東京証券取引所「新市場区分の概要等について」2020年2月21日

（注9）金融庁のフォローアップ会議において取りまとめられた原案が、パブリックコメントを経て、東証の上場制度の一部となっています。

（注10）コロナ禍により銀行融資への注目が高まっているようにも見えますが、鷹揚に融資を行い、取引先の株式も積極的に保有し、しかも「物言わぬ株主」でいるという昔ながらの銀行モデルは既に崩壊しています。事業会社が資金余剰主体となって久しい中で、銀行の数だけが多いオーバーバンクの状態も持続可能ではありません。今後は金融技術を磨いて勝負するか、徹底的に地元密着型で生き残るかしかないでしょうが、どちらにしても高度なレベルの情報産業としてのインフラと、質の高いプロフェッショナル人材といった人的資源の確保が必須です。

（注11）コーポレートガバナンス・コードにより企業を規律付け、スチュワードシップ・コードにより機関投資家を規律付け、そして金主である年金基金などがこれまたコーポレートガバナンス・コードにより企業の影響を受けずに独自に機関投資家の評価をきちんと行うようになり、本来の受益者である従業員（すなわち家計ですね）のために働くようになれば、いわゆるインベストメント・チェーンの完成ともいえます。綺麗ごとに聞こえるようですが、会社法の改正と二つのコードの改訂は、投資家と企業をその方向へと強力に誘っています。

（注12）このように取締役会の権限が強く、場合によっては強すぎるのは米国におけるコーポレートガバナンスの問題点ともいわれています。

（注13）この「アクティビスト」と呼ばれる投資家たちとは何なのでしょうか。実は決まった定義はありません。株式を一定程度取得した上で、当該企業の経営陣に接触、積極的に提言を行い、場合によっては株主提案権の行使や委任状争奪戦もためらうことなく「物言う」株主のことを指すことが多いようです。以前であれば村上ファンドやスティール・パートナーズなどが思い浮かぶかもしれません。当時はテレビなどでもその強引な手法がよく採り上げられました。

（注14）ブルドックソース事件の際、スティール・パートナーズは東京高裁に上告しましたが、濫用的買収者と裁判所に名指しされて敗訴しました。

（注15）香港系ファンドのオアシスが、２０１８年11月に人材派遣大手パソナグループに送ったホワイト・ペーパーなどはネット上で公開されていますので、ご参考になるかもしれません。

（注16）世間の注目を集めた東芝の場合には、筆頭株主であるエフィッシモ・キャピタル・マネジメントが臨時株主総会を要求して独立調査の実施に関する株主提案を行い可決、これが今年の株主総会での取締役選任議案の一部否決につながることになりました。

（注17）２００５年、ディスカウントストア「ドン・キホーテ」は、次世代型コンビニエンスストアの事業化を計画し、オリジン東秀に対し敵対的ＴＯＢを開始、オリジンはこれを拒み、ホワイトナイトとしてイオンに助けを求めます。結局、オリジンはイオン傘下入りし、ドン・キホーテのＴＯＢは失敗に終わりました。

（注18）業界トップの王子製紙（現王子ホールディングス）が同業大手の北越製紙（現北越コーポレーション）に対して経営統合を目的に敵対的ＴＯＢを開始、北越は三菱商事を引受先とする新株発行を強行するなどして、王子のＴＯＢを阻止しました。

（注19）最近はこうした状況を「アルファベットスープ」などと言うようです。日本人だけではなく、世界中の人々がさすがに辟易しているのかもしれません。

（注20）それ以前には、２００１年に策定されたＭＤＧｓ（ミレニアム開発目標）という長期目標があったのですが、ＭＤＧｓに比べＳＤＧｓが一躍有名になったのは、もしかしたらこの期間の人間の進化を示すものかもしれませんし、あるいは女性誌も飛びつく優れたデザイン性にあったのかもしれません。いずれにせよ、目標とされる２０３０年までに地球を巡る状況が改善していることを祈るば

かりです。

（注21）　同じようなことは以前からＳＲＩ（Social Responsible Investment）といった名前で行われていたのですが、キリスト教的な考え方によるネガティブ・スクリーニングが主流だったせいもあってかマイナーな位置づけに留まっていたところ、看板をかけ替えたら大流行した、ということのようにもみえます。

（注22）　環境ＮＧＯの気候ネットワーク（ＫＩＫＯ）は、みずほフィナンシャルグループ（ＦＧ）に対し、２０２０年６月の株主総会において、日本で初めてとなる気候関連の株主提案を提出し、34・５％の賛成票を集めました。ＫＩＫＯは、メガバンクグループが石炭事業者に対して多額の融資を行っていることなどを指摘しており、三菱ＵＦＪＦＧに対しても２０２１年６月の株主総会において株主提案を提出しました。

第3章

進化へのポイント②
モニタリング・ボードの実効性

第1節

コーポレートガバナンスは実効性の議論へ

▼日本における監督と執行

さて、企業の方々にはここからが本題です。こうした資本市場の変化、そしてそれに後押しされたコーポレートガバナンス・コードの再改訂を受けて、企業にはどのような変化がもたらされるのでしょうか。もう一度表1－1（6ページ）をご覧ください。この順番で企業の影響をみていきましょう。まずはコーポレートガバナンスに最も関係の深い取締役会の改革からです。

先ほど見た通り、「取締役会の機能強化」においては、コーポレートガバナンス・コードは「監督と執行の分離」の立場にたって、表3－1の通り監督機能の強化を謳っています。

また、基本原則4では、「上場会社の取締役は、（中略）独立した客観的な立場から、経営陣（執行役及びいわゆる執行役員を含む）に対する実効性の高い監督を行うこと」とあります。こ

表3−1　コーポレートガバナンス・コード

原則4−6〈経営の監督と執行〉 上場会社は、取締役会による独立かつ客観的な経営の監督の実効性を確保すべく、業務の執行には携わらない、業務の執行と一定の距離を置く取締役の活用について検討すべきである。

出所：東京証券取引所（2021）「コーポレートガバナンス・コード（2021年6月版）」

うした記載からは、「取締役」という職務は、業務執行を行わず、そのチェック、すなわち監督を行うものというニュアンスが読み取れます。改訂案の説明においても、取締役会において「実効性の高い監督を行うことが求められる」と明記されています。

「監督」と「執行」は、コーポレートガバナンスを考えるうえでも、最も重要な概念の一つです。ところが、日本ではこの二つが未分化なまま、日常的に企業活動が行われてきました。この点は前著[注1]でも触れたのですが、今回の再改訂を考える上でも重要なので、ちょっとだけ振り返ってみましょう。

▼ガバナンス形態のおさらい

日本では従来からの商法や会社法といった法体系の中で、取締役が業務執行を行うことを当然のように認めてきました。日本で最も多いガバナンス形態である「監査役会設置会社」においては、代表取締役と業務執行取締役に選定された取締役は、業務執行を行う権利を有します（会社法36

3条1項)。ほとんどの取締役は業務執行取締役として選定されますから、取締役が業務執行を行うのは当たり前、むしろ「取締役とは業務執行を行うエライ人」という社会通念があるのではないでしょうか。

では、コーポレートガバナンス・コードが謳うような「監督」は誰が行っているのでしょうか。取締役もこの権限を持っており、相互監督といった形になっています。しかし、これだけでは〝お手盛り〟です。従って、監査役会設置会社ではこれを監査役が担うとされています。ただ、監査役には「コーポレートガバナンスの一丁目一番地」と呼ばれる「経営者の選解任権」がありません。加えて、本来は結構強いはずの監査役の権限の活用やその説明を長らく怠ってきた過去も災いして、特に海外投資家からは不人気な制度となっています(だからと言って監査役制度が悪いわけではないのですが)。

こうした批判に応えるため、日本のガバナンス構造は、二つの方向からの改善が図られてきました。一つは、「監査役会設置会社」のまま監督機能を強化しようとする方向、もう一つは「監督」と「執行」が分離した新たな形態を取り入れようとする方向です。

前者は、まずは監査役の権限を強化するべく、昭和の昔から連綿と商法や会社法の改正が図られ、任期の延長や社外監査役の導入などが行われてきました。しかし、これだけでは、取締役が「執行」を行う一方で「監督」権限も持っているお手盛りの状況は変わりません。従って、コー

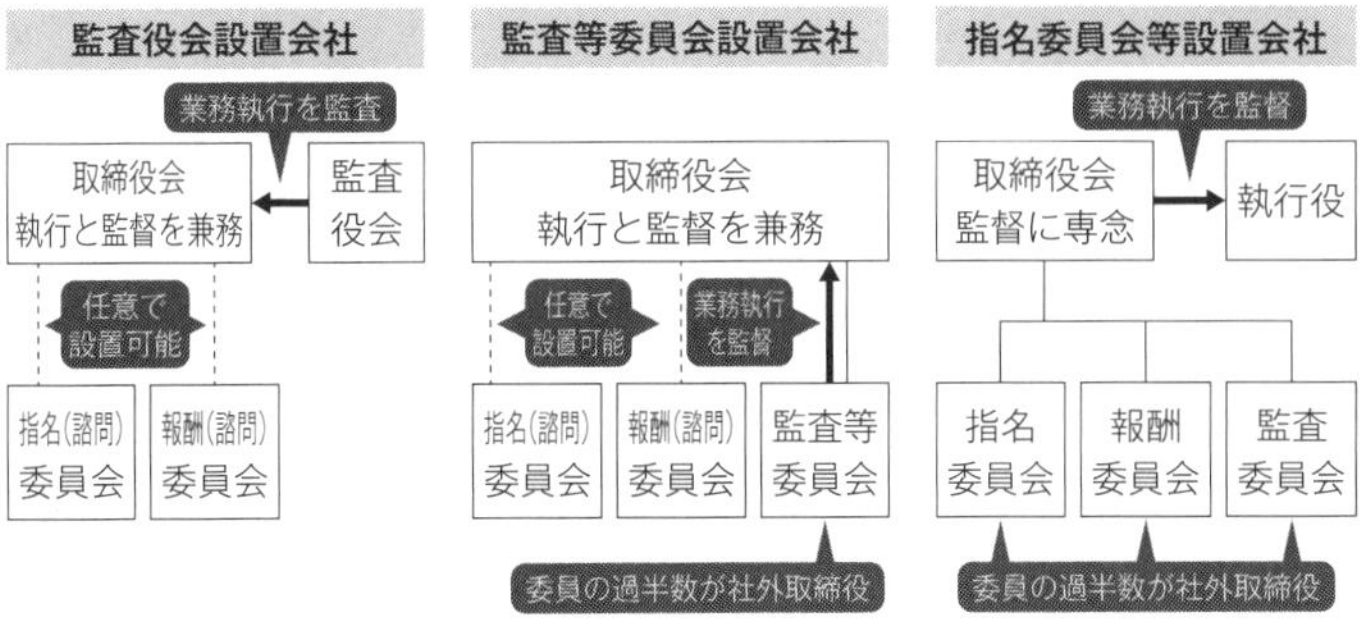

図 3−1　取締役会の三つの形態

出所：松田千恵子（2018）「学び直し講座コーポレートガバナンス第6回」日経ESG

ポレートガバナンス・コードでは、業務執行を行わない「非業務執行取締役」の活用を謳うこととなり、もっぱら「監督」の任にあたる取締役としての社外取締役の導入につながったわけです。

一方、後者は「監督」と「執行」をきっぱり分け、取締役は「監督」に専念し、「執行」は「執行役」という新しい役職がそれにあたることとしました。これが「指名委員会等設置会社」という形態です。この形態は、米国のガバナンス形態を模したものです。米国では監督はDirector、執行はOfficerが行い、前者はほとんど社外取締役という形態が通常です。わかりやすいですね。しかし、この形態では「指名」「報酬」「監査」という三つの委員会を置くことが義務付けられており、経営者にとっては、これまで自分の胸三寸で決めていた「後継者を誰にするか」「自分がいつまで頑張るか」「誰に手厚く報いるか」といった微妙な事項を、委員会に委ねなければならないと感じられ、非常に抵抗感が強いものでした。従ってこの形態をとる企業は

少なく、現在でも77社程度に留まっています。[注2]

とはいえ、「執行」と「監督」はなるべくクリアに分離させておきたいのがコーポレートガバナンス・コードの方針です。そこで、不人気な「指名」と「報酬」委員会は作らずに委員会設置型への移行を促す方策として、第三の形態である「監査等委員会設置会社」が、コーポレートガバナンス・コードの施行とともに導入されました。こちらは「監査」等[注3]に関する委員会だけ作っておけばよいので大人気となりました。この第三の形態は、委員会設置会社型の形態に日本企業を誘導しようという意味では効果的であったようですが、指名委員会等設置会社と異なり執行役が存在しないので、実は委員会設置会社といいながら、「監督」と「執行」の分離が実現しているわけではありません。こうした異質な制度には問題があるとして、監査等委員会設置会社への移行に海外の機関投資家が反対するケースもありました。[注4]また、委員会設置会社型の場合には、常勤の監査委員を置く必要がなく、監査を担う取締役は4年の任期を保証されている従来の監査役より任期も短く、独任制[注5]でもない点には注意が必要です。

▼取締役会の位置づけは変わったか

さて、問題はここからです。コーポレートガバナンス・コードが「監督」と「執行」の分離を謳い、そのために委員会設置会社への移行を促すべく三つもの取締役会形態を認めてからはや6年が経ちました。この間、取締役会の位置づけは変わったのでしょうか。

個人的には、先進企業を中心に変化がみられると思います。コーポレートガバナンス・コード導入当初は、「取締役会の機能」として、マネジメント・ボードやアドバイザリー・ボードなど[注6]形態についての議論も華やかでしたが、最近では、取締役会が社外取締役を中心とした監督機能が発揮される場、即ちモニタリング・ボードであることについての反論はあまり見られなくなってきました。監査役会設置会社であっても、コーポレートガバナンス・コードが求める監督と執行の分離の影響が強くなってきたことから、モニタリング・ボード型の運営を志向する大手企業が増えてきました。法律そのものが変わらなくても運用が変化するという、日本らしいと言えば日本らしい状況かもしれません。

コーポレートガバナンス・コードが目指す「監督」と「執行」の分離が事実上行われつつあること自体は、〝お手盛り〟排除の観点からは望ましいことと言えます。ただ、実際に見ていると、最近は新たな問題点が幾つか浮かび上がってきているようにもみえます。いくつか挙げてみましょう。

1．取締役会とそれ以外における乖離が生む問題
2．「監督」＜「執行」という意識が生む問題
3．出世のゴールの喪失が生む問題
4．社外取締役の質を巡る問題
5．取締役会での議論の内容を巡る問題

何だかたくさんありますね。一つずつ見てみましょう。ただし、その前に一言。先進企業を中心に変化がみられるだけに、そうではない企業との格差は目に見えて広がっています。本来はこれらを分けるのが東証の市場改革だったわけですが、プライム市場上場の条件がそれほど厳しいものではなくなってしまったために、緩い規制にあぐらをかいている企業も多くみられます。しかし、そうした企業を見ていると、ガバナンスうんぬん以上に、自社のマネジメントやそれを取り巻く環境変化への感度の悪さを感じます。今一度ぜひ我が身、我が社の点検を。

▼変化についていけていない社内

まずは、取締役会とそれ以外における乖離の問題についてです。取締役会では、社外取締役が

もたらす外部の知見や刺激などを受けて変化も起こってきました。ガバナンス事務局の意識も相当高くなってきたようにみえます。しかし、〝それ以外〟では如何でしょうか？　例えば「経営会議」。取締役会に上程する議案も含めて、現実には執行に関する多くの意思決定がこうした〝執行を司る人々の会議〟で決まっていきます。これらが、未だに旧態依然とした会議運営になったりしていないでしょうか。相変わらず部門毎の業績報告が延々と続くだけだったり、重要な意思決定であるにもかかわらず「他部門のことは関係ない」とばかりに誰も問題点を指摘しなかったり。本来は問題山積の議案が経営会議ではさして問われること無く通過し、取締役会に上程されてから社外取締役の遠慮会釈ない総攻撃にあって撤回、あるいはやり直し、というのは、最近あちこちでよく聞くできごとです。監督機能が働いていると言えば聞こえはいいのですが、もう少しきちんと経営会議で詰めておけば済む内容だったりもします。こうしたことが続くと、今度は取締役会への上程が「滞りなく行われること」ばかりに気を遣うようになり、綺麗にクレンジングした情報しか出さなくなります。これでは監督機能を発揮しようがないので、結局のところ情報不足を指摘されてまた炎上することになります。要は、どちらのケースも「取締役会」の機能に対する理解がなされていないのですね。

▼ガバナンスに無関心で良いのか

これは経営会議に限りません。傘下の子会社は非上場であることが多いため、コーポレートガバナンス改革の嵐に直面しておらず、上場企業としての親会社との間で、ガバナンスに関する知識・認識・意識の格差が広がっているようにみえます。親会社や本社ばかり意識が高くなり、傘下の事業会社は昭和的ムラ社会のままであったり、グループトップの取締役会だけが高みに上り事業現場と遊離した存在になったりしてはいないでしょうか。こうした状況は遅かれ早かれグループガバナンスの問題を引き起こします。親会社は株主として事業会社の経営者にガバナンスを働かせる存在でもあるわけですが、その受け手である子会社経営陣がガバナンスを受ける心構え自体が無ければ決してうまくいきません。

先述のように、ガバナンスとマネジメントは合わせ鏡ですから、ガバナンスに無関心な経営陣の行うマネジメントは恐らく問題だらけでしょう。昭和の昔のように、権力闘争に敗れたOBの安住先として適性も見極めずに子会社トップポジションをあてがうような人事を行う企業もまだあるようですが、子会社の側はたまったものではありません。

また、親会社か子会社かを問わず、取締役会に出席している役員とそれ以外の役員や社員との知識・認識・意識の乖離も大きくなっているように感じます。取締役会に関わっていない役員や社員は、コーポレートガバナンスにはほとんど関心がありません。「取締役会なんて出たこともないし」「雲の上の話だから関係ない」――とはいえ、役員もしくはその予備軍としては当然知っておかなければならない話ですし、それ以外の方々にとっても、企業の将来を左右するような意思決定がなされる仕組みや仕掛けについて理解しておくことは大事なはずです。管理職ともなれば、そうした企業の将来像と目の前の自分の仕事を結び付けて物事を考えられるかどうかが問われますし、現在もしくは将来マネジメントに携わる可能性があるのなら、まず理解しておくべきはガバナンスです。あなたの行った意思決定には必ず誰かがどこかでチェックを入れているのですから。

監督は執行よりエラいのか

そうは言っても、「チェックされている」と正面切って言われるとあまり気持ちの良いものではありません。間違いでもしようものなら「私としたことが」などと口をついて出る日本人は、「間違えること」は〝あってはならないこと〟であり、自分のやったことは自分でケリをつけようとする傾向が強いようにもみえます。それはそれで武士道的には素晴らしいのですが、イマドキ「じゃあ切腹」などと言われても困ります。のっぴきならなくなって責任を取らざるを得なくなる前に、他の人の新鮮な視点を入れて見てもらった方がはるかに前向きだと思いませんか。人間だれしも間違うことはあります。それゆえ、「誰かが何かをやった」ら、「別の誰かがそれをチェックする」というプロセスを機能として組み込むことで、単なる間違いが悲惨な結果を招くのを防ぐのは大事なことです。

ところで、この「誰かが何かをやった」ということと、「別の誰かがそれをチェックする」ということとの間に、上下関係はあると思いますか？　どちらがよりエライといったようなことはないですよね。強いて言えば、最初に自ら動いて何かをやった人が「よく頑張った」と言われる方が自然ではないかと思います。

では、なぜコーポレートガバナンスの世界に足を踏み入れた途端、チェックする方がエライような錯覚に陥るのでしょうか？　「誰かが何かをやった」というのが、ここまで何度も出てきた「執行」です。そして「別の誰かがそれをチェックする」というのが「監督」です。執行を担うのは経営者、監督を行うのは社外を中心とする取締役――と聞いた途端、後者があれこれ言うことに前者は従わなければならないような、変な誤解をしてはいないでしょうか。そんなことはありません。別にどちらがエライとかということではなく、単に機能が違うだけです。ただ、コーポレートガバナンス改革が進むにつれて、こうした「変な誤解」をしている人も増えてきたように思います。

社内取締役たちの沈黙

「変な誤解」をしたままでいると確実に起こるのは、「そして誰も言わなくなった」現象です。社内取締役の方々が沈黙してしまうのですね。

多くの企業の取締役会における座席配置は、一方の側に社外取締役がずらっと並び、もう一方の側に社内取締役が並ぶという「対立」的な配置です。別に敵対国どうしの会議ではないのですから、こんな配置にしなくても良さそうなものですが、「床の間を背にした方が目上」といったマナーを厳守しているのかもしれませんし、「社外なんて面倒くさいお客様」という意識のゆえかもしれません。いずれにしてもこの座席配置は、「執行より監督の方が上」で「両者は対立構造にある」という変な誤解を出席者に無意識のうちに植え付けます。人間というのは面白いもので、どう座るかだけでその会議における精神構造は規定されてしまいます。

で、どうなるかというと、〝床の間を背にした客人〟である社外取締役の人たちは何となく偉いような気分になり、自分の意見を長々とご披露したりします（この人たちの問題点は後ほどゆっくりと）。一方、〝もてなす側〟は大変です。こちらには明確な序列があり、社長など経営トップを頂点とする役員ピラミッドに位置する方々が座っているわけです。さて、この時役員ピラミッドの末席にいる人は、社長の意向など気にせず、思ったことを堂々と発言できるでしょうか？保守的な会社と面談すると、「上司の許しが無ければ部下は顧客と直接口をきいてはいけない」という不文律が未だに幅を利かせていることも多くあります。本当は部下の方がはるかによく物事を把握しているのに。

こうした上意下達制度は有効に機能する場合もありますが、不要なところで発揮されると弊害は大きいです。上意下達で良いなら会議などする必要はないし、上司と部下が雁首揃えて行動する必要もありません。会議をするという以上は、その参加者は意見を述べる必要があります。日本の企業では無駄かつ長い会議が多く、何も結論が出ないうえに参加者のほとんどが沈黙していても何も問題がない（従って、恐らく通常行われている会議の８割は不要）というオソロシイ慣習がありますが、企業の中でも最も重要な会議である取締役会にそんな慣習を持ち込まれては困ります。会議に参加しているのに何も発言しないのは、米国では「無能の証」だそうです。「いや、そういうことではなく、もう経営会議でさんざん議論したからいいんだよ」「この話は自分の管轄じゃないし」――でも、これこそ無責任ですよね。取締役は、自分の業務執行範囲に対しての み責任を負っているのではなく、企業全体の方向性に対して責任を負っています。経営全体を見据えて発信しなければならないことを忘れてしまったかのような「沈黙」は、「無能」だけではなく「無責任」の証でもあります。

「変な取締役会」運営になっていないか

社内取締役が沈黙してしまった取締役会は、往々にして一方通行になります。社外取締役の意見や質問に対しては、誰かが一応受け手にならなければいけないので、「上司」であるところの社長など経営トップが一手に引き受けて答えることになります。もちろん、経営トップの考え方を聞きたい場合も多いのですが、経営トップだけが執行の全てについて答えれば良いのであれば、そもそも社内取締役がいる意味がありません。取締役としてしっかり一人一票持ってそこにいるわけです。もしそれに意味がないのであれば、監査役会設置会社型の取締役会ではなく、指名委員会等設置会社型の取締役会にした方がよっぽど生産的です。業務執行を行う執行役が取締役会に出席する必要はなくなるからです。そこまでは考えることなく、変な誤解のもとに、監督側から執行側に向けて「ご下問」があり、執行側の代表として経営トップがうやうやしく「色々とご指導を承りました」などと言っている取締役会で、まともな議論ができるとは思えません。

「監督」と「執行」に本来上下はありません。対立構造でもありません。「変な誤解」に基づいた「変な取締役会」運営はやめましょう。「社外の人」の発言は「おらが村に対する外圧」ではありません。社外取締役はお客様ではありません。社内取締役は「経営トップの部下」としてそこに控えていればいいわけではありません。取締役会で行う議論は会社の将来に受けたディスカッションであり、ご指導やご鞭撻ではありません。

こうした「変な取締役会」運営になってしまっている場合にはどうしたらよいでしょう。ここで述べてきたことの逆を行うことです。まずは身近なところから。取締役会の座席配置を変えましょう。円卓で自由席などが最高です。最近はコロナ禍でオンライン開催も増えていますが、画面オフにしている取締役もいるようです。ちゃんと顔出ししましょう。社内の方々は「ご高説を承り有難うございます」とか「ご指導を宜しくお願いします」とかいうのをやめましょう。その代わり、議論になったことに対する次のアクションをはっきりさせましょう。執行側のトップは自分で何でも受け止めず、社内取締役や執行役員の方々に話をどんどん振りましょう。監督側も同様です。質問に対して答えてほしい人を積極的に指名しましょう。きっと嫌がられますが（笑）、長期的にはその企業の取締役会活性化に役立ちます。その日の取締役会で一言も発言しなかった人には、敢えて話を振りましょう。当てられないと発言できない日本人の特性をえぐるようで嫌ですが、最初は仕方がありません。そのうちちゃんと変わってきます。取締役会で何を議論するかについては後ほどまた見ます。

ここに書いたような内容は、取締役会ならずとも、普通の会議を活性化させるためにも役立ちます。もしかすると、社内会議のやり方から変えるというのが最も効果的かもしれません。意識改革にも役立ちますし、生産性も上がります。[注7]

執行役員の立場の問題

「監督＞執行」となってしまいがちなメンタリティについて、あと二つほど問題を挙げておきましょう。一つは「執行役員」の問題、もう一つは「出世のゴール」問題です。まずは前者から。

「監督」と「執行」の分離が進む中で、前者を取締役が行うとすると、後者は誰が行うのか、という問題が浮上します。コーポレートガバナンス・コードは「経営者」や「ＣＥＯ」という言葉でさりげなくこの問題に直面することを避けていますが、取締役と兼務することの多い企業トップはともかくとして、その他の執行に携わる役員を、「監督」機能とは分けて語ろうとすると実は困ったことになるのです。指名委員会等設置会社ではこうした悩みはありません。「執行」に専念する役員は「執行役」と呼ばれ、これは立派な法的な役員だからです。しかし、その他の形態では、「執行」を行うのは執行役員であるといった認識になってはいませんか。執行役員は法的な役員ではありません。もともとは、取締役の人数を削減するために発案されたものです。昭和型の「出世の仕組み」を何とか保たせるためにも機能したと言えましょう。しかし、令和の時代にもこれをそのままにしておくと、先ほどの変な誤解をさらに強化するものとなってしまいます。執行役員には大抵の場合、その上司として業務執行を担う取締役がいるため、ここに上下関係が既に発生しているからです。また、執行役員は必ず取締役会に出ているわけではありません。出席していない企業の方が多いのではないでしょうか。マネジメントとしてのトレーニングは、執行役員になってから初めて受けるという人もまだまだ多い状況です。トレーニングを受けられればまだしも、研修についてだけは役員扱いされて「畏れ多い」などと人事部門からも敬遠され、結局放置されることもよくあります。しかし、経営者としてモノを考えていくべき「執行」の役員が、未だ経営初心者というのではまずいのです。

執行役員の地位は不安定でもあります。実質的な選解任はトップ次第。従業員としての雇用契約を終了させ、新たに委任契約が結ばれる場合もあります。数十年間「ウチの会社」の雇用に守られてきたのに、突然放り出された気分にもなります。任期は1年、その先の将来は社長の胸三寸です。これで「若手役員は存分に声を挙げてくれ」「既存路線を否定してくれ」と言われても、喜び勇んでリスクを取れるでしょうか。皮肉なことに、トップからも若手からも執行役員層の保守性を指摘する声を聞くことが多いのです。執行役員自身からも不安の声が聞こえてきます。「社長に従わないとクビが危ない」「いつ吹き飛ばされるか分からず保守的になる」云々。実際、ある企業では新任の執行役員に対して、古参の上席執行役員が「おとなしくしていろ」と公然と指導するのが通例になっているという話も聞きました。恐ろしいですね。

無論、こんなことは気にもせず未来のために奮闘している有能な執行役員はあまたいらっしゃいます。執行役員を巡る問題に気が付き、執行役員の見直しや廃止を決めた企業もあります。将来の経営を担う層が、最もやんちゃに活動できるよう、そろそろ「執行役員」についてはもう少し考えられても良い頃ではないでしょうか。

▼出世のゴールを変えよ

もう一つの「出世のゴール」問題に移りましょう。執行役員の問題とも深く結びついています。日本において、何となく「監督＞執行」となってしまう原因の、かなり根深い一つには、従来培われてきた「取締役こそ出世のゴール」というメンタリティがあるのではないでしょうか。〝出世すごろく〟の上りに「取締役」と書いてあるのですね。終身雇用・年功序列のピラミッドに組み込まれた働く戦士たちは、頂上である取締役を目指して日々励むわけですが、問題はこの「取締役」の定義が既に変わっていることです。それは今や、社外取締役を中心とする「監督」機能を担う人々に対する呼称となりつつあります。しかし、人々の意識は急には変わりません。相変わらず取締役は「エライ人」「出世のゴール」です。従って、何となく「監督」機能が「執行」

機能よりエライような錯覚が起きます。実は「監督＞執行」問題の根っこはここにあるような気もします。

また、そうした「エライポジション」を社外から来た人たちが占めることになると、これまでの「出世のゴール」としての〝座席数〟は減ることになります。これは社内の人々にとっては嫌ですね。せっかく頑張ってきたのに取締役（＝エライ人）になれないなんて。この問題が、実は取締役会における社外取締役の人数割合を増やすうえでの大きな弊害になっています。「コーポレートガバナンス・コードで社外取締役を3分の1以上とか決めるのは勝手だけどさ、社内の人間がやる気なくなっちゃうんだよね」という某企業トップの一言は、昭和的ではありますが解決しなければならない問題の根っこを押さえています。

実は、先ほどの「執行役員」というのは、この問題に対する緩衝材として機能しています。「取締役は社外に占められてしまったけれど、せめて役員という名で呼ばれたい」という、ある意味素直なニーズに応えるものになっているわけですね。ただ、執行役員についての問題は既に指摘した通りです。加えて「どうせ取締役は社外に占められて自分はなれないんだし、一応自分は肩書に執行〝役員〟とつくまでには出世したし、それなりに満足したから後は適当にやるか」などとなってしまっては困ります。健全なリスクテイクもイノベーションも起こらない、停滞した組織になってしまいます。

この問題は表面的に制度を手直ししただけでは解決しません。企業の人事制度の根本的な問題であり、また人間心理の問題でもあるからです。今回コーポレートガバナンス・コードの再改訂において「人的資本」への注力が多く謳われているのも、裏を返せば、昔ながらの「出世のゴール」に代表される昭和的人事の仕組みがもう立ち行かなくなっていることの証左でもあります。今後どうなっていくのか、後ほどじっくり見ることにいたしましょう。

▼「独立」で「非業務執行」であることに意味がある

社内の「執行」を巡る話が続いたので、ここで「監督」に目を転じてみましょう。社外取締役の方々です。まず、言葉の使い方について見ておきたいと思います。ここまで社外取締役という言葉を延々と使ってきましたが、この言葉自体もそろそろやめたらいかがでしょうか。「社外」であることにさしたる意味はないからです。もちろん、これまでのムラ的な組織である企業を前提とすれば、「おらが村に入ってきたよそ者」であり、それも「結構威張ったりしそうだから敬して遠ざけよう」ということになるのは自然であり、その意識が「社外」という呼び名に象徴されているのかもしれません。しかし、まさにそれゆえに、「社外」と呼んでいる限り、昭和の昔ながらのムラ意識やお客様扱いからは抜け出ることができず、ここまで見てきたような様々な問題の原因の一つにもなっているように見えます。日本が長らく海外から様々な知識を仕入れて発展してきたその名残からか、「外から来る人」は明治期の〝お雇い外国人〟のようにも見え、それが取締役会をアドバイザリー・ボードなどと位置付けることにもつながっているのかもしれません。

既に見た通り、コーポレートガバナンス・コードにおける取締役会の位置づけは、明らかにモニタリング・ボードです。そればかりではなく、コーポレートガバナンス・コードの底流には、少なくともグローバルに戦おうとするような企業においては、家族共同体のようなゲマインシャフト的な組織から、より機能を重視するゲゼルシャフト的な組織への移行が必要であるといった考えが流れているように思えます。別にすべての日本企業がそうなる必要はないので、こうした要請は先進企業に対してより強く求められているのですね。それが「プライム企業に対する一段高度なガバナンス」ということです。

ゲマインシャフト的な呼び方である「社外」取締役を、機能に注目して改めて見てみましょう。「監督」機能を果たすわけですが、「執行」に携わらないという点が重要なので、「非業務執行」であるというのがポイントです。また、こうした監督を担う存在が、執行を担う存在とべたべたのお友達では困るので、「独立」であることも重要です。本来、社外取締役と呼ばれる人々に必要なのは「非業務執行」であり「独立」であるという機能なのです。[注8] コーポレートガバナンス・

コードでも「独立社外取締役」という言い方をしていますが、さっさと「社外」などは取ってしまって、「独立取締役」「非業務執行取締役」とした方がよいのではないでしょうか。本書でもこうした名称で統一しようかと思いつつ、未だ知名度が低いので、とりあえず「社外取締役」で通していますが。

「取締役」が出世のゴールだった昭和の昔からのメンタリティから逃れられないゆえの変な誤解が蔓延していることを考えれば、本当は「監督」機能を担う方に新たな名前を付ければ良かったのかもしれませんね。現実には、執行機能を担う方の名前を新調してしまいました。執行機能を担う役員は、指名委員会等設置会社では「執行役」と呼ばれます。先に見た通り、執行役員とは別で、立派な法律上の役員です。英語で言うとＣＥＯやＣＦＯの「Ｏ」、Officerです。しかし、英語はともかく日本語は全く知名度が低いです。執行役となった役員が喜んで親に報告したら、「何だ取締役じゃないのか、執行役なんて知らん」と言われて気落ちしたという笑い話もあります。呼び名というのは結構大事です。もしかすると、執行を担う機能はそのまま「取締役」としておいて、社外人材を中心とする監督機能を担う方に、例えば「監督役」というような新しい名前を付けた方が、人々の意識としては混乱が少なかったのかもしれません。法律的になかなかハードルは高そうですが。

▼社外取締役は責任を果たしているのか

名称の次は仕事の内容です。これまで「監督」V「執行」の問題を論じてきましたが、では「監督」を担う当人である社外取締役はどう思っているのでしょう。ひょっとして、自分もエライと思い違いをしてしまってはいませんか？　あなたは本当に取締役としての責任を果たしていますか？（なんだか自分にも降ってきそうな質問でコワいですが）。ただ、敢えてこの問題を取り上げるのは、今後「少なくとも3分の1以上、あわよくば過半数」という要請のもとに人数が増えていくと、当然ながら玉石混交になってくるからです。「あら、社外取締役なんて割のいいアルバイトよ」と豪語したオバサマがいるそうですが、取締役の責任の重さを本当に理解しているのでしょうか。コーポレートガバナンス・コード再改訂の趣旨においても「独立社外取締役には、形式的な独立性に留まらず、本来期待すべき役割を発揮することができる人材が選任されるべきであり、また、独立社外取締役においても、その期待される役割を認識しつつ、役割を発揮していくことが重要となる」とわざわざ言及しているのは、この辺りのことを心配してのことかもしれません。

実際に首をかしげるような事例も出てきています。やたらと人事に介入したがる社外取締役。

ガバナンス事務局から漏れ聞く本音ベースの悩みではトップに入る「困った人々」です。逆もあります。有事になると逃げる社外取締役。[注9] こうした社外取締役の「質」の問題は、これから数も増えて影響力も大きくなっていくにつれて、より表面化してくると考えられます。社外取締役を引き受ける側も一層の勉強が必要ですし、社外取締役を選ぶ側も心して選びたいものです。先のアルバイトオバサマの話は女性としては情けない限りですが、一方では未だに「誰でもいいから女性連れてこい」「女性は取締役会の華（お飾りという意味）」と豪語してはばからない男性経営者もいます。ハラスメントで懲戒処分を受けたような御仁が、いつのまにかちゃっかり社外取締役に名を連ねている企業もあります。オールド・ボーイズ・クラブもいい加減にしてほしいものですが、取締役会が健全に機能するために、そしてその企業が本当に経済的にも社会的にも価値ある存在として未来に続いていくために、社外取締役の信頼性の担保は今後より重要になっていくでしょう。

▼スキル・マトリックスとは何か

多様性の確保については、取締役会における多様性（ボードダイバーシティ）、及び中核人材の多様性として既に取り上げましたが、その際、スキル・マトリックスという言葉が出ていたのをご記憶でしょうか。ジェンダーや国際性などの「属性の多様性」のほかに、これまで培ってきた知見や経験などの「スキルの多様性」も非常に重要で、これがどの程度確保されているのかを、分かりやすく表にして示したものをこう呼びます。

スキル・マトリックスは、作成のうえ統合報告書や株主総会招集通知などに掲載することが望まれます。そのため「コーポレートガバナンス・コードの要請に従って取り敢えず作って載せてしまおう」と考えるガバナンス事務局の方々が多いように思いますが、ちょっと待ってください。いい加減なスキル・マトリックスなら作らない方がましです。幾つか注意点を見てみましょう。

何と言っても大事なのは、「スキル」の選定です。図3－2における縦軸ですね。どこかのひな型や先進企業事例から拝借してきて並べたりしてはいけません。ここに並べるべきは一般的なスキルではなく、その企業が「経営戦略上の課題に照らして取締役会が備えるべきスキル等を特定」したものだからです。すなわち、個々の企業によって皆異なるということです。取締役会で議論される最も重要な内容は、「会社の目指すべきところ」であり、具体的には経営戦略についての議論が交わされます（交わしていない企業の方々は、後でしっかり取り上げますのでそちらも熟読ください）。その時に、その企業の経営戦略上の課題を十分に議論できるようなスキルの持ち主が揃っているかを知りたいのです。スキル・マトリックスの横軸は、その企業の経営課題と一致していなければならないということです。図3－2に掲げたキリンホールディングスの事

役職名＼スキル	企業経営	ESG、サステナビリティ	財務・会計	人事・労務、人材開発	法務、コンプライアンス、リスク管理	SCM	ブランド戦略、マーケティング、営業	海外事業	R&D、新規事業、ヘルスサイエンス	ICT、DX
代表取締役社長	●	●			●		●	●		
代表取締役副社長				●				●		
取締役常務執行役員		●		●						
取締役常務執行役員		●	●	●		●		●		●
取締役常務執行役員						●		●	●	
独立社外取締役	●		●					●		●
独立社外取締役		●	●	●				●		
独立社外取締役	●								●	●
常勤監査役			●					●		
常勤監査役						●	●			
社外監査役					●			●		
社外監査役		●		●	●					
社外監査役			●	●						
副社長執行役員				●	●					
常務執行役員		●					●	●		
常務執行役員						●		●	●	●
常務執行役員		●					●			
常務執行役員						●		●		
常務執行役員	●						●			
常務執行役員	●						●	●		
常務執行役員	●					●		●	●	

取締役（社内・社外）

監査役（社内・社外）

執行役員

経営戦略に沿ってスキルを選定

図 3−2　スキル・マトリックスの事例（キリンホールディングス）
出所：松田千恵子（2021）「学び直し講座コーポレートガバナンス第43回」日経ESG

例でも、同社が現在注力している分野であるヘルスサイエンスや、消費財企業として欠かせないブランド戦略やマーケティング、ＳＣＭ、またＣＳＶ先進企業となるという企業目標を反映したＥＳＧ・サステナビリティの項目など、経営戦略に沿ったスキルが挙げられています。一方、これをそのままどこかの企業が真似して役に立つかというと、そんなことはないでしょう。やはり、自社の経営課題をしっかり認識して作るべきです。そのためには取締役会での議論が必要です[注10]。

「横軸」ができたら今度は「縦軸」、誰のスキルについて書くか、です。「社外取締役だけでいいですよね」と言われたことがありますが、とんでもないことです。これは、取締役会が全体としてきちんと経営課題について語れるスキルを有しているかを見るものです。社内取締役も当然対象になります。監査役員も社内外問わず同様です。図３−２では常務執行役員まで入って

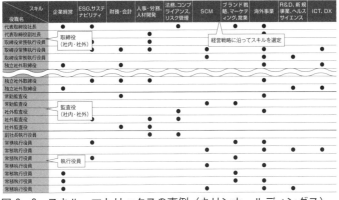

います。これは良いことだと思います。取締役会に深く関与し、議論に参加するメンバーであるなら挙げておくことがベストであるからですが、実はもう一つ重要な意味があります。後述する「後継者計画」のあらましをうかがうことができるということです。現在の取締役に関するスキルだけでは、「現時点でこの企業のスキルの多様性が確保されているか」しか分かりません。本来は「将来の取締役会の中核になる人材が、引き続きその企業にとって重要なスキルを担っていくことができそうか」ということも外部の人間は知りたいものです。執行役員まで含めて開示するというのは、この要請に応えるということです。皆さんの会社は如何でしょうか。

▼スキル自慢の表ではない

「縦軸」と「横軸」ができると、いよいよマトリックスの穴埋めに入るわけですが、ここでは笑い話（当事者にとっては真剣なのですが）のようなことがよく起きます。ある取締役に関して、幾つかの該当するスキルを選定して印をつけると、当の本人からクレームが来るのです。「俺だって〝経営〟スキルはあるぞ」「私に〝会計〟が分からないというのか」等々。いや、もちろん皆さんできるでしょう。何と言っても取締役レベルの方々なのですから。でも、それではマトリックスが印だらけになってしまうではありませんか。ある企業では苦労の末、「これは皆さんがお出来になる〝スキル〟のことではなく、会社として皆さんに〝特に発揮して頂くことを期待するスキル〟です」という説明で切り抜けたそうです。また、資生堂の場合には、「各人が有するスキル等のうち、主なもの最大3つに印をつけています」と断り書きを入れています。これはスマートですね。スキル・マトリックスは個人のスキル自慢の表ではありません。

ここまで「スキル・マトリックス」としてあたかもマトリックス表であることが所与のように扱ってきましたが、別にこの形である必要もありません。コーポレートガバナンス・コード再改訂の趣旨においても、「経営環境や事業特性等に応じた適切な形で」開示すればよいと書かれています。欧米企業などで、マトリックス表を使わずに、その取締役のスキル等に関する期待を文章で述べている例などは多く見られます。重要なのは、「取締役会が全体として」経営課題に対処できるかという問いに応えられるかです。ぜひ〝チーム力〟に重点を置いてください。

最後にもう一つ。スキル・マトリックスは万能ではありません。個人のスキルをある程度表すことはでき、その組み合わせにより取締役会全体としてのチーム力がどうなっているかもおよそ俯瞰できますが、これはあくまでスキルの話です。取締役や執行役員に求められるのは、単にスキルがあれば良いということではありません。人柄や良識、品性、高潔さや視野の広さ、考えの深さ、信頼に足る人間かどうかなど、トップグループとして不可欠な要素はスキル・マトリックスからは分かりません。しかし、本来は最も重要な要素です。スキルの評価にばかり偏りすぎて、人間としての本質を見る眼を忘れないようにしたいものです。

第2節

今後は指名委員会の働きがカギとなる

▼経営者最後の抵抗ラインは風前の灯火

前回に引き続き、今回の再改訂においても強化されたのが指名委員会の機能への要請です。何と言っても、「誰をトップにするのか」というのは企業の最重要課題です。だからこそ、この領域にガバナンスの眼が入ることに対して、経営者は長らく拒否感を示してきました。昭和の昔から、「俺の辞め時は俺が決める」「俺の後継も俺が決める」とトップは何の疑問も持たずに思っていたわけで、これによって人事権を掌握することが権威もしくは権力の源泉となっていたわけですから、手放すなんてとんでもないと思うのも当然です。指名委員会等設置会社への移行企業数が極端に少ないのも、社外取締役に指名委員会の過半数を占められ、権力の源泉を奪われるのが嫌だったからですね。

表3−2　コーポレートガバナンス・コード
2018年改訂において加えられた原則

補充4−3②

取締役会は、ＣＥＯの選解任は、会社における最も重要な戦略的意思決定であることを踏まえ、客観性・適時性・透明性ある手続に従い、十分な時間と資源をかけて、資質を備えたＣＥＯを選任すべきである。

補充4−3③

取締役会は、会社の業績等の適切な評価を踏まえ、ＣＥＯがその機能を十分発揮していないと認められる場合に、ＣＥＯを解任するための客観性・適時性・透明性ある手続を確立すべきである。

出所：東京証券取引所（2021）「コーポレートガバナンス・コード（2021年6月版）」

しかし、コーポレートガバナンスという視点から見れば、これこそガバナンスの一丁目一番地。経営者を規律付けるのが監督の仕事なのに、規律付けに最も効くクスリがなくてどうする、というのもこれまた当然です。ちょっと露悪的な説明は既に見ましたよね。

２０１５年に導入された当時のコーポレートガバナンス・コードでは、経営者側の抵抗に結構遠慮していた節もあります。改めてコーポレートガバナンス・コードの指名に関する変遷をたどってみると、当初は、（恐らく意図的でしょうが）取締役会等の責務について記載された第４章ではなく、情報開示の充実を定めた第３章にこっそりと「取締役会が経営陣幹部の選任と取締役・監査役候補の指名を行うに当たっての方針と手続」について開示し、主体的な情報発信を行うべき、と書いてあるのみでした。

これが大きく変わったのは前回の改訂においてです。どうやらコーポレートガバナンスが受け入れられてきたらしい、ということと、それなのに最も大事な経営者の選解任について記載がないというのはマズイ、という判断によるものでしょうか、大幅に加筆修正がなされました。まず、これまで「選任」とのみやんわりと表現していたのを「選解任」に改め、これが企業における最重要の意思決定であることを明記しました。表3－2の通りです。

結構攻めの姿勢を見せていますね。加えて、指名や報酬に関する委員会への要請が厳しくなってきたのは、先に見た通りです。もはや経営者最後の抵抗ラインは風前の灯火となってきたかのようです。

▼社外取締役が「人事」を担うわけではない

ただ、ここで誤解してはいけません。別に指名委員会は「権力の源泉」を握るために存在しているわけではありません。社外取締役が人事権を振りかざすためではないのです。だいたい、そんなことをしたら人事の「執行」になってしまいます。社外取締役の中には、自分が権力の源泉を握ったと勘違いして「人事は我が掌中にあり」とばかりに振舞う御仁もいると聞きます。一方、筆者の尊敬するある経営者は、指名委員を務める際に、「指名委員会の務めは、公正な基準と手続きに沿って的確に適任者が選ばれているかをチェックすること」と仰っていました。これこそあるべき姿だと思います。

もちろん、人事ですから綺麗ごとだけではすみません。手続きさえ踏めば誰を選んでも良いという意味でもありません。自分の好き嫌いや欲得で人事を私（わたくし）するな、ということです。そのために最も大事になってくるのが「選任基準」です。トップにはトップの、役員には役員の選任基準が必要です。それも、とってつけたような能力チェックやスキルリストではありません。本来は選任基準こそ、その企業が人というものについてどのように考えているのか、その上に立つべき人についてどのような見識を持っているのかを表すエッセンスのようなものです。企業理念と並ぶほど大事と言っても過言ではありませんし、そもそも企業理念で掲げる理想と体現するような人物像になっている必要があります。業績や知見、経験はもちろんですが、より全人格的なものが問われる内容になっているべきです。もしそうなっていなかったら、即刻作り直しに取り掛かって下さい。相当時間をかけて議論する必要がありますが、選任基準がいい加減だということは、その企業全体がいい加減だということです。

多くの日本企業は、従来こうした問題を不文律として明文化を避けてきました。しかし、グローバルに活躍していこうという企業が、いつまでも「言わなくても分かるよね」といった運営を続けていたら、今やあっという間に信頼を失ってしまいます。上場企業としての説明責任を果たすことはもちろんですが、昭和の日本人男性にしか分からない暗黙の了解によって密室で事を進めるような企業に、多様な能力を持った有能な人材は寄ってきません。自分たちの判断基準に自信があるなら、しっかりそれを明文化すればよいだけのことです。ついでに言えば、日本はご長寿企業が多い国で有名ですが、ご長寿を謳歌している老舗は、それを継ぐ後継者の選解任についてはことさらにうるさく家訓その他で定め、対象者には厳しく帝王学を伝授しています。昔の方がよっぽどしっかりしていたかもしれません。

▼迷える魂に引導を渡す

選任基準をきちんと作り込んでおくことは、解任の際にも重要です。選任基準の裏返しが解任基準だからです。別々に作る企業もありますが、あまりお勧めしません。選任基準と解任基準の間で矛盾が生じるということもありますが、解任基準を作るというと、どうも人は気が進まないもので、業績が何期連続でどのくらい悪化したなどと分かりやすい定量的な判断基準に逃げることが多いからです。しかし、本当に解任しなければならない時というのは、もっと本質的な問題が横たわっていることが多いものです。それは「解任基準に引っ掛かった」というよりも、「選任に値しない＝上に立つ者として選ばれるにはふさわしくない」という問題なのです。

昨今、不祥事を起こした企業トップをみても、私利私欲に走って企業を売り飛ばそうとしたり、様々な種類のハラスメントを繰り返したり、利益相反と疑われる行為をしても平気だったり、業績やスキル以前に、人格や品性の問題と言わざるを得ないようなケースがごろごろしています。最近は「プロフェッショナル経営者」[注11]などと称して外部招聘される方々も増えています。素晴らしい方もいらっしゃるでしょうが、前の職場で野望を果たせずルサンチマンの塊になっていたり、権力とカネだけのために動いていたりする方々もまた少なくありません。いずれにせよ、要は「強欲（Greed）」[注12]なのですね。こうした経営者自体は別に珍しくありません。米国ではもう約20年も前に、その名も『悪徳経営者』[注13]という本が出ています。不幸にも、こんな本を思い起こさせるような経営者が日本でも最近目立つような気がします。悪徳経営者の歴史も、日本は米国を20年遅れでなぞっているのでしょうか。

話が逸れました。こうした悪徳経営者及びその候補を、その道に詳しい方はよく「あのひとは成仏していないから」などと言います。さらに多くのカネ、さらに強い権力だけを目指す亡者ということですね。何とオソロシイ。こんな人々が不幸にもトップの座に就いてしまったら、会社の破滅を呼びます。迷える魂にはきちんと引導を渡さなければなりません。社長の暴走を止める、まさにガバナンスの役割であり、指名委員会の仕事です。

こうした問題を当事者に突きつけるのは大変です。定性的な要因ゆえに「身に覚えはない」「業績は伸びている」「俺は悪くない」等々、うまく言い逃れる人々も出てきます。その時正々堂々と「あなたはこの会社にふさわしくない」と言えるような、企業における理念や価値観、そしてそれを反映した「トップたる者に何を求めるか」について、しっかりと考えて明文化しておくことが必要です。

社長の後継者は誰か

悪徳経営者の話はこれくらいにして、おそらく世の中の大多数を占めるであろう立派な経営者の話に移りましょう。人柄も素晴らしく、人生の機微も綺麗ごとだけでは済まない世の中のあれこれもしっかりと頭の中に入っています。セルフガバナンスもばっちり。もちろん仕事は有能。では、こういった素晴らしい経営者であれば、全てお任せしておけば良いのでしょうか。

残念ながらそうはならないのですね。「あなたは良いけど次はどうする」ということを考えなければなりません。それが今回の再改訂で、指名に関して検討すべきとわざわざ明記された「後継者計画」のことです。「経営者になったら最初にやるべき最も重要な仕事は自分の後継者を育てること」というのは、経営者だったら皆知っています。そのように努めてもいるでしょう。しかし、自分自身がトップになってまだ日も浅いうちはまだ時間的な余裕もあると思いがちです。一方、今度は経営者生活も長くなってきて、名経営者ぶりが明らかになってくると、これまた次を考えるのが難しくなります。いずれにせよ、結果的に後継者計画というのは、口に出して議論される時点では後手に回りがちです。従って、常日頃からその検討を行っておく必要があります。定期的に開かれる指名委員会は、まさにそれを行うべき場です。

こうした場があるということは、良い経営者の経営をますます良くするためにも役立ちます。執行のトップが良い経営者なら、今自分が何を考えてどうしようとしているかといったことについて、しっかりとステークホルダーに伝えて対話しようと思うのは当然のことです。そうした執行のトップの率直な考えを受けて、ステークホルダーの名代である社外取締役の方々が、監督の立場から見た気づきや留意点などを意見交換することができれば、またとないモニタリングの機会となります。立派な経営者ほど、耳に痛いことも含めて人の話をよく聞くのは、周囲がイエスマンばかりになった時の怖さを良くご存じだからでしょう。こうした対話は、選任基準をきちんと満たしていることの確認にもなりますし、いつのまにか執行トップが「絶対的な権力」になることを防ぐ効果もあります。何しろ「絶対的な権力は絶対的に腐敗する」のですから、権力を〝相対化しておく〟、すなわち「誰かが見ている」という状況を人為的に作っておくことは重要です。良い経営者であれば、多少面倒くさいと思うかもしれませんが、その必要性を熟知していることでしょう。実は、江戸時代の将軍でさえ、しっかりとお付きの者にチェックされていたという話もあります。

▼次の役員をどうするか

指名委員会で議論するのは、経営トップの選解任だけではありません。それに続く取締役や経営幹部についても同様です。これについては、日本の指名委員会は、他国よりも忙しいかもしれません。日本企業の経営者登用は圧倒的に内部昇格が多いからです。外部に分厚い経営者人材プールがあり、外部招聘が当たり前の米国とは事情が違います。外部招聘であれば、その候補者は経営プロフェッショナルとしての華々しい経歴と押しも押されもせぬ実力を持っていることでしょう。そうした経歴と実力は社内外に知れ渡っているので、株主も判断材料に事欠きません。あまたいる候補者の中からそうした人を選べばいいのですから、米国の指名委員会はある意味楽なものです（別の問題は多くあるのですが）。

一方、内部昇格が主流である日本企業の場合、社外からは誰が適任なのか、本当に経営手腕を持っているのかどうかは分かりません。社内で「サラブレッド」扱いされていても、単に事業の親分として優秀であるだけの存在かもしれません。

従って、日本における「指名」の機能は独特な意味を持ちます。すなわち「内部昇格ならば、その候補が経営者としてふさわしい力量を持っていることを担保してほしいし、社外取締役を含めた監督の側はそのことをチェックしてほしい」という要請に応える必要があるのです。このことは、社内外を問わずあまり意識されていません。しかし、日本の状況に照らせば、次世代経営者となるべき人材を見極め、育て、選抜することは、ガバナンスの重要領域です。それが適切なプロセスを経てなされているかを監督することは、社外取締役の不可欠な任務です。もし、指名委員会を設置するのであれば、こうした経営者育成についても十分時間を割いて論じる必要があるでしょう。だからこそ、コーポレートガバナンス・コードではマネジメント・トレーニングの重要性について言及しているのです。一見お節介にも見えますが、実は日本における経営者の昇格事情を踏まえた、極めて重要な要請といえます。

また、これは人事部ではなかなかできません。人事部の行う「トレーニング」は、基本的には一般社員向けの階層別研修であり、経営者に必要な修羅場体験や帝王学を身に付けるようにはできていません。そうしたことを経営のプロフェッショナルの関与無しに、中間管理職がデザインできるとも思えません。それなのに「人事部にマネジメント・トレーニングについて考えろと言っているのだがなかなか成果が出ない」とお嘆きの経営者のなんと多いことか。それは人事部の仕事ではありません。あなたの仕事です。そして、それを考える絶好の場として指名委員会があると考えて頂ければと思います。

▼外部から招聘すべきか

さて、一生懸命トレーニングしたのだけれどもやはり内部に適格者がいなかった、という場合はどうしたらよいでしょう。セカンドベストで何とかやり過ごす？　今やそれほど企業を取り巻く環境は甘くありません。別に内部人材市場からしか人材を得てはいけないなどという規則はどこにもありません。あるとしたら社内の人々の心の中にだけです。それはいったん忘れましょう。世界は広く、社外にも人材はたくさんいます。

ただ、最近では「いなかったら外部から採ればいい」「いたとしても外部から採った方がいい」といった論調も盛んになってきました。外部に目が向くのは悪いことではないのですが、ちょっと注意してほしい点があります。一つは、くどいようですが「選任基準」を死守すること。外部の人材がなぜだかキラキラして見えてつい条件を緩めてしまった、とか、エグゼクティブサーチが猛烈に推薦するので良いかと思った、などという失敗談は数多くあります。そのポジションに選任されるために必要な資質を十分に備えている人材しか選んではいけません。ある大企業のトップは、「適材適所というが、ウチは逆だ。適所適材でなければならない。そのポジションに適当な人材がいなければ無理に人を当てはめてはいけない」と仰っていました。まさにその通りだと思います。外資系企業などではポジション表に「Vacant」とか「Position Open」といった表記が普通に書いてあります。重要な役職になるほど空きのままにしておくのは難しいですが、だからこそ早くから始めなければならないということでもあります。

もう一つ。外部から招聘する場合、条件を十分に満たしているような素晴らしい候補者（に見える人物）に出会えたとしても、必ずリファレンスを取りましょう。採用予定者の前職での勤務状況や人物などについて関係者に問い合わせることです。経営トップなど高いレベルであれば身辺調査も（あまり良い響きではないですが）必要です。こうしたレベルの人々は、既に様々な領域で実績を積み重ねてきています。それがどのようになされたかをしっかり調べておくことは絶対に必要です。本当に素晴らしい人ならば、これまで一緒に働いた人から、心よりの賞賛が必ず寄せられるはずですし、外面は良くて実績は挙げているように見えるけれど実はパワハラ体質とか、カネに汚い、前職で後ろ暗いことをしたといった評判は必ず入ってきます。リファレンスも十分とらないで、前職が超有名大企業だから、とか、有力筋の紹介で断りにくい、などという理由でいったん採用してしまえば、その被害を受けるのは、今度は皆さんの会社の社員をはじめとするステークホルダーの人たちです。事前調査は十分に。

おまけにもう一つ。外部採用についてお悩みを聞くことが多いのは、「ある分野の専門家で大変有能、人柄も素晴らしいのでぜひ採りたいが、プロフェッショナルとしての報酬を支払うと、ウチの社長の報酬を上回ってしまう。どうしたら良いか」というものです。いや、単に払えばよいだけではないでしょうか。本当にその人がそれほど素晴らしく有能なのであれば、それは全世界のタレントマーケットで、少なくともその専門領域において大変稀少性があるということです。社長の希少性を上回っているなら、それにより高い価値を付けるのは当然のことです。いつまでも古臭い報酬体系を後生大事に守るのはもうやめましょう。ということで、次は業績連動報酬の話です。

第3節

業績連動報酬にはしたけれど…

▼日本企業の経営者報酬は低いのか

「指名」と並ぶ重要な要素である「報酬」をみてみましょう。「経営陣に中長期の企業価値創造を引き出すためのインセンティブを付与することができるよう、金銭でなく株式による報酬、業績に連動した報酬等の柔軟な活用を可能とするための仕組みの整備等を図る」[注14]という目的のもとに、業績連動報酬の導入が進んでいます。コーポレートガバナンス・コードにおいても、表3－3のような原則が当初から盛り込まれています。委員会の強化が図られてきたのも指名の場合と同様です。

また、既に見たように、2021年3月から施行された改正会社法では、取締役等の報酬等の決定方針を定めることが義務付けられました。報酬制度の設計や実施、開示は、事務的な作業量

表 3−3　コーポレートガバナンス・コード　報酬に関わる記載

【原則4−2．取締役会の役割・責務（2）】

（前略）経営陣の報酬については、中長期的な会社の業績や潜在的リスクを反映させ、健全な企業家精神の発揮に資するようなインセンティブ付けを行うべきである。

【補充原則4−2①】

取締役会は、経営陣の報酬が、持続的な成長に向けた健全なインセンティブとして機能するよう、客観性・透明性ある手続に従い、報酬制度を設計し、具体的な報酬額を決定すべきである。その際、中長期的な業績と連動する報酬の割合や、現金報酬と自社株報酬との割合を適切に設定すべきである。

出所：東京証券取引所（2021）「コーポレートガバナンス・コード（2021年6月版）」

も多く、企業でも頭の痛いところでしょう。ただ、ここでは事務的な内容の詳細には立ち入らず、「本当にインセンティブとして機能するのか」という点を考えてみたいと思います。

こうした話が出てきた背景には、「日本の経営者への報酬はあまりにも低すぎる（だから経営者としてちゃんと働かないのではないか）」、「報酬が企業価値の向上と連動していないのではないか（だから株主をはじめとするステークホルダーが注視している企業価値向上に無関心なのではないか）」という問題意識があります。こちらは各国との比較を見ると確かにそういうことが言えそうです。

ただ、注意して頂きたいのは、日本では「低すぎる」けれども、米国では「高すぎる」ことが問題になっているということです。また、「本当に役職の重さは一緒なのか？」というちょっと意地悪な疑問も頭をかすめます。オペレーションのボスがそのままマネジメントになって大過なく数年過ごすような昭和の昔であれば、社長の報酬もこの程度で良かったのかもしれま

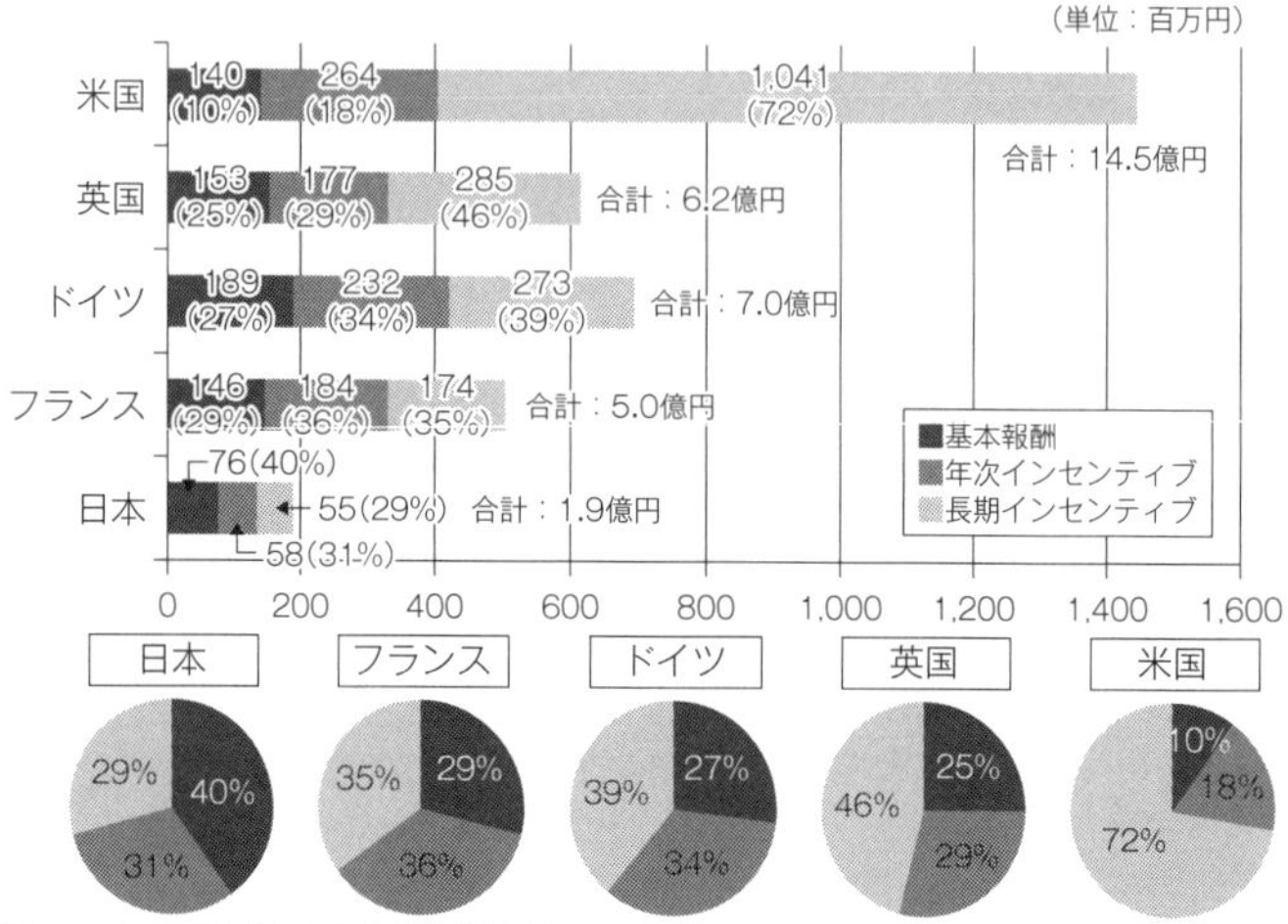

図 3−3　日米欧CEO報酬比較

出所：ウイリス・タワーズワトソン『日米欧CEO報酬比較』2020年調査結果　https://www.willistowerswatson.com/ja-JP/News/2020/07/report-fy2019-japan-us-europe-ceo-compensation-comparison（2021.10.5閲覧）

せん。ただ、現在はマネジメントへの注目度は飛躍的に高まっています。それを考えれば、水準自体を上げていくべきなのはもっともです。

今後はより固定報酬の割合を下げていくべきだという指摘も多いです。ちなみに役員報酬はざっくり三つに分かれていることが多く、固定報酬（基本報酬）、短期（年次）インセンティブ、長期インセンティブから成ります。後者の二つは、年次もしくは中長期の目標達成度に連動して支払われます。一方、固定報酬は業績にかかわらず支払われます。従って、インセンティブ部分を増やすという趣旨を考えれば固定部分を下げるというのはその通りなのですが、総枠の大きさを変えずに割合だけ変えてしまうと、役員報酬の変動割合が非常に大きくなり、ある一定程度以上の金額が安定的に入ってくるという前提で組んでいた住宅ローンの支払いや生活費に困る、という声も実は耳にします。役員になって生活費に事欠くのはあまりにも悲しいので、割合を見直す際にはやはり総額もあわせて増やしていくべきでしょう。

ここで一つ障害になっていることがあります。有価証券報告書の開示要請です。上場企業は2010年3月期から年間1億円以上の報酬を受け取る役員名と報酬額を個別に開示することが義務付けられています。[注15] これが嫌がられているのですね。名前と金額が出るとメディアも大々的に報じますし。しかし、その結果、役員報酬の分布を調べると、1億円未満すれすれで止めている企業のなんと多いことか。この有価証券報告書の開示の在り方は、今や役員報酬の水準や体系をゆがめているようにさえ感じます。今年度施行された改正会社法が「取締役の個人別の報酬等の内容についての決定に関する方針」の義務化まで進んできたことを考えれば、今後は開示の在り方も見直されていくべきでしょう。

▼そもそも業績って何?

「業績連動報酬」という言葉は定着しましたが、ここで改めて考えてみましょう。そもそも「業

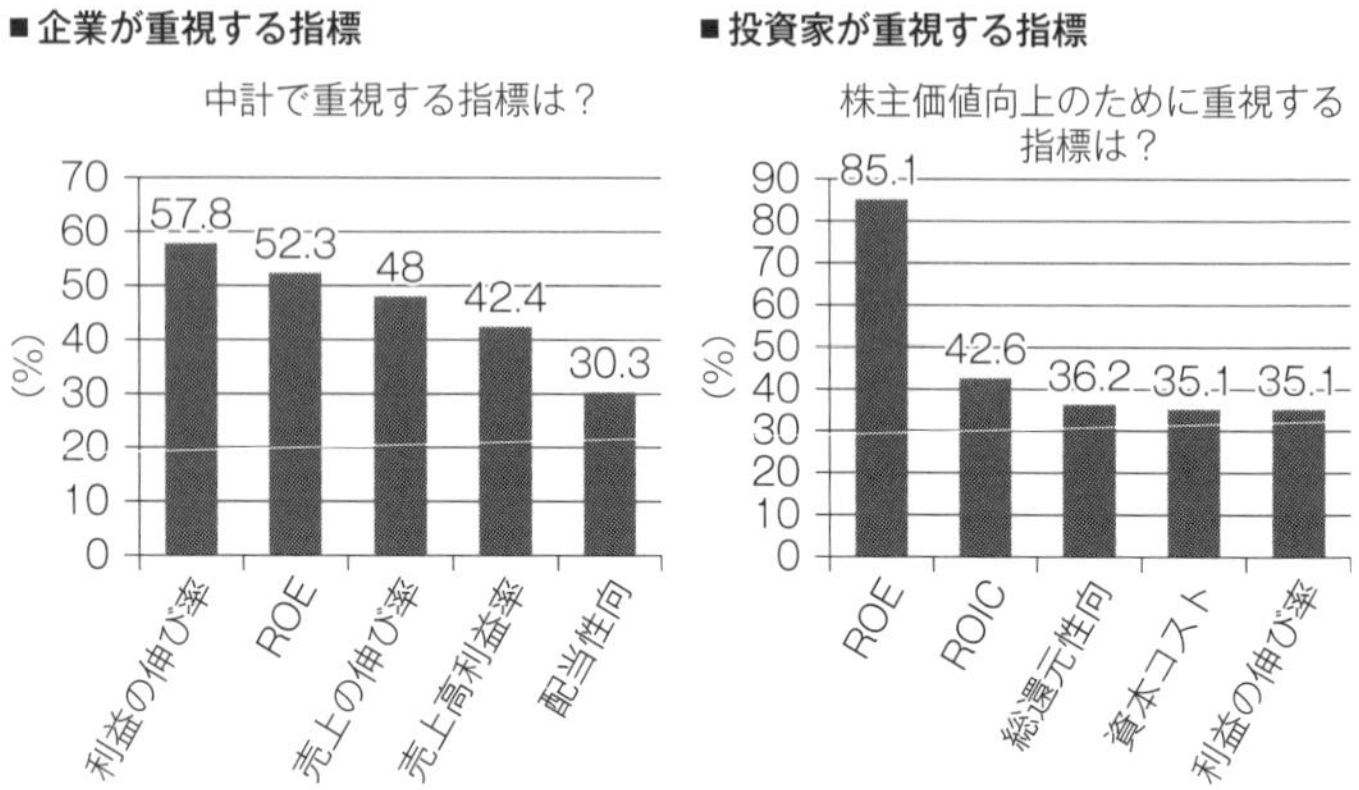

図 3－4　企業が重視する指標、投資家が重視する指標

出所：一般財団法人　生命保険協会2018「株式価値向上に向けた取り組みに関するアンケート（平成29年度版）」

績」って何でしょう。業績連動報酬にすべきと主張する株主や投資家が考える業績は、何と言っても「企業価値」です。先に出てきたとおりですね。これを表す指標を考えると、たとえばTobin's Q[注16]などでしょうか。株価は企業価値を反映するということで考えればＴＳＲ（Total Shareholder's Return、株主総利回り）なども挙げられるところです。ＰＥＲ(Price Earnings Ratio、株価収益率）やＰＢＲを見ている投資家もいるかもしれません。こうした株式指標以外に、企業の会計情報から得られる会計指標もあります。株主の気にする指標と言えば、ＲＯＥが代表的ですが、最近はＲＯＩＣ（Return on Invested Capital、投下資本利益率）なども注目されています。投資家は、このような「自分が出した元手に対して幾ら儲かったのか」という資本効率性の良さをみています。バランスシートから発想しているのですね。

表 3−4　業績連動報酬に関して使用している指標

	短期インセンティブ		中長期インセンティブ	
	業績指標	社数	業績指標	社数
1	営業利益	418	営業利益	137
2	当期純利益	404	当期純利益	119
3	経常利益	284	売上高	108
4	売上高	220	ROE	74
5	配当	90	経常利益	66
6	ROE	89	売上高営業利益率	34
7	売上高営業利益率	62	株価	17
8	税金等調整前当期純利益	43	EBITDA	11
9	経常利益率	26	ROA	11
10	ROA	23	株主総利回り	10
	その他	186	その他	74

出所：中村亮介（2020）「業績連動報酬契約における会計情報の利用実態」（No. 236）. Management Innovation Research Center, School of Business Administration, Hitotsubashi University Business School

一方、企業ではどうでしょうか。図3－4を見れば一目瞭然。資本効率性に関する指標はROEだけです。「あまりにうるさく言われるのでこれは入れておかなくては」ということでしょうか。株式指標もありません。すべては売上と利益のために。それも、その大きさが大きければ良いようにも見えます。実は「業績」一つとっても、企業と投資家の間にはこれほど深い「溝」があります。

業績連動報酬の設計自体は企業がまず行うものですから、「業績」の定義は表3－4のように、実に約8割は会計的な指標で占められ、そのほとんどは売上や利益に関する指標となっています。見事に損益計算書重視の思考が見て取れます。売上至上主義、あるいはPL脳と言われるメンタリティも変わることは期待できそうにありません。[注17]

表3－4からは、短期インセンティブと中長期

インセンティブについて、ほとんど同じような指標を同じように使っていることも分かります[注18]。せっかく時間軸を分けたのに、それを考えた経営もあまり行われていないようにみえます。最近はただでさえ、日本企業の経営は近視眼的となり、四半期ごとの数字作りに一喜一憂しているなどと言われます。昔は得意だったはずの長期的な視野はもう失われてしまったのでしょうか。資本効率や株式市場の反応を考えるなどというのは遠い山の向こう、中長期的な企業価値の向上を目指すためのインセンティブになっているとは言い難い状況のようです。

▼ではＴＳＲを入れればいいのか

では、先ほどの株式指標、例えばＴＳＲを業績指標として組み込めば問題は解決するのでしょうか。実は、それほど単純な問題ではないように思います。そうやって株価上昇ばかりを追いかけていったなれの果て（と言ったら言い過ぎでしょうか）の米国の現状とそこからの反省を、我々は既に見ているわけですので、また真似をする前に少し考えた方がいいように思います。そもそも、業績連動報酬として受け取るのは、現金もそうですが、多くは株式です。この時点で、受け取る側としては、企業価値や資本効率に思いをはせることは無くても、「株価」という生々しく分かりやすい要素については強烈に意識するはずです。そういう状態で、時間軸に対する工夫がそれほどなされていなければ、「とにかく目の前の株価を上げよう！」という、何やらおかしなインセンティブが働いてしまわないでしょうか。株価というのは、株主や投資家にとっては日常見慣れている判断指標ですし、行うのは投資判断ですから、それで全てを判断しても別に構わないわけですが、経営者が目先の株価だけをみてすべてを判断してしまったら、それは経営という名の判断とは異なるものになってしまいそうです。株価を吊り上げるためだけの操作など、経営者がやろうと思えば幾らでもできてしまいますが、それによってもしかすると他のステークホルダーの不利益を招くかもしれません。そうした例は米国において枚挙に暇がありません。

とは言え、売上と利益だけをみて経営判断すればよいわけではありません。「中期経営計画で発表した売上目標額が未達になりそうだから、とりあえずM＆Aでもやって売上増やすか」――などという下心で行われたM＆Aの末路の悲惨なこと。困ったものです。ここは本来の趣旨に戻りましょう。「中長期的な企業価値」を上げることでしたね。そのためには、もう少し資本効率やバランスシートに気を遣った経営というものが必要になってくるのではないでしょうか。それゆえコーポレートガバナンス・コードの策定にあたっても、「経営陣の資本コストに対する意識が未だ不十分である」[注19]などの指摘が行われています。この続きは第5章で見ます。

もう一つ気を付けなければならないことがあります。どのような指標を選ぼうとも、「業績連動報酬契約の存在が経営者による利益調整の動機となる」[注20]という研究結果は山のようにあるとい[注21]

うことです。何とも人間的な。ただ、こうした傾向について注意を払うのも報酬委員会の仕事でしょう。これこそモニタリングすべきことであるともいえます。

ESG関連の指標をどうするか

株価を上げればそれでいい、とはいかない理由がもう一つあります。企業には他にもステークホルダーがいるのですから。米国における株主至上主義の反省から、最近ではステークホルダー資本主義などとも言われるようになってきていますが、こうした人々の利害もしっかり考えなければなりません。ただ、こう言うと「ほら見ろ、昔の日本が正しかったんじゃないか」と言ってまた先祖返りを夢見る御仁がいるので困ります。単に昔に戻れば良いというわけではありません。米国は確かに株主への超過利潤をステークホルダーの犠牲のもとに生み出していた傾向がありました。その反省が現在のステークホルダー資本主義への流れにつながっているわけですが、一方の日本はその逆で、あまりにも株主を無視しすぎた歴史が続いていたのではないでしょうか。両国の企業とも、全てのステークホルダーを満足させるような企業価値向上を目指さなければならない、まだその道の半ばなのだということは共通しており、ただその道筋が違うだけのように映ります。

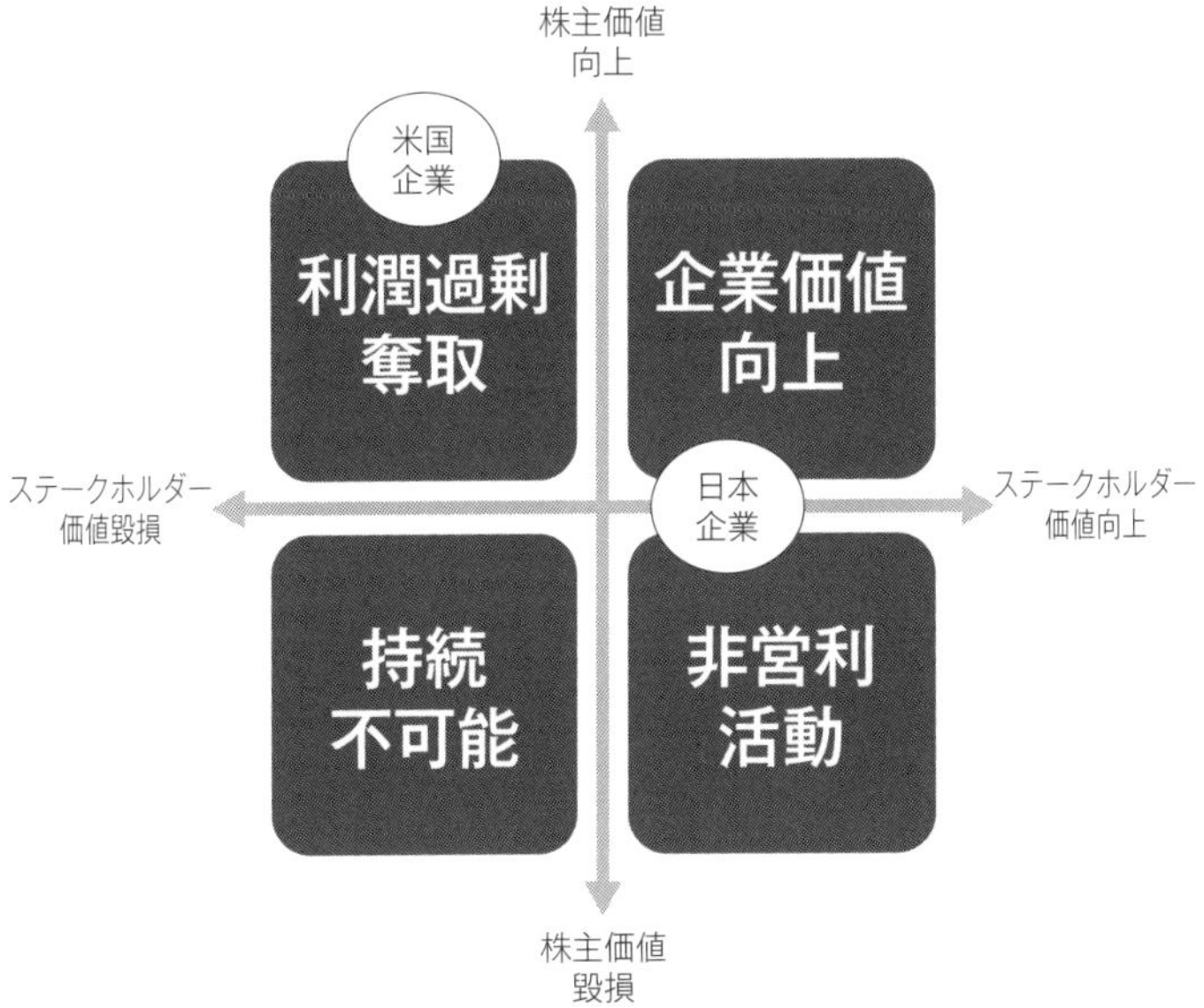

図 3−5　日本と米国との比較

ステークホルダー重視の流れは、昨今のＥＳＧ投資などの動向にも色濃く反映されています。株主自体も、企業のＥＳＧ関連の動向を気にしています。それが中長期的には企業価値向上につながるからですね。

そうだとすると、このＥＳＧ関連の活動が旺盛だということも業績連動報酬を考える際に必要な要素となってきます。現在、最も企業においてホットな、かつ悩ましいトピックスは「業績連動報酬への非財務指標の反映」ではないでしょうか。評価指標をどうするのか、その定義はどう置くのか、目標値はどう設定するのか、何をどこまで開示するのか、等々悩みは尽きません。ＥＳＧ関連指標を業績連動報酬の指標として採用する企業は世界的に増えており、各国の主要100社のうち、米国では その52%、英国では66%にのぼっていますが、日本では未だに15%にすぎません。ただし、これは短期インセンティブに限っての話で、長期インセンティブについては、日本は同じく15%、27%に比べて米国は0%です。単に「欧米では」とあおる人々は多いのですが、こうしてみるとまだ全世界的に「悩み中」のようにもみえます。ESGというと、長期の取り組みがイメージされるだけに長期インセンティブとの親和性が高いように思いますが、実際には長期目標に対する年次の取り組みと短期で評価していることが多いのでしょう。こうした仕組みの設計が適当かどうかと考える必要がありそうです。[注22]

また、ここには法人税法上の問題も横たわっています。法人税法上、ESG関連のこうした指標は損金不算入となります。損金算入の要件は「利益の状況を示す指標」「株式の市場価格の状況を示す指標」「売上高の状況を示す指標」といったものなので、非財務指標はあてはまらないのです。これは、適正な課税の実現という観点から恣意的に決定されることを防ぐ意味ではもっともな措置ですが、ESG関連の指標を業績連動報酬に取り入れるには結構なハードルとなりそうです。なお、損金不算入の扱いはESG関連の指標だけでなく、定性的な指標や計算根拠が開示できない指標などについても同様です。

加えて、こちらは本質的な話ですが、「なぜその指標を選んだのか」について、投資家をはじめとするステークホルダーにきちんと説明できることも必要です。そう考えると、最も大事なのは「財務指標にしろ非財務指標にしろ、企業が自社の中長期的な企業価値向上において重要と考える内容」と合致していることではないでしょうか。経営戦略などが目指す方向と外れた指標や、自社のビジネスから考えると重要性の感じられない指標などを流行に乗って使っても、あまり意味はないでしょう。まずは自社の将来をしっかりデザインすることが、こうした課題に取り組む第一歩です。

第4節

監査の信頼性をどう担保するか

3線ディフェンスを考える

「指名」「報酬」とくれば、次は「監査」ですね。今回のコーポレートガバナンス・コードでは先述の通り、特に内部監査部門にスポットを当てて「監査の信頼性の担保」を謳っています。そのカギとなる「3線ディフェンス」「デュアル・レポーティング」「三様監査」について、もう少し深掘りしてみましょう。

「3線ディフェンス」とは、不祥事や、内部統制の不備などが起こらないようにどこがどのように働くか、ということで、まず第1線が事業部門、第2線が管理（コーポレート）部門、そしてそれらの有効性を監査するのが第3線たる内部監査部門、という位置づけのことを言うことは先にもみました。こうした3線ディフェンスの考え方は、グローバルスタンダードとして、ＩＩＡ

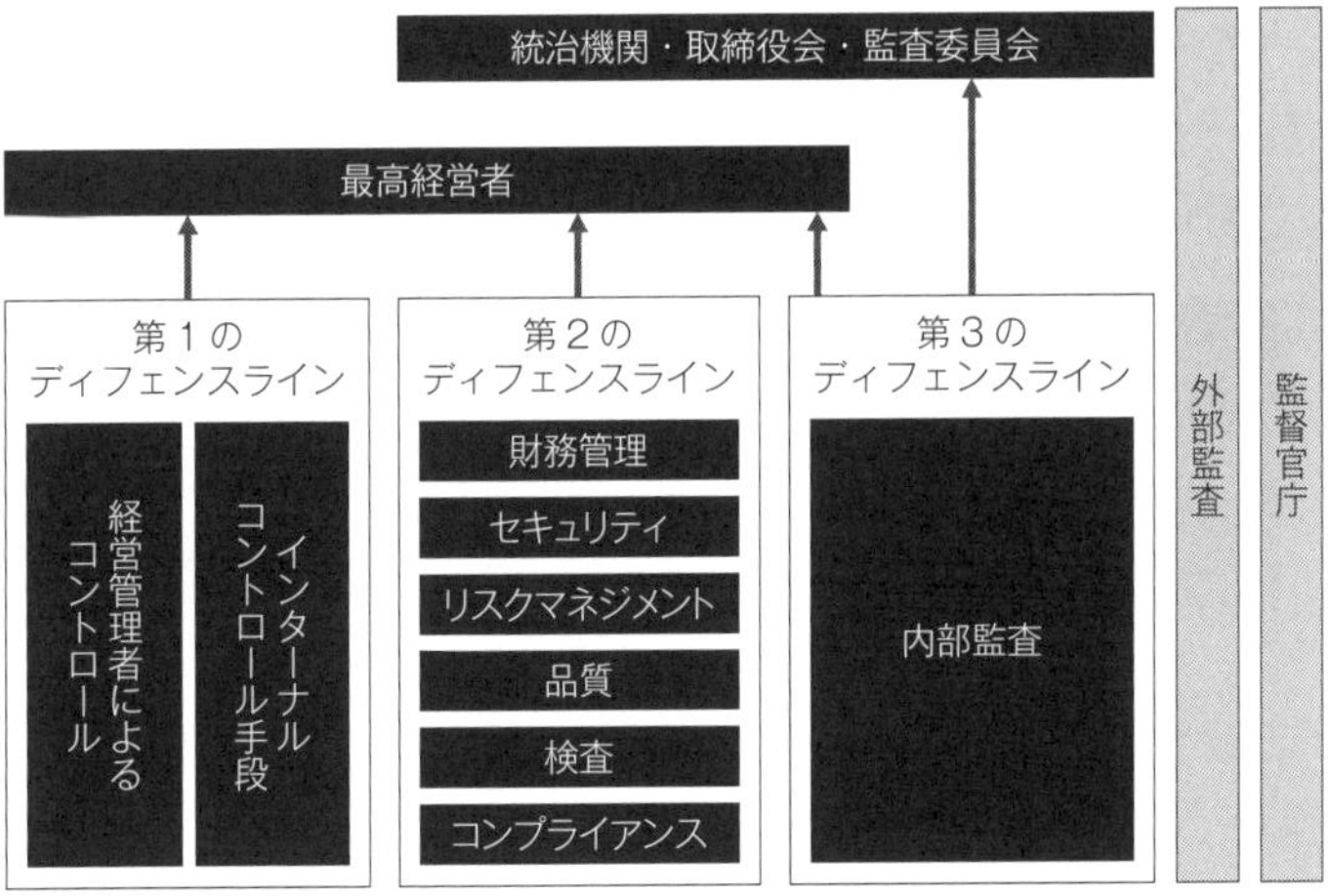

図 3−6　3線ディフェンス

出所：CIAフォーラム研究会報告（2016）「監査役会と内部監査部門の理想的な関係」月刊監査研究（No.506）

(The Institute of Internal Auditors、内部監査人協会)[注23]においてもモデルが示されています。

仕組みはばっちり、に見えるのですが、それにしては企業不祥事が後を絶たないのはなぜでしょう。まず、第1線がイケイケどんどん過ぎて、立ち止まってしっかりリスクを考えよう、という姿勢に乏しいことが挙げられます。お客様が目の前にいるとなれば多少の無理も仕方がない…などと甘くなってはいけません。できないことをできると言って案件を受注し、何とかしなければと製品のスペックを改ざんして品質不正事件を起こしたり、契約に書いてあることを軽視して面倒な手続きを省いたために事件や事故につながったり、ダメだと言われているのについ競合と談合してしまったり、第1線で防げたはずの不祥事は枚挙に暇がありません。窮

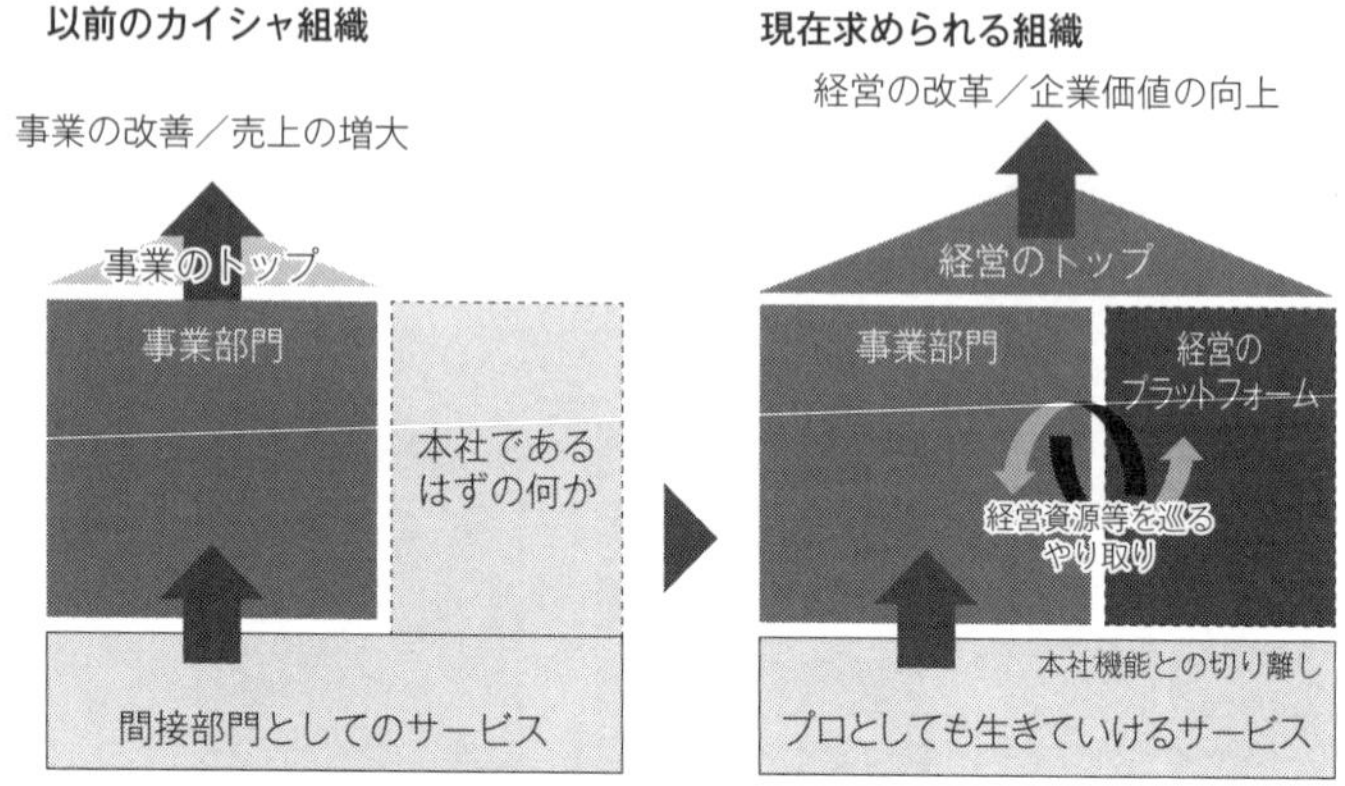

図 3−7　本社部門の位置づけ

屈な規則で縛り上げるのは本意ではないですが、昭和の時代には許されたことでも、今はダメなことも結構多いものです。やっていいことといけないことの線引きをしっかり見直しましょう。

不祥事で最も多いのは、こうしたヤンチャな第1線を第2線が押さえられなかった、というものです。日本企業は昔から事業部門が大変強い傾向にあります。昭和の昔には、とにかく営業が、あるいは工場が最もエラくて、本社の管理部門は「稼ぎもしない間接部門」として事業部門の下に位置付けられていたような感があります。経済成長の波に乗って売上を伸ばしていればよかった時代ならともかく、良くも悪くも今はそれほど牧歌的ではありません。経営の巧拙が企業の運命を決める時代となり、経営者は強力になってきました。その働きを支える右腕としても、事業部門に牽制を効かせる存在としても、本社部門の働きは非常に重要となってきています。

第2線が弱いとどうなるか

しかし、なぜか日本の企業では、「牽制」ということにとても敏感に拒否反応を示します。「俺がやったことにケチつけるのか」と怒られたり、「この案件取れなかったらどうするんだ、会社潰す気か」とすごまれたり。大抵の場合、こういう手合いほど実際にケチを付けてみると不備が見つかったり、その案件がボツになっても会社は安泰だったりします。そんなに拒否反応を示さなくても、「やる人」がいたら「チェックする人」がいるのは当然と思ってチェックしてもらった方が、はるかに結果の完成度が高くなるのですが。もしかすると、取締役会からして「やる人」と「チェックする人」が同一人物であっても構わないことになっていることの影響なのかもしれません。

こうした第2線の弱さは、取締役会においてもしばしば感じられるところです。執行側で議論を行う時点では、まずは第1線の「やりたい！」という意思の発露から始まるのは大いに結構なのですが、取締役会は監督の場です。第1線の推進に対して、第2線がいわば「Devil's Advocate」[注24]の役を果たし、それらの議論が統合されて初めて執行の意見となって監督の場に載せられるはずです。しかし、第1線が強く言うと第2線は何も言えなかったり、一緒になって何とか取締役会を通そうと画策したりします。悪気はないのですが、そうした「協働」の結果付議される内容からは、リスクをしっかり検討した跡は全く見えません。もしかすると、リスクがあるというのが悪いことであると思っていませんか？　何かをやろうとすれば、リターンのあるところ必ずリスクはついてきます。リターンの議論と同じだけ、あるいはそれ以上にリスクについて議論をしておくというのは、企業の意思決定において必要不可欠なことです。それは、保守的になったり逃げ腰になったりすることとは全く意味が違います。将来起こることの可能性をきちんと考えようということです。

今はＶＵＣＡ[注25]の時代と言われるほど予測可能性の低い時代です。「そういう時代に将来のことを思い煩っても仕方がない」と言う人もいます。しかし、それだからこそ余計に、一つひとつの案件について可能な限り頭を働かせておくことが一層重要になっているのではないでしょうか。

第2線の機能が弱いと、そこで見過ごされてしまった不祥事の芽や内部統制の不備を見つけるのは、いよいよ第3線である内部監査部門の仕事となります。

▼デュアル・レポーティングは機能しているか

ところが、これがまた大変なのです。第2線でさえ弱かった日本企業のこと、第3線までくると、何やら日の当たらない存在として扱われることが多かったのではないでしょうか。経営資源もなかなか配分されない、要はヒトもカネもない中で、ヤンチャな第1線をチェックし、すぐ逃げる第2線に仕事をさせなければならないという状況です。きちんと扱われないことで独立性が担保されず、それが不祥事につながった企業も多くありました。

最近では、大変頭の痛い要素も加わってきています。グローバル化によって増えた海外拠点の監査や、M&Aによって新たに加わった子会社の監査などです。おそらくどこの会社でも、経営資源の不足にお悩みなのではないでしょうか。内部監査部門というのは、欧米企業などではエリートの登竜門となっているような部署です。世界各国の拠点を回り、その経営状況をチェックし、経営者と対話しなければならないわけですから、マネジメント・トレーニングとしても絶好の場です。「やる人」と「チェックする人」をしっかり分けるという趨勢からは、内部監査の重要性は大いに高まっているともいえます。

内部監査部門の機能として、もう一つ重要な点があります。「誰に報告するか」です。先ほど見た「デュアル・レポーティング」の話ですね。もともと内部監査部門は執行に属し、執行のトップである経営者に直接報告していたわけですが、今や経営者を監督している機能に対しても報告するべきではないのか、という考え方が主流になってきています。「経営者を監督している機能」とは、すなわち取締役会や監査役会です。こうした場では、現場の実態などが分かりにくい

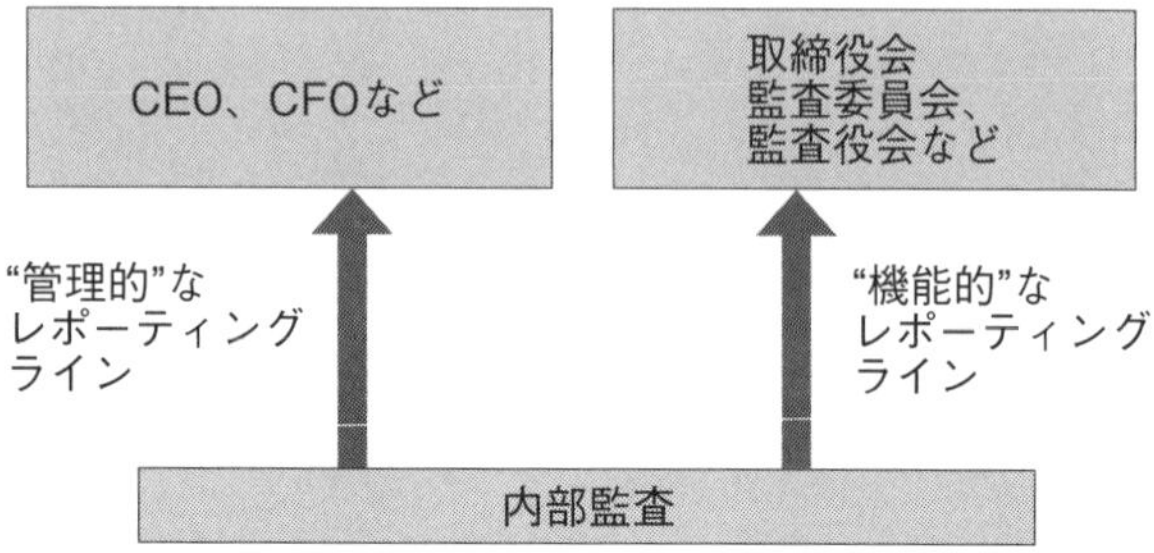

図 3−8　デュアル・レポーティング
出所：経済産業省（2019年）「グループ・ガバナンス・システムに関する実務指針」より筆者作成

面もあるので、それを良く知っている内部監査部門が情報を上げることの有用性も大きいと言えます。従って、内部監査部門は、部門運営上の報告先は経営者、監査機能上の報告先は取締役会や監査役会、と二系統の報告経路を確立すべきだということになってきました。これがデュアル・レポーティングでした。

気を付けて頂きたいのは、デュアル・レポーティングの考え方は、日本の企業によくあるように「監査役会と内部監査部門が連携して事にあたればよろしい」というような曖昧な関係ではないということです。これは、監査機能上の指揮命令系統を明確にこう定めるべきという考え方ですが、日本ではまだそうなっていないのが実情です。それゆえ、今回のコーポレートガバナンス・コードの再改訂においては、内部監査部門が取締役会や監査役会に直接報告を行う仕組みを構築すべきであり、取締役会は内部監査部門を活用しながら全社的なリスク管理体制を整備すべしと明記されたのです。

コーポレートガバナンスの上ではとても重要な機能なのですから、本来ならもっと早くコードに記載されていて然るべき事項だったのですが、ようやく日の目を見たともいえるでしょう。今後は内部監査部門に必要十分な経営資源が投入されてほしいものです。

▼三様監査において「連携」すればよいのか

内部監査についてみてきましたが、そもそも「監査」というもの自体が分かりにくい、という声をよく耳にします。「監査役も監査っていう名前だし、会計監査もあるし、いったいどうなっているの」とお思いの方も多いでしょう。大事なことなので少し整理をしておきましょう。

内部監査は先に見た通り、第3線として企業内部全体の仕組みや仕掛けがちゃんと機能しているか、という点をチェックしています。これに対して監査役監査はちょっと異なります。監査役がチェックしているのはまずもって「執行の責任者である経営者」です。経営者の傘下にある執行機能の状況についてももちろんチェックすることになります。従って、監査役は執行機能には属さず、監督機能に属しています。

監督機能と言えば、取締役会もそれを行っているのですが、先述の通り日本の会社法上では取締役会は監督と執行の両方の機能を兼ねてしまっているので、監督に専念する機能が必要になります。それが監査役ということです。

ただ、監査役がすべて会計の専門家であるわけではありません。会社の数字は、人間で言えば健康診断結果のようなもので、身体のどこに不具合があるかをチェックするために役立ちますが、やはりそれをきちんと理解して何が起こっているのかを把握するためには医者が必要ですよね。この医者にあたるのが会計監査人です。会計の専門家として、数値面からのチェックを支えます。

監査役、内部監査部門、そして会計監査人が連携して監査を行うことを「三様監査」と言います。良いことのようにも聞こえますが、実は問題もあります。先ほども述べたように、連携とは何を指しているか曖昧なままだからです。いかにも日本的ではありますね。しかし、デュアル・レポーティングの要請を考えれば、監査役と内部監査部門の間は明確な指揮命令系統にした方が望ましいですし、監督機能を担う取締役会に対する内部監査部門の直接の報告も重要です。これらの監査が有効に機能するような在り方を考えていく必要があります。

なお、「ウチの会社には監査役なんていないぞ」という方も増えてきているのではないでしょうか。先述した「指名委員会等設置会社」や「監査等委員会設置会社」といった形態をとっている企業においては、監査役はいません。取締役会の傘下に監査委員会が置かれて、取締役（の一部）が監査委員を務めます。こうした監査委員と、内部監査部門、会計監査人との関係も同様です。

▼適法性の監査から妥当性の監査へ

監査役が、取締役会での経営者の選解任権を持たないことへの批判が、こうした取締役かつ監査委員という制度を生んだことは既に述べました。実は、監査役には結構強力な権限が与えられていて、独任制や独立調査権、差止請求権など、有効に使えばスゴイ武器になる権利が法的に保障されています。ただ、これまではうまく使ってこなかったのですね。財務や経理部長あたりを務めた方々に対して、取締役（この場合は昔ながらの業務執行取締役の意味です）にはなれないけれど、長年勤続のご褒美に数年間役員をやらせてあげようという経営トップの恩情が働いて選任されるといったことが長く続いてきました。財務や経理の方々は、結構会社のヒミツを握っていたりもしますし。しかし、こうして選任された方々が社長に対してモノを申せないのは当然です。ゆえに監査役が持つ多くの権限は「決して抜かない伝家の宝刀」のようになってしまいました。

もう一つ、監査役の職務を縛る要素があります。「適法性監査限定論vs妥当性監査論」の戦いです。実は、監査役の職務権限を巡っては、昔から争いがありました。監査役は監督機能を担う法的な役員ですから、法令違反などがあれば意見を述べることは当然です。しかし、それ以外の点についても意見を述べられるのでしょうか。法令違反等に限るという主張が「適法性監査限定論」です。一方、それ以外についても意見を述べられるとするのが「妥当性監査論」です。この二つは、法学の世界では昔から「神学論争と言われるほど」[注26]議論が行われてきました。で、結論はというと「適法性監査限定論が学界における通説ですが、平成18年5月1日から施行された会社法・会社法施行規則の下では、適法性監査限定論から踏み出して妥当性監査まで及ぶと思われる規定があることから、適法性監査限定論を強く主張することはあまり聞かれなくなりつつあります」[注27]ということです。そりゃそうですよね。せっかく監督機能として強い権限を与えているのに、あからさまに法令違反や定款違反をしなければ何も言えないなどというのは、現在の状況に合っているとはいえません。業務執行まで自分で指図し始めたらこれはダメでしょうが、リスクを無視した案件をごり押ししようとしたり、グレーゾーンすれすれで会社を私（わたくし）しようとしたりしている場合に、黙っているという選択肢はないはずです。それなのに昔は適法性の枠ばかり気にして言いたいことも言えなかったので、海外投資家から批判を浴びてしまったのかもしれません。コーポレートガバナンス・コードでも「自らの守備範囲を過度に狭く捉えることは適切ではなく、能動的・積極的に権限を行使し、取締役会においてあるいは経営陣に対して適切に意見を述べるべきである」（原則4－4）と釘を刺しています。

こうした流れを受けてか最近は、経理や財務部長あたりの方々ではなく、例えば副社長まで務めた大物を社内の常勤監査役とする例も増えてきました。これはとても良いことだと思います。

執行のトップに位置付けられていた方々ですから、その内実はとてもよくご存じ。これほどコワい存在はありません。また、営業や技術など、経理や財務部門以外からの登用も見られるようになってきています。これもグッドアイデアです。監査役に一人も経理や財務が分かる人がいないというのは問題[注28]ですが、全員同じ分野の方々である必要もありません。経理や財務部門の方々には分からない生産設備の問題点や、後ろ暗い営業の慣行などを鋭くえぐり出してくれるかもしれません。ここでも多様性は大切です。

最後に、こうした重要な役割を担う監査役ですが、これまでの古き悪しき扱いが災いして、報酬は取締役よりも意味なく低い場合が多いです。昔はともかく、今では取締役より忙しかったりすることもありますし、取締役監査委員の場合にはこうした意味のない格差は生じないので、早急に見直したらどうかと常々思います。

（注1）　松田千恵子『これならわかるコーポレートガバナンスの教科書』日経BP、2015年
松田千恵子『ESG経営を強くするコーポレートガバナンスの実践』日経BP、2018年
（注2）　2021年4月14日現在。日本取締役協会調べ。
（注3）「監査等」の「等」とは、指名や報酬についても意見は述べられるという意味なのですが、あまり意識されてはいないようです。
（注4）　2016年、米国の資産運用会社であるRMBキャピタルが、オプトホールディングや昭文社が監査等委員会設置会社に移行することに反対を表明しています。
（注5）　監査役会設置会社の監査役は「独任制」がとられており、監査役会で意見が一致しなくとも単独で権限行使ができます。
（注6）　取締役会が経営執行の役割を中心的に担う形をマネジメント・ボードと呼び、従来の監査役会設置会社がもともと想定していたのはこの形であることは既に第一章の（注1）でみましたが、このマネジメント・ボード型とモニタリング・ボード型の中間に位置するとみられるのがアドバイザリー・ボード型です。この場合、社外取締役が取締役会に入ってきますが、期待される役割は監督機能ではなく、アドバイス機能ということになります。執行に対して助言を行うという位置付けです。従って、監督と執行の分離がなされているわけではなく、誰が監督機能を担うのか少々不明確ともいえます。
（注7）　知り合いのRochelle Kopp先生による動画、Surviving Japanese Meetings（日本式会議サバイバル方法）https://youtu.be/DLwCsly62mEなどは抱腹絶倒です。ぜひご参考に。
（注8）　英語では「Non-Executive Director」「Independent Director」などと呼ばれます。
（注9）　2019年6月に開かれたLIXILの株主総会では、会長兼CEO（最高経営責任者）を務めた創業家出身でもある潮田洋一郎氏ら会社側が提案してきた取締役の選任議案と、潮田氏から事実上解任された前CEO瀬戸欣哉氏ら株主側が提案した取締役候補が真っ向から対立し、結局後者が株主の支持を受けたわけですが、ここに至るまでの紆余曲折について特別委員会の報告書が出ています。曰く（トップ人事を決定するための取締役会にて、社外取締役A氏とB氏は）「別の会議への出席のため、取締役会を退席しており、採決には参加していない」。あれだけ揉めている最中に、その原因の一端である指名委員会の委員でもありながら、別の会議があるからという理由で採決から逃げ出すということがあるものでしょうか。通常の取締役会ならまだしも、取締役会としてこの上なく大事な局面に、それ以上に大事な会議というのがあるならぜひ知りたいものです。そんなに大事な会議で忙しい身ならば、社外取締役など引き受けるべきではありません（どうもトップのお友達だったようですが）。報告書を読む限りでは「取締役会をなめている」としか言いようがありません。
（注10）　この「縦軸」に「ジェンダー（女性）」や「国際性（外国人）」という項目を設ける企業もあるようですが、当たり前ながらこ

れらは「スキル」ではありません。どうしても書きたいなら分けて書きましょう。

（注11） この呼び方にはひどく違和感があります。経営者はすべて経営のプロフェッショナルでなければならないのに、ことさらにプロフェッショナルと銘打っているからです。

（注12） ちなみに「強欲（Greed）」はキリスト教における七つの大罪のうちの一つです。七つの大罪とは、強欲のほかに、傲慢（Pride）、嫉妬（Envy）、憤怒（Wrath）、色欲（Lust）、暴食（Gluttony）、怠惰（Sloth）があります。何だか全部併せ持っている人もいそうですね。

（注13） John A. Byrne（原著）、酒井 泰介（翻訳）『悪徳経営者』日経ＢＰ、２０００年。「株主価値の創造」を掲げてウォール街の寵児となりながら、その実は過激な馘切りと企業解体で巨万の富を手にしたアルバート・ダンラップ、別名チェーンソー・アルの悪行の数々が克明に記されています。

（注14） 「日本再興戦略」改訂２０１５（２０１５年6月30日閣議決定）

（注15） これで思い出すのが、有価証券報告書の虚偽記載（過少記載）で東京地検に逮捕されたカルロス・ゴーン日産自動車元会長ですね。ゴーン被告の２０１０年度から２０１７年度までに開示された毎年の報酬額は平均約10億円でしたが、実際はその倍の20億円だったとされています。また、報酬額を決定する方針や算定方法などの開示も求められているコーポレート・ガバナンス報告書の報酬に関する記載が、「代表取締役と協議の上、決定する」とあるだけだったことも話題を呼びました。

（注16） 株式市場で評価された企業の価値（時価総額と負債の合計）を資本の再取得価格で割った値として定義されます。

（注17） もちろん、売上や利益が重要ではないという意味ではありません。売上は企業が獲得できる最大のキャッシュインフローですし、そこからどの程度利益と挙げられるかは死活問題です。しかし、「それしか見ていない」ことにより、規模拡大の偏重や資本効率性の無視が顕著になっては、経営としてバランスが取れないということです。

（注18） ごく最近の先進企業向けの調査（非開示）では、中長期インセンティブにおいてＲＯＥや株価関連指標の割合が高くなってきていますが、大きくは変わりません。

（注19） スチュワードシップ・コード及びコーポレートガバナンス・コードのフォローアップ会議「コーポレートガバナンス・コードの改訂と投資家と企業の対話ガイドラインの策定について」平成30年3月26日

（注20） 中村亮介（２０２０）「業績連動報酬契約における会計情報の利用実態」（No.236）Management Innovation Research Center, School of Business Administration, Hitotsubashi University Business School

（注21） Healy, P. M. (1985). The effect of bonus schemes on accounting decisions. Journal of accounting and economics, 7 (1-3), 85-107., Watts, R. L., & Zimmerman, J. L. (1986). Positive accounting theory., Holthausen, R. W., Larcker, D. F., & Sloan, R. G. (1995). Annual bonus schemes and the manipulation of earnings. Journal of accounting and economics, 19(1), 29-74., Brockman, P., Ma, T., &

Ye, J. (2015). CEO compensation risk and timely loss recognition. Journal of Business Finance & Accounting, 42(1-2), 204-236. など。

（注22）デトロイトトーマツグループ（２０２１）「２０２１年3月期有価証券報告書における開示状況調査」。ちなみに米国調査対象はFortune１００社、英国はFTSE１００社、日本はTOPIX１００社。

（注23）１９４１年にニューヨークで設立された内部監査に関する世界的な団体。１００以上の国と地域に代表機関を持ち活動しています。ＣＩＡ（Certified Internal Auditor、公認内部監査人）といった資格制度の運用なども行っています。

（注24）議論や提案の妥当性を試すために、わざと反対意見を述べる役割を担う人のこと。

（注25）ＶＵＣＡとは、Volatility・Uncertainty・Complexity・Ambiguityの頭文字を取った造語で、先行きが不透明で、将来の予測が困難な状態のことを意味します。

（注26）高橋均（２０１８）「監査役の適法性監査と妥当性監査」情報センサー　https://www.eyjapan.jp/library/issue/info-sensor/2018-04-03.html（２０２１・６・20閲覧）

（注27）同上

（注28）従って、コーポレートガバナンス・コードにおいても「財務・会計に関する十分な知見を有している者が1名以上選任されるべきである」（原則４－11）と明記されています。この前段には「監査役には、適切な経験・能力及び必要な財務・会計・法務に関する知識を有する者が選任されるべき」とありますが、経営を担うような地位にいた方なら一通りの知識は持っていて当然でしょう。逆に言えば、この記載は「経理一筋でやっと部長になったがそれ以外のことはからきしダメ」という昔ながらの監査役候補人材ばかり集めることには否定的ともみえます。

第4章

進化へのポイント③
サステナブルな事業の将来像を描けるか

第1節

なぜ将来ストーリーが求められるのか

取締役会で議論すべきこと

ここまで、取締役会の強化という観点からその機能を色々見てきましたが、では取締役会ではいったい何を話し合えば良いのでしょう。ここからは、そうした内容の話に移りましょう。

コーポレートガバナンス・コードでは、以前から「取締役会は、会社の目指すところ（経営理念等）を確立し、戦略的な方向付けを行うことを主要な役割・責務の一つと捉え、具体的な経営戦略や経営計画等について建設的な議論を行うべき」としています。これに加えて、今回の再改訂案では、「取締役会におけるサステナビリティ課題への対応、基本方針の策定と開示」「取締役会における経営資源配分、事業ポートフォリオ戦略実行の監督」「取締役会における内部統制、全社的リスク管理体制の整備状況の監督」などが明記され、これらについて十分に議論することが求められています。――何だか難しくなってきたので整理しましょう。要はこういうことです。

①経営理念をしっかり打ち立て、
②それに紐づく経営戦略を策定しなさい、
③ただその時にきちんとサステナビリティを考えないと駄目ですよ、
④事業が複数あるなら、事業戦略だけではなくて全社戦略も忘れずに、
⑤全社的にリターンを考えたなら、当然リスクにも目を向けてね、
⑥これらを全部ちゃんと取締役会で議論しないと駄目だからね。

何と大変なのでしょう。事細かな個別案件の意思決定などやっている暇はありません。従って、多くの企業では既に付議基準の見直しなどには着手しており、取締役会においては、右記のような「会社の行く末に関わること」[注1]を中心に議論できるような体制が育まれつつあるのではと思います。まだやっていない、と思った方々は、明日からぜひ頑張りましょう。ここでは、右記の①~⑤について、「事業戦略の策定」「サステナビリティ課題への対応」「全社戦略と事業ポートフォリオマネジメント、及び全社リスク管理」の三題噺として順に見ていきたいと思います。

▼株主のリターンは将来の業績にかかっている

まずは「事業戦略の策定」です。事業を営むのが本業なのだから、その戦略くらい立っていて当然、我が社には中期経営計画（中計）もあるし、などと思ってはいませんか。本当にそれでいいのでしょうか。実は、結構問題があります。

コーポレートガバナンス・コードでは、その第三章で「会社の目指すところ（経営理念等）や経営戦略、経営計画」について「主体的な情報発信を行うべきである」と述べています。こうなると企業としても策定に力を入れざるを得ませんが、一方で企業が発表している「中計」が、コーポレートガバナンス・コードにおいて想定されているような「会社の目指すべきところを具現化した戦略」になっているかというとやや疑問です。もともと、計画というのは戦略の下位概念です。戦略として掲げられた将来ストーリーを実現するために、いつまでに誰が何をやるのか、を具体的に規定するものです。中計も、もともとは企業の内部でそのように使われてきました。安定した事業環境のもと、企業の内部で日々の進捗管理に使うのであればそれでも良いかもしれません。上位概念である戦略などあまり考えなくても、日々是改善で物事は平和に過ぎていったことでしょう。

しかし、今はそうした時代ではありません。激動する環境下、内部はもちろんですが、外部のステークホルダーに向け、企業の将来を示すストーリーがしっかりと策定され、きちんと説明されることは大変重要です。ゆえに「戦略」を語らなければならないのですね。ところが、現在はその必要を、下位概念の「計画」で代用しているような状況です。それゆえに、投資家からは往々にして中計への不満が聞かれます。相変わらず現場主導、ボトムアップの積み上げ型、細々した施策の総花的な羅列に陥っていて、結局将来どうしたいのか分からない——これでは苦労して中計を作る甲斐がありません。状況の打開に努めたいところです。

こう言うと「なぜそんなに株主や投資家からうるさく言われなくてはいけないのか、ウチの将来なんだから勝手だろう」とお怒りの方もいらっしゃることでしょう。ごもっとも。しかし、株主にとって、あなたの会社の将来がどうなるのかは何にも増して大切なのです。なぜならば、既に見た通り、彼ら彼女らは自分の資金をあなたの会社の将来の業績に賭けているからです。そうとなれば、将来どうなっていくのかが最大関心事となるのも無理はありません。

日本企業が戦後慣れ親しんだメインバンクガバナンスは、債権者によるガバナンスでしたので、この点はそれほどうるさくありませんでした。[注2] しかし、既に見た通り、今はエクイティガバナンスの時代です。そのメンタリティで作られているコーポレートガバナンス・コードも「我が国の上場会社による情報開示は、計表等については、様式・作成要領などが詳細に定められており比較可能性に優れている一方で、会社の財政状態、経営戦略、リスク、ガバナンスや社会・環境問題に関する事項（いわゆるESG要素）などについて説明等を行ういわゆる非財務情報を巡っては、ひな型的な記述や具体性を欠く記述となっており付加価値に乏しい場合が少なくない」などと指摘しているわけですね。ここで出てくる「非財務情報」についてはまた後述します。

▼脅かされる既存のビジネスモデル

それでも株主や投資家からの「外圧」など嫌だ、という方のために、もう一つ大事なことを考えておきましょう。コロナ禍が事業にもたらした影響です。この苦境を乗り越えようと、多くの企業が必死です。売上の低迷を補うために商品のスペックを変えてみたり、コスト削減にいそしんでみたり。しかし、そうした取り組みは本質的な問題解決になっているでしょうか。もしかしたら短期的な小手先の戦術で何とか乗り切ろうとしているだけかもしれません。いま揺らいでいるのは、もっと基盤にあたる戦略の領域です。将来も本当に今の市場があるとは限りません。競合も今のままではありません。トヨタの競合はグーグル、新幹線の競合はＺｏｏｍと言われる時代です。自社が強みだと思っていた要素も、実はお荷物になっているかもしれません。過去のある時期に対象市場をうまく捉えて成功し、競合を上回る強みによって獲得したポジショニング、

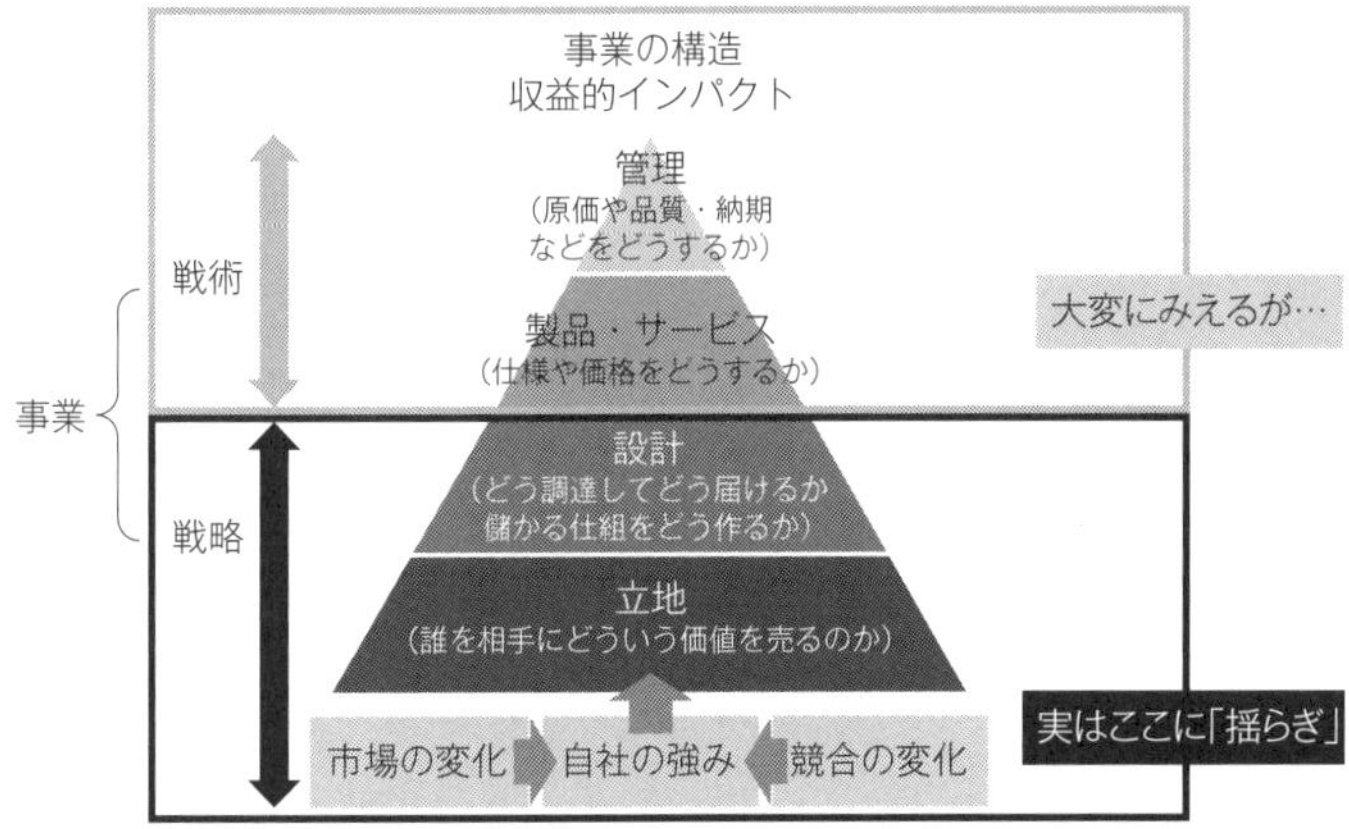

図 4−1　コロナ禍で何が脅かされているか

図4―1で言うと「立地」はもう溶けてなくなっているかもしれません。そうすると、その上に立つビジネスモデルの「設計」も危ういものです。先ほども見たように「そのビジネスモデルは既に死んでいる」状態かもしれません。

環境の激変に伴い、企業は否応なく、事業における市場、競合、自社の競争優位性といういわゆる3C（Customer, Competitor, Company）、そしてその上に立つ「立地」と「設計」を見直さざるを得なくなっているのではないでしょうか。コロナが収まれば元に戻るのではなく、新しい時代に通用する事業の在り方を考えていく、実はその好機こそが今なのではないかと思います。

▼トップダウンで「世界観」を示す

そうと決まったら先を急ぎましょう。新しい時代に通用する戦略を考えるにあたっては、少なくとも以下の三点を考える必要があります。

①「会社の目指すところ」から説き起こしているか
②将来シナリオを、トップがリスクを取って意思決定しているか
③ステークホルダーの視点からみて評価に耐えうるか

「会社の目指すところ」についてはコーポレートガバナンス・コードでも使われている用語ですが、最近よく用いられる言葉である「パーパス」というものと同じですね。自社の存在意義とでも言いましょうか。これらは通常、企業理念などに体現されているはずです。その最上位概念が「ミッション（使命）」、企業が未来永劫目指そうとしている究極の目標です。それをどのような態度や意識、行動で実現しようとしているのかが「バリュー（ズ）（価値観）」です。

自社の使命を、価値観を踏まえつつ具体的に実現していくために、長期的な将来の青写真とし

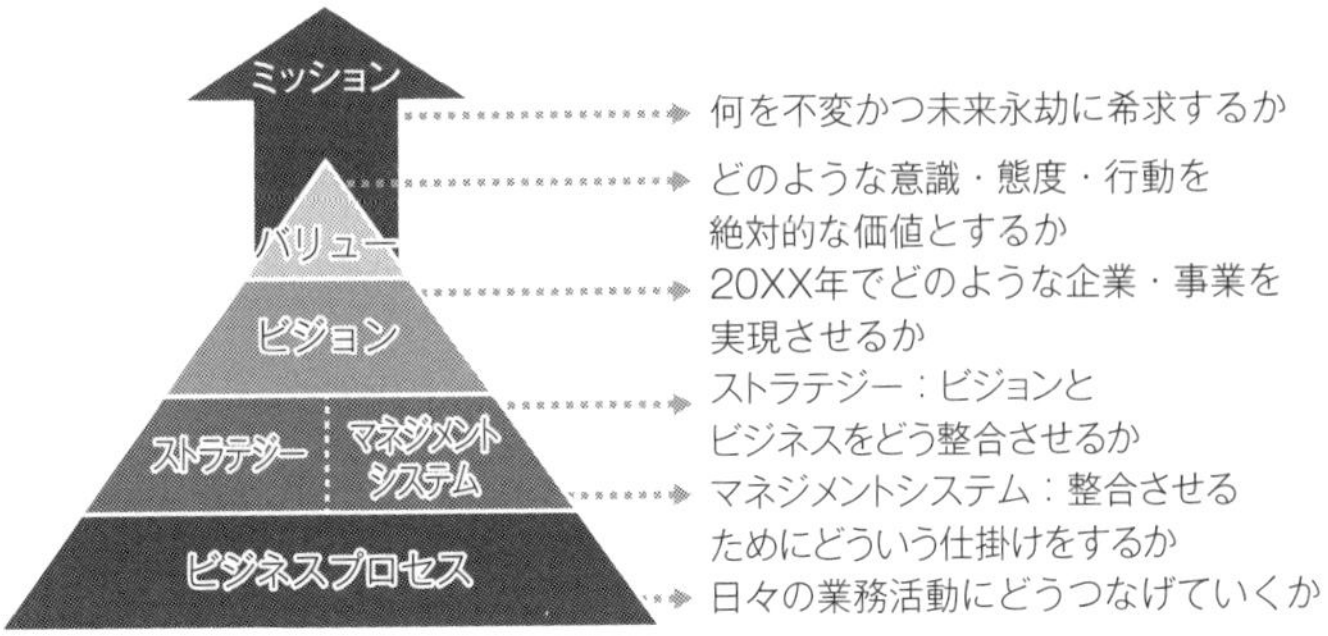
ミッション
バリュー
ビジョン
ストラテジー
マネジメントシステム
ビジネスプロセス
何を不変かつ未来永劫に希求するか
どのような意識・態度・行動を
絶対的な価値とするか
20XX年でどのような企業・事業を
実現させるか
ストラテジー：ビジョンと
ビジネスをどう整合させるか
マネジメントシステム：整合させる
ためにどういう仕掛けをするか
日々の業務活動にどうつなげていくか

図 4—2　経営の体系

て「ビジョン」があり、それをもう少し中期的な将来において具体化したものが「ストラテジー」、すなわち戦略ということになります。明らかにしてほしいのは、この「ミッションーバリューービジョンーストラテジー」が整合性を持ってつながっているかどうかです。これらは経営の全体系としてつながっています。さらに言うと、戦略がうまく回るためには、組織の在り方やルール、プロセスなどのいわゆるマネジメントシステムが整って初めて、日常の業務プロセスにつながっていくことになります（図4ー2）[注3]。従って、自社がどのような将来を目指すのかが明らかにならないと、説得力ある戦略は描けません。それゆえ、企業理念がしっかりしていることは何より重要な戦略の基礎となります。

▼バックキャスティングはしてみたけれど

最近ではまた「バックキャスティング」ということもよく言われるようになってきました。〝在りたい姿・在るべき姿〟から〝いま〟を考える思考法ということです。

ただ、これを行う際に落とし穴が幾つかあります。将来目指すべき姿を考えるというと、遠い将来にむけてのメガトレンドを分析し、そこで示された未来に自社の内部資源をどのように当てれば良いかという考え方をしがちです。「2050年地球はどうなる」といった類の本を読み漁ったり、「2030年に向けた環境予測」セミナーに出てみたり、皆さん涙ぐましい努力をされています。それはそれで良いのです。ただ、その結果としてかなりの確率で「こんなに不確実な世の中で、将来どのようになるかなど分析できない」という悩みに突き当たり、バックキャスティングプロジェクトは暗礁に乗り上げてしまいます。

これは当然のことです。客観的な分析はもちろん必要ですが、そこから自社の未来が自然に出てくるわけではないからです。もともと〝正しい〟将来などはあり得ません。あるのは〝確からしい〟と自分達が選んだ将来だけです。客観的な分析をいくら積み上げて頂いても結構ですが、重要なのはそれを基に「自分たちはどうなると思うのか・どうなっていきたいのか」という主観

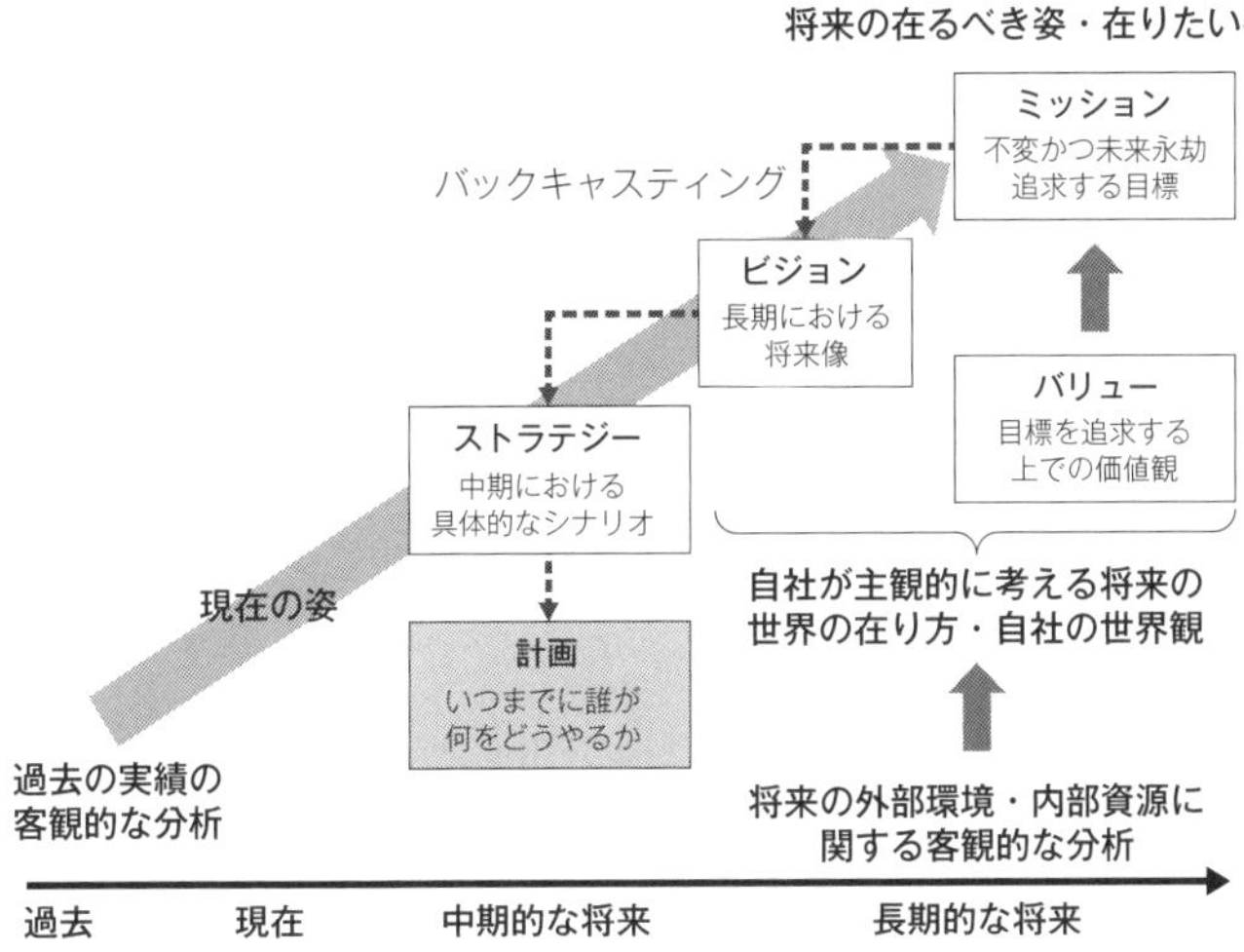

図 4–3　バックキャスティングによる戦略策定
出所：松田千恵子（2020）「学び直し講座コーポレートガバナンス第31回」日経ESG

的な〝世界観〟を示すことです。テスラを作ったイーロン・マスクだって、何十年も前に「地球で走る車は皆ＥＶになる」などという〝正しい将来の事実〟を示されて物事を始めたわけではありません。「きっとそうなる・そうしたい」という強い世界観と信念があったからこそ今があるわけです。将来はきっとこういう世界になるはずだし、そうしたいと思うから我々はそれを目指してこれからこう動く、ということを示してほしいのです。

言うのは簡単ですが、実際に示すのは大変です。将来の在り方について「ある一つのシナリオ」にかけなければならないからです。とてつもないリスクがありますね。このリスクを取れるのは企業のトップ層だけです。中計策定の作業をこなすミドル層には逆立ちしても取れません。「自社の将来に向けた世界観」をトップがリスクを取って示さなければ、説得力ある戦略にはなりません。「昭和型」中計の評判がどうも良くないのは、トップがリスクを取ってシナリオを提示することをせず、無難な瑣末事ばかりあれこれ羅列してお茶を濁しているからであるともいえます。フォアキャスティングかバックキャスティングかといった「作り方」にこだわる前に、この点をよく考えてみてください。

ただし、その「世界観」があまりに独りよがりであったりしては誰も納得してくれません。外部環境や内部資源に関する客観的な分析はもちろん必要ですし、そこから得られるデータやファクトから論理的に整合性あるものとして表現されることが必要です。そうなっているかどうかをしっかり議論するのが取締役会の役割です。コーポレートガバナンス・コードでもシツコク述べている通りですね。[注4]

未達だった理由は明らかか

あまり触れたくない話を一つしておきましょう。過去の分析です。日本企業は過去の実績について数値をもって示す、すなわち会計情報をきちんと作ることについては大変力を注いできましたが、「過去のある時点に立てた将来予測は結局のところどうなったのか」という〝振り返り〟

については極めて関心が薄かったようにみえます。いわゆる「モニタリング」ですね。ここでも監督機能の弱さがでているのかもしれません。例えば、長らく中期経営計画をお作りになっている皆さん、前回の中計の目標は達成できていますか？　「当然じゃないですか」という企業は胸を張って頂ければと思いますが、あれこれ未達でもスルーして、「さあ、新しい中計づくりにいそしもう」という企業も多いのではないでしょうか。「済んだことは水に流して前向きに生きよう」という日本人の特性も悪くないとは思いますが、いやちょっと待ってください。

過去の振り返りが嫌がられるのは、それがすぐに責任問題につながり、「間違った」「読みを誤った」ことがイコール悪である、というように捉えられてしまうからです。こうしたところにも、すぐ正解を求める教育の悪弊が出ているような気はしますが、いまや世の中に正解などありません。これだけ将来が不確実なのだから、その先をすべて的中させられるなどと考える方が無理というものです。途中で間違ったと感じたらすぐに変えればいいだけです。中計をいったん作ったら最後、金科玉条のごとく死守するので問題が大きくなってしまうのです。そうしたメンタリティが日本を悲惨な敗戦に追いやった過去からの教訓が全く生かされていないようにも思います。

話が逸れました。やっぱりモニタリングは重要です。過去の振り返りはきちんとやりましょう。ただし、こちらは客観的に。「あいつが悪いんだ」とか、「違うと思ったんだよ俺は」とかいった主観的な話は居酒屋でどうぞ（最近はそれも窮屈なものですが）。過去のある時点の予測と、その後の現実の乖離はどのくらいだったのか（小さければ無視して結構です）、それはなぜ起こったのか、今後も起こり得るのか、という点に集中しましょう。必ず、これから将来に向けたストーリー作成の際に役に立ちます。

株主をはじめとするステークホルダーもこの情報をしっかり見ています。「だから振り返りなんてろくなことではない」と思わないでください。その逆です。中計が未達でも知らん顔でふんぞり返っている経営者にこそ、ステークホルダーは説明を求めます。その説明が筋の通らないものだったり、説明自体を拒んだりした時に、投資家と経営者との間の信頼関係が崩れるのですね。しっかり振り返り、原因とこれからとるべき策を説明して理解を求める方がよほど大事です。時々、決算説明会で「なぜ未達だったか」を業況説明の最初においている企業などもありますが、客観的な分析ができていると、むしろ「ちゃんとした企業だな」と思うのが外部の眼というものです。

▼成長ストーリーを巡る戦い

過去の客観的な分析と、将来に向けた主観的な世界観に裏打ちされた将来ストーリーには、株主ならずとも様々なステークホルダーが注目しています。従業員にしても、トップが将来をどのように描いてかじ取りをしていくのかは重要関心事ですね。「何だか冴えないな」と思ったら有能な社員は離職してしまうかもしれません。一方、株主はどうでしょう。やはり知らないうちに株を売って去っていくこともあるでしょう。しかし、「モノを言う」という選択肢もあります。「どうも出来が悪いのでは」と思われると、株主提案などという形で将来ストーリーを巡る戦いが起きることもあるのは既に見た通りです。こうしたステークホルダーの視線をきちんと意識して将来戦略を作っていくことがますます求められるようになっています。

「そんなこと言っても、株主が何考えているかなど分からない」とお嘆きの方、心配は要りません。あなたの近くに絶好の人物がいます。社外取締役です。彼ら彼女らは、企業内部の事情もある程度理解したうえで、ステークホルダーの視点から物事を見るのが仕事です。

取締役会が「会社の目指すところ（経営理念等）を確立し、戦略的な方向付けを行うこと」は、コーポレートガバナンス・コードにも明記された主要な責務でもあります。要は、社外取締役のお仕事のうちなので、ぜひ積極的に関わってもらいましょう。最近はさすがに少なくなってきましたが、「社外取締役の方々には中期経営計画が完成してからご説明にあがる」などというのはナンセンスです。ぜひ策定途中から赤裸々な議論に加わってもらいましょう。

社外取締役というのはある意味「里山」的な役割を果たします。前著と同じだとつまらないので、「内海」と言い換えてみましょうか。要は、物言う株主をはじめとした様々なステークホルダーの潜む深い森や荒れた海に出ていく前に、そうしたステークホルダーの見方をよく知り、かつ企業の状況にも通じた人たちにチェックをしてもらうということです。

こうした議論において、上手に「里山」「内海」の役を果たしてもらうためには、社外取締役に投資家側で活動した経験のある方がいると重宝します。今回再改訂されたコーポレートガバナンス・コードにおいても社外取締役のスキル等への様々な要請がなされていますが、個人的にはファンドマネージャーやストラテジスト、アナリストなど投資家的視点を持った方々が、社外取締役として活躍できる余地は大きいのではないかと思います。もちろん「議論に堪え得る経営への理解と戦略提案」ができるトップクラスの方に限りますが。

第2節

ESGを巡る虚々実々を知っておく

ESGはCSRにあらず

投資家の世界ではもう一つ、大きな流れが盛り上がっています。言わずと知れた「ESG投資」の潮流です。先にも見ましたが、コロナ禍を経てさらに加速したように見えるこの流れは、当然ながら投資される企業の側にも大きな変化の必要性を突きつけています。今回のコーポレートガバナンス・コードでもTCFDやサステナビリティといった語句が多用され、企業に対応を迫っています。

企業の側はどのような状況でしょうか。皆さんとても真剣に取り組んでいます。SDGsや国連グローバル・コンパクトの示す内容など外部からの要請をくまなく参照し、もれなく整理し、自社の取り組みに何とか紐づけようとします。昨今ではESG評価機関も様々に自社をレーティングしてきます。ＭＳＣＩではこう、ＦＴＳＥではこう、と異なる評価に悩み、全てを満足させようとまた頑張ります。しかし、やるべきことのリストばかり長くなり、やればやるほど綺麗ごとばかり書いてあるように見え、途方に暮れる担当者の方々も多いのではないでしょうか。加えて、毎日のようにメディアにはＥＳＧという言葉が躍り、何かせねば取り残される焦りも生じます。

ＥＳＧへの対応が滞っている企業の内実を伺うと、およそこんな状況であることが結構多いものです。まるで、ＥＳＧという大きな石につまずいて複雑骨折してしまったかのようでもあります。なぜこんなことになってしまうのでしょうか。

一つには、言葉が適切に位置づけられていないことが挙げられます。先ほど見たように、「ＥＳＧ」と「ＣＳＲ」と似て非なる概念であることは企業を混乱させます。ＣＳＲでは「経済的責任」と「社会的責任」は別個に扱われがちでした。それどころか、この二つは対立軸となり、何やら「本業における経済的な成功に対する〝贖罪〟としての社会貢献」という風情さえ漂うようになっていたともいえましょう。ＣＳＲ推進室の活動が、ともすればごみを捨てたり花を植えたり、あちらこちらに寄附したり、といったものになりがちであったのも無理はありません。

そうこうしているうちに、ＥＳＧ投資の波が押し寄せてくるとどうなるでしょうか。投資家の考えるＥＳＧ投資活動と企業におけるＣＳＲ活動とのずれは顕著となり、お互いに話はすれ違います。投資家曰く「ＥＳＧへの取り組みをヒアリングしに行ったらＣＳＲ推進室のバリバリの環境派が出てきて話にならなかった」。企業曰く「投資家はすぐ目先のおカネの話ばかりする。そういう活動をしているわけではない」――これでは建設的な対話は遠そうです。

前提とすべきは、ＥＳＧ投資が「環境や社会、ガバナンスに意を用いる企業ほど長期的に企業価値向上を実現できる」という信念に基づいていることでしょう。言い換えればＥＳＧに積極的に取り組む企業こそ、長期にわたってキャッシュフローを生み出し続けることができるだろうということであり、それは本業のビジネスでの話だということです。投資家にとっては当たり前のこのことが、企業においてはＣＳＲのバリアに妨げられてスムーズに理解されてこなかったように思います。特に、経営者の理解が不足していると状況は深刻となります。

まずはきちんと儲けよ

なぜならば、先ほど見た通り、経営者こそが「会社の目指すべきところ」を実現し、企業価値向上への道筋を描く最終的な意思決定者だからです。企業理念に始まり、長期的なビジョン、そして具体的な経営戦略を立て、それを実行するのは経営者の仕事です。この一連の仕事を行うに際して、気候変動や生物多様性、自然環境、世界的なパワーシフトの動向、人口動態や人間心理といった環境や社会に関する課題を考えなければ、もはや長期的にしっかり儲かるポジショニングやビジネスモデルは持続不可能なのだ、さあどうする――こうした問いを、経営者は突き付けられていると言えるでしょう。もちろんこれはビジネスチャンスでもあります。自社の本業を見直せば、大量生産・大量消費の時代から何ら疑いも持たずに行ってきた薄利多売モデルが如何に非効率かということにも気が付くかもしれません。消費者も単に「安くていいモノ」ではなく、環境に配慮し倫理的にも正しい製品を求めるようになってきています。ターゲットへの提供価値を見直すのは当然でしょう。まずは、これからの時代に合わせて「きちんと儲ける」ことを考えましょう。

将来へのシナリオを描けば、リターンの追求のみならずリスクへの対応も当然求められます。こう考えれば、ESGへの取り組みとは、企業理念に始まる経営戦略そのものであるということがお分かり頂けるのではないでしょうか。逆に言えば、先ほど見たような戦略策定の問題を乗り越えられていない企業にとっては、ESGへの取り組みは非常に高いハードルとなります。いつまで経っても客観的な「分析のための分析」に留まり、主観的な世界観も無く、望む姿を実現しようとする「意志」が無ければ、ESGへの取り組みなど絵に描いた餅にすぎません。外部からの要請やあふれるばかりの情報を数多く並べて正解はどれなのか、担当者があれこれ思い悩んでもむなしいばかりです。そうした分析や情報は糧としつつも、重要なのは自分がどうしたいのかを信念をもって追求することです。その旗振り役は経営者となるでしょう。私たちは、経営者の能力や意思決定の巧拙が企業の差別化要素となる時代に生きています。「E」と「S」をしっかり踏まえた世界観と戦略思考を持ち、将来像の実現に邁進することが経営者には不可欠であり、それができなければ「G」の規律付けを受けということです。もしかすると、これこそがESG時代における経営のあるべき姿なのかもしれません。

非財務情報とは何か

「非財務情報」、これも誤解の多い言葉です。CSRやESGといった社会的な価値に関連する情報のことだけを非財務情報だとは思っていませんか。それは間違いです。コーポレートガバナンス・コードには「会社の財政状態、経営戦略、リスク、ガバナンスや社会・環境問題に関する事項（いわゆるESG要素）などについて説明等を行ういわゆる非財務情報」と書かれています。しかし、これでもまだ何となく分かりにくいです。それゆえ、非財務情報という言葉自体、海外では既にあまり使われなくなっているようです。

非財務情報があるということは、財務情報もあるということなので、この二つの違いを考えてみます。財務情報というのは、要は「過去の実績」を「会計基準等に則って正しく」開示した情報です。過去の実績については主に企業の経済的な価値に関する情報が開示されています。会計

	過去情報	将来情報
経済的価値	〈1〉 ・強制的開示 ・数値情報 ・例：財務三表、セグメント情報	〈3〉 ・自発的開示 ・数値情報／非数値情報 ・例：事業の将来予測
社会的価値	〈2〉 ・自発的開示 ・数値情報／非数値情報 ・例：CO_2削減量、人権への取り組み	〈4〉 ・自発的開示 ・数値情報／非数値情報 ・例：環境や社会の将来予測

図4−4　財務情報と非財務情報

基準等で定められているのはほぼ数値に関する情報ですから、これは定量情報ともいえます。また、会計基準に則って開示をすることは定められたルールですので、企業の好き勝手にはできません。強制的な開示ということもできます。

すなわち、ここに含まれている要素としては、①過去なのか、将来なのか、②経済的な価値なのか、社会的な価値なのか、③定量なのか、定性なのか、④強制的開示なのか、自発的開示なのか、といった、少なくとも4つの混合であることが分かります。これらを図にしてみると図4−4のようになるでしょうか。現在財務情報と呼ばれているものが図中の〈1〉のグループだとすると、他の〈2〉〈3〉〈4〉の象限にかかる情報が、まとめて非財務情報と呼ばれてしまっているのですね。分かりにくいのも道理です。この図を起点に、これから企業が何をしなければならないのかを考えてみると、少しは頭の整理ができるかと思います。

まず、〈2〉の象限についてですが、これがいわゆる非財務情報だと思っている人は多いです。企業においても、統合報告書やデータブックなどでこれらの情報開示を進めることが増えています。これ自体は悪いことではありません。今後も積極的に開示を進めてほしいものです。

ただ、こうした情報については、結局のところ数値情報に還元されたり、「やっているか・いないか（Yes/No）」の二択情報となったりすることが多いです。ややもすれば単なるチェックリストの羅列にもなりかねません。これを更に助長するのが、パッシブ投資の増加や、ESG評価機関の対応です。パッシブ投資を行うためには、予測や個人的見解、恣意性などを排除し、定量情報に基づいたインデックスの存在が不可欠ですから、これらの情報で企業を評価しようとします。そのため、莫大なチェックリストを基に、企業に対してESG格付けをつけるといった評価機関も雨後の筍のようにあまた現れています。数万、数十万に及ぶ企業を手際よく評価するには効率的ではあり、投資家としても何らかの証拠に基づいて明確なスコアが出るので扱いやすいという面はあるのですが、これだけをもって企業の、特に社会的価値への取り組みの全てを把握しようというのには無理があります。なかなか数値や二択に落とし込みにくい定性的な取り組みもあるでしょうし、何と言っても過去は変えられないので、これからどうするかの方がよほど大事です。企業の中には、こうしたESG評価機関のスコアを上げることが目的化したような活動ばかりにせっせと取り組んでいるケースもありますが、企業自身が掲げた目的を実現して、経済的にも社会的にも価値の向上を目指す、という企業の「王道」から考えると、全くもって本末転倒です。やはり、良い企業たるもの「王道」を行きましょう。それには、〈3〉〈4〉の象限をどう考えるかということが大きく関係してきます。ただ、その前にESG評価機関のスコアリングなどについてもう少し触れておきたいと思います。

▼ESG評価機関はどこへゆく

最近、企業の情報を収集・調査して機関投資家に提供する評価機関が激増しています。債券や融資など、債権者側の見方を表す評価として信用格付け、それを提供する信用格付け会社などについては以前から聞いたことがあると思います。世界的に言えばMoody'sやS&Pなど、日本ではR&IやJCRなどですね。これらは企業の信用リスクに関して、AAAやBBなどの格付けを用いて評価し、その情報を投資家に提供しています。

一方、株式の世界では、上場企業に関しては株価が客観的な評価指標として用いられることが通常です。では、それだけ見ていれば良いかというと、段々そうでもなくなってきました。[注5]株価だけでは分からない中身について情報が得たいというニーズが強くなってきたのですね。ESG評価会社や格付機関もそうした流れに沿ったもので、全世界では400とも800とも言われる企業が乱立している状況とも言われています。実は、ESG評価の世界もまだ黎明期、多数乱戦

表 4－1　主要なESG格付機関

名称（ABC順）	設立国	備考
Arabesque S-Ray	ドイツ	QUICK ESG研究所と提携（2019）
Bloomberg	米国	
CDP	英国	国際NPO
Eco Vadis	フランス	
FTSE Russel	英国	英証券取引所傘下
ISS	米国	Oekom Research（独）を買収（2018）
MSCI	米国	
Refinitiv	カナダ	Thomson Reuterから分離、英証券取引所が買収（2021）
S&P Global	米国	Robeco SAM（スイス）を買収（2019）
Sustainaltics	オランダ	Morning Star 傘下
Vigeo Eiris	仏・英	合併（2016）、Moody'sが買収（2019）

出所：日本取引所グループ（2021）「ESG評価機関の紹介」より筆者作成

業界なのです。しかし、これでは企業も投資家も困ります。こうした評価というものは遅かれ早かれ「標準」ができ、それを確立した格付機関が優位となって信用を確立し、やがて寡占化していくものです。前出の信用格付け会社も、100年前には何百社もあったそうですが、現在はほぼMoody'sやS&Pの寡占となっていることを考えると、およそ今後の方向性は占えるでしょう。既に、毎年のようにESG格付機関どうしの合併や買収が相次いでいます。そのような中で、世界で活躍している主要なESG格付機関は、表4－1のようになっています。

この中で、企業の方々がよく目にするものと言えば、MSCIとFTSEでしょうか。[注6] こうした指数は、インデックス投資を行っている投資家にとっては必要不可欠なものです。インデックス投資とは、インデックスと言われる市場の動きを示す指数と同じ値動きをすることを目指して運用する投資手法のことです。例えばＴＯＰＩＸ（東証株価指数）を用いるインデックス投資であれば、ＴＯＰＩＸと同じ投資成果を得られれば良いわけです。こうした運用手法はパッシブ投資とも言われ、株価の上昇が期待される銘柄を厳選して投資するアクティブ投資と呼ばれる運用手法と区別されます。ＧＰＩＦが採用している日本株に関する総合型のインデックスは、ＭＳＣＩはＭＳＣＩジャパンＥＳＧセレクト・リーダーズ指数、ＦＴＳＥはFTSE Blossom Japan Indexです。これらに加えて、もう一つDow Jones Sustainability Indices（ＤＪＳＩ）を加えた3指数は有名ですね。

アクティブ投資の場合には、個別企業の将来予測など「その企業が如何に他と異なる成長を遂げる可能性があるか」ということをじっくり見ていくことになります。[注7] アクティブ投資を行っている投資家は、個々の企業の将来予測、先ほどの表で言えば〈3〉や〈4〉に関心を持ちます。色々と企業の将来のことを聞きにくるわけですね。

一方、パッシブ投資の場合には、まずインデックスが無ければ話になりません。従って、インデックスを作る側、すなわち評価機関はなるべく多くの企業になるべく多くの同じ質問をし、その回答をまとめてスコアリングできれば良いわけです。勢い、質問の内容は回答が数値もしくは二択といった、定量的に処理しやすいものになってきます。よく「ボックスティッキング」など

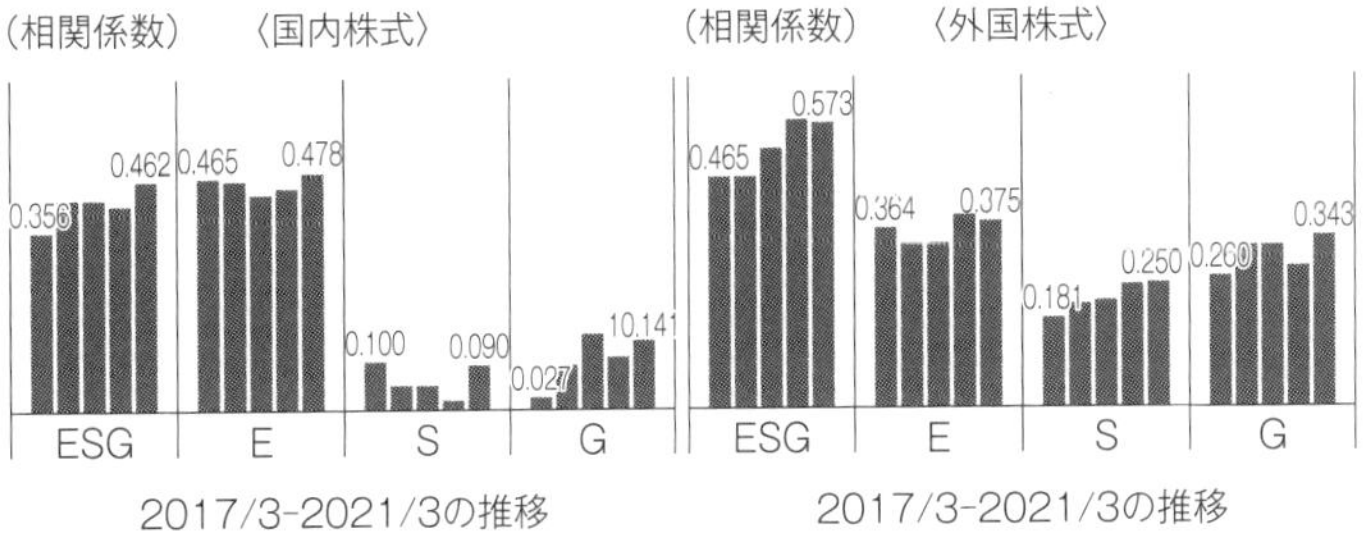

図 4−5　MSCIとFTSEの評価の相関関係

出所：GPIF（2021）「2020年度活動報告」

と揶揄されますが、□にレ点が入っていればそれで良し、といった考え方ですね。何と言っても、ＥＳＧ評価の場合ＭＳＣＩで約７，０００社、ＦＴＳＥで約４，０００社の企業のスコアリングをするのですから、一つひとつのユニークな属性になど構っていられないわけです。従って、多くは先ほどの表の〈２〉の部分に属する内容を集めて評価するということになってきます。企業からすると、やたらと質問数が多く、「はい」か「いいえ」で答えたり、数値を書き込んだりするタイプの質問状が送られてきたり、そうした内容についてこまごました開示を求められたりすることになるわけです。

　こうした開示項目を把握することで、自社の情報開示の拡充に役立てたり、投資家の関心について知ったりすることは有用です。しかし、投資家側の事情もよく理解せずに、ただいたずらにスコアを上げるための活動に邁進するのは、○×式試験を乗り切りさえすれば頭が良いということになるという、どこかの国における教育の悪弊と同じ道をたどっているように見えます。

そもそも、ESG評価を代表する二つであるMSCIとFTSEのスコアリングは無相関[注8]であるという研究結果が出ています。また、それらの評価が株価と関連しているかという研究も数多くありますが、両者の間に有意な関係があるという一致した結果は見られていません。[注9]日本においてはなおのこと、研究も少なく結果もまちまちです。[注10]もちろん、スコアリングが上がることで評判に良い影響を与えることがあるかもしれませんし、新たにESG関連の指数に組み入れられたりすることが投資家の見方に影響を及ぼすこともあり得ます。従って、こうした評価を無視するのも正しい姿勢ではありませんが、その効能と限界をよく理解したうえで取り組みを考えるべきでしょう。まだまだ投資家の側の見方も黎明期なのです。正解があって動いているわけではありません。企業の側は、存在しない正解を追い求めるよりも、自社が信じる道をしっかり築いてちゃんと歩む方に力を振り向けてほしいものです。

▼実は投資家もまだ黎明期

もう一つ、投資家もまだ黎明期であることがうかがえる話を見ておきましょう。前出のようなESG格付機関も、勝手気ままに質問を投げてその結果をスコアリングしているわけではありません。格付機関内部でのみ使われて開示されていない場合もありますが、国際的な開示のフレー

表 4－2　ESG情報開示に関する主要な枠組み

策定機関	策定内容
経済産業省	価値協創のための統合的開示・対話ガイダンス - ESG・非財務情報と無形資産投資 -
気候関連財務情報開示タスクフォース（TCFD）	TCFD提言
Global Reporting Initiative（GRI）	GRIスタンダード
Climate Disclosure Standards Board（CDSB）	CDSBフレームワーク
Carbon Disclosure Project（CDP）	質問書の送付と回答の開示
Value Reporting Foundation（VRF） 以下の二団体が2021年に合併	
・サステナビリティ会計基準審議会（SASB）	SASBスタンダード
・国際統合報告評議会（IIRC）	国際統合報告フレームワーク
IFRS財団 ・CDSB及びVRFとの統合を発表	国際サステナビリティ基準審議会（ISSB）の設立とサステナビリティ報告基準の検討

ムワークに則って行われている場合もあります。しかし、こうしたフレームワーク自体、色々あるのです（表4－2）。

何だか見ただけで目まいがしてきそうな乱立ぶりですね。これらが目指すべきところや基準の内容、開示対象として考えるステークホルダーなどもそれぞれ微妙に違い、混乱に拍車をかけています。ややこしい状況になってしまっているので、CSR推進部門の方々などがこれらを一生懸命整理してすべてに対応しなければとため息をついているのは本当にお気の毒です。投資家だってどのように情報を使えば良いのか困っている状況です。

しかし、さすがにこの状況は問題であるということがようやく認識され始め、最近になって動きが出てきました。これらの機関は以前から基準の一貫性や比較可能性などについて対話を続けていたのですが、２０２０年９月には、ＩＩＲＣ、ＧＲＩ、ＳＡＳＢ、ＣＤＰ、ＣＤＳＢの５団体によって、包括的な報告の在り方に関する共同声明が出され、複数基準の存在で混乱が生じていることを認めたうえで、将来的には財務会計とＥＳＧ情報開示を両立させた包括的な企業開示を目指すために協力していくことが謳われています。ＩＩＲＣとＳＡＳＢは２０２１年にＶＲＦとして合併しました。一つ減って何よりです。…と思っていたら、今度はあのＩＦＲＳ、国際会計基準審議会（ＩＡＳＢ）を運営するＩＦＲＳ財団が、国際的なサステナビリティ報告基準を開発するための国際サステナビリティ基準審議会（ＩＳＳＢ）を設立しました。加えて、２０２１年11月にはＩＳＳＢはＶＲＦ、ＣＤＳＢと統合することも発表されました。ようやく集約が進んできたようです。それとともに基準作りも、今度は財務報告基準と比肩する位置づけでの検討となってきました。[注11] 企業にとってはさらに頭の痛い状況となるかもしれません。こうした基準作り自体を他国任せにするのではなく、日本主導で行っていくことこそ大事だと思うのですが、なかなかそうした方向が目立たないのも悩ましいところです。

とは言え、嫌がってばかりもいられません。再改訂されたコーポレートガバナンス・コードには、先述の通り「気候変動に係るリスク及び収益機会が自社の事業活動や収益等に与える影響について、必要なデータの収集と分析を行い、国際的に確立された開示の枠組みであるＴＣＦＤまたはそれと同等の枠組みに基づく開示の質と量の充実を進めるべきである」と明記されてしまったからです。これには、気候変動については企業活動に与える影響も大きく緊急性が高いこと、開示の枠組みを定める諸機関乱立の中でも枠組みの統一は気候変動分野が最も進んでいること、その中でもＴＣＦＤは成り立ちがＧ20から始まっていることもあり政府主導の取り組みがしやすいこと、などの背景があります。ここまで明記されるようになってくると、段々「自発的開示」というよりも「強制的開示」に近くなってきていますね。実際、英国ではＴＣＦＤによる開示が主要企業に義務付けられました。特にプライム企業にとっては、開示すること自体は既に当然のことで、その質が問われるような段階に早晩移行するでしょう。これらの枠組みとのお付き合いは太く長いものになりそうです。

マテリアリティを巡る悲喜劇

さて、そろそろ多数乱戦業界の話からは抜け出したいところですが、もう一つだけ、こうした開示基準の乱立ぶりが企業に大きな悩みをもたらしている点を挙げておきましょう。その名も「マテリアリティ」です。重要性という意味ですね。しかし、これほど企業に誤解と混乱をもたらした言葉もありません。マテリアリティを有識者に決めてもらった、などという笑い話にもな

表 4－3　主要なESG情報開示基準の概要

		GRI（スタンダード）	IIRC（国際統合報告フレームワーク）	SASB（スタンダード）	CDP	CDSB（フレームワーク）	TCFD（提言）
目的		企業が経済・環境・社会に与えるインパクトを特定し、サステナビリティ報告書として開示すること	企業が統合報告を通じて持続的な価値創造について説明すること	企業が投資家に対して財務的に重要な持続可能性に関する情報を開示すること	企業や都市が環境へのインパクトを認識し、持続可能な経済を実現すべく開示等を行うこと	環境情報を財務情報に統合することで環境に係る投資家の意思決定を支援すること	気候変動に関連するリスク・機会情報を企業が金融市場参加者に対して一貫した枠組みで開示すること
他の機関との関係		－	GRIが設立	－	－	事務局にCDPが参加	－
開示項目／対象分野		・経済（地域経済、反競争的行為など） ・環境（エネルギー、水など） ・社会（人権、児童労働など）	・財務資本 ・製造資本 ・知的資本 ・人的資本 ・社会・関係資本 ・自然資本	環境・社会に関する事項（業種によって異なる）	・気候変動 ・水 ・森林	環境情報（気候変動、森林、生物多様性、水、土地など）	気候変動によるリスク・機会（GHG排出、水使用、エネルギー使用等を含む）
業種別の違いの有無		一部業種について固有の基準を開発中	特別な規定はなし	業種分類ごとに異なる要求事項が設定されている	業種によっては回答する質問が異なる	特別な規定はなし	気候変動によるリスク・機会（GHG排出、水使用、エネルギー使用等を含む）
原則or細則主義		細則主義	原則主義	細則主義	細則主義	原則主義	原則主義
開示対象ステークホルダー		従業員・株主のほか、広くサプライヤーや社会的弱者、地域コミュニティ等を含む	投資家など	投資家など	主に投資家など	投資家など	投資家など
マテリアリティ		ダブル	シングル	シングル	ダブル	シングル	シングル
基準への準拠の方法		フレームワークに準拠し、その旨を開示スタンダードを使用した旨をGRIに通知する	フレームワークに準拠し、その旨を開示	フレームワークに準拠し、その旨を開示	送付された質問書に回答することでスコア（格付）を与えられる	フレームワークに準拠し、その旨を開示	フレームワークに準拠し、その旨を開示
主に想定される開示報告書（チャネル）		サステナビリティ報告書（他の媒体での開示を参照可能）	統合報告書	各種報告書やウェブサイトでの開示	質問書への回答内容が後日CDPウェブサイトで開示される	有価証券報告書・統合報告書などの主要な報告書	本来の年次財務報告書（統合報告書なども可）
原則	経営戦略との関係性		○	○		○	○
	将来性（長期的視点）	○	○			○	○
	他の情報の結合性（関連性）	○	○	○		○	○
	ステークホルダーとの関係性	○	○				
	重要性	○	○	○		○	○
	簡潔性、わかりやすさ	○	○		－	○	○
	完全性（網羅性）	○	○	○		○	○
	中立性（バランス）	○	○			○	○
	首尾一貫性と比較可能性	○	○	○		○	○
	適時性	○	△	○		○	○
	検証可能性	○				○	○

出所：藤野大輝・大和敦（2021）「乱立するESG情報の開示基準とその現状」大和総研

らないような企業の例もありますが、混乱の原因は、まさにこの開示基準の乱立にあるのです。

先に見た幾つもの開示基準は、その策定団体の設立根拠や目的によって結構異なります。同じ環境に関する報告を目的としていても、ＴＣＦＤが「気候変動に関連するリスク・機会情報を企業が金融市場参加者に対して一貫した枠組みで開示すること」を目指しており、開示対象は明らかに投資家や株主を念頭に置いています。開示のツールも財務報告書などを想定しています。一方、ＧＲＩは「企業が経済・環境・社会に与えるインパクトを特定し、サステナビリティ報告書として開示すること」と、財務報告書とは一線を画し、また投資家や株主のみならず、広くサプライヤーや社会的弱者、地域コミュニティ等を開示対象に想定しています。

こうした違いは「マテリアリティ」の解釈の差ともなって表れています。前者は、環境や社会などを含めた企業を巡る諸問題が企業業績に与える影響のうち、重要な内容を「マテリアリティ」と呼んでいます。投資家的に言えば、最も重要なのは「中長期的な企業価値の向上」であり、それは数値としては将来キャッシュフロー生成能力の向上に現れます。将来キャッシュフローを生み出す力に大きな影響を与えるような重要な要因があるならそれが知りたいわけです。従って、それを重要性＝マテリアリティと呼んでいるわけですね。こうしたマテリアリティの定義を「シングル・マテリアリティ」といいます。環境や社会などの社会的価値についても、中長期で考えていけば結局のところ経済的価値に収斂するはずだということで、価値を一本化しているからシングルだと考えて頂くと分かりやすいかもしれません。ＥＳＧ投資における考え方はまさにこのようなものです。

一方、後者はより広いステークホルダーを視野に入れているので、企業における「中長期的な企業価値の向上」だけではなく、企業が行う活動による環境や社会への影響については、これはこれで独立して考えるべきであるという立場を取ります。経済的価値と社会的価値はどこまでいっても交わらない、あるいは二つは独立して存在するので両方を示せ、という考え方なので「ダブル・マテリアリティ」と呼ばれます。企業における従来のＣＳＲ活動には、こうした考え方が色濃かったように思います。

こうしたマテリアリティについての定義の違いを、最初にきちんと説明してくれればよいのですが、別に悪意はないながら、それぞれの機関がそれぞれの主張をするので大混乱。シングルだ、ダブルだ、という名前も後付けで慌てて整理したようにも見えます。加えて、それにＥＳＧだ、ＣＳＲだ、という立場の違いも加わってしまうともう手に負えません。「どうしてマテリアリティの中に事業活動によるキャッシュフローへの影響が入っていないんですかっ！」「マテリアリティとして環境への影響を説明しているのに、何でそんなおカネの話など汚らわしいことに触れなきゃいけないんですかっ！」…既に異次元空間の戦いになってしまっていますね。本当に困ったものです。最近は「ダイナミック・マテリアリティ」などという言葉も飛び出しました。曰く

「マテリアリティというのはいったん決めたら動かせないというものではなく、状況の変化に応じて柔軟に変わっていくものであり、非財務的な内容が財務的な内容に時代とともに変化したりすることもある」ということだそうです。当たり前だと思うのですが、格好いい名前を付けると何かの足しになるのでしょうか、何やら誤解とコンサルが増えるばかりのような気もします。

企業はどうすればいいのか

気を取り直して先に進みましょう。「で、どうしたらいいんだ?」ということです。結論から言えば「シングル・マテリアリティ」に専念しましょう。これをお勧めする理由が幾つかあります。第一に、特に気候変動においてTCFDが国際的なデファクトスタンダードになりつつあり、その考え方はシングル・マテリアリティであること、またその枠組みがコーポレートガバナンス・コードにおいても明記されていること、第二に、今後より財務報告との一体化が図られるとすると、シングル・マテリアリティの考え方が主流になると考えられること、第三に、日本企業はステークホルダーの中でも特に投資家や株主とのコミュニケーションが(従来から弱かっただけに[注12])喫緊の課題であり、そのニーズを踏まえた開示が必要なこと、第四に、昔ながらのCSRの取り組みはいずれにせよ再考すべきであり、ダブル・マテリアリティを軸に考えるとその流れ

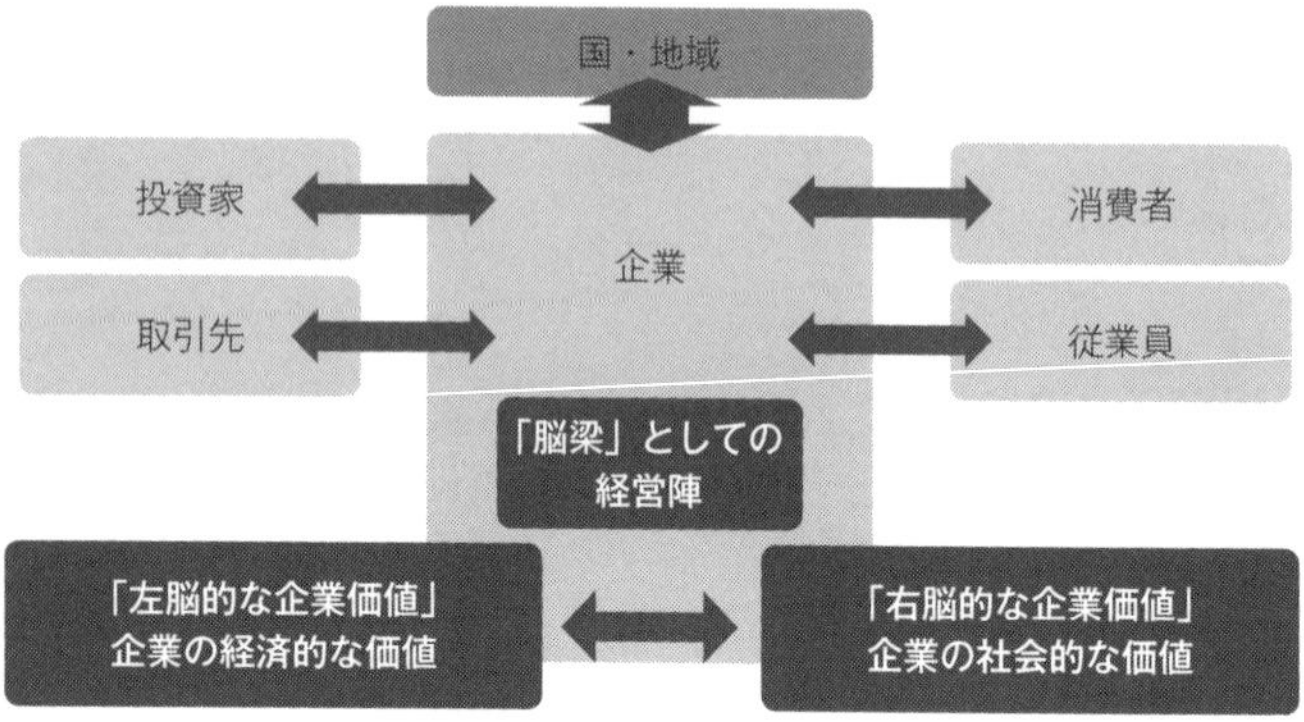

図 4－6　企業価値と経営者の役割

を阻害しかねないこと、そして最後に、企業における経済的価値の向上と社会的価値の実現という究極の目的を統合してあるべき企業の姿を発信するのは経営者の役目であり、そのためにシングル・マテリアリティを前提にした方が、はるかに話が早いこと、によります。先述したようにきちんと儲けたりちゃんと戦略を作ったりするところからしてアヤシクなっているかもしれないのですから、それを考えるだけでも手一杯です。別々に考えるより一緒に考えた方が良いに決まっています。筆者はよく、経済的価値を左脳、社会的価値を右脳に例えています。それぞれは重要ですが、それだけでは人間の脳は動きません。脳梁という二つを統合する要素があって初めて人間の脳は高度な働きを見せることができます。この脳梁を果たすのが経営者です。ぜひ、トップ自らが統合された将来の企業の姿を語ってください。

第3節

戦略とESGを統合して考えられるか

▼統合された企業の将来の姿を語る

ここで、改めて図4－4（168ページ）を見てください。ここからは〈3〉と〈4〉の象限の話です。すなわち、企業の将来についてですね。これらは別々に語られるのではなく、統合して語られるべきであると前項で申し上げました。では、具体的にどうすればよいのでしょう？

経営戦略を作る際に考えるべき要素としてESGを位置づけてしまえば良いのです。統合された将来の姿を、わざわざ「これは経済的価値に直結する内容」「こっちはE」「そっちはS」などと分断する必要はありません。一つに統合された姿として表現すればよいのではないでしょうか。

これまで、企業が将来の姿を表現するにあたって用いてきたのは、企業理念に始まり、長期のビジョンを示し、それに基づき中期の戦略を立ててそれを開示する、というものでした（中期経営計画が本当に戦略足りえていたのか、という問題については既に触れましたのでここでは省略します）。この体系の中に、経済的価値を如何に生むか、という面と、社会的価値を如何に実現するか、という面の双方をしっかり入れ込んでいくことこそ、今の企業がなすべきことではないでしょうか。既に、そうした動きは多々生まれています。企業理念を再考する企業が増えているのも、その表れでしょう。改めて「パーパス」などとも言われるようになってきたこともあり、企業は自らの「経済的価値」と「社会的価値」を統合した究極の目標は何なのか、それをどのような形で表現すれば良いのか、といったことを自問自答し始めています。

戦略を作るにあたっては、通常「外部環境」と「内部資源」について考えます。３Ｃで考えれば、外部環境がCustomer（市場、顧客）とCompetitor（競合）、内部資源がCompany（自社）でしたね。最近、つくづく戦略は結局ここに戻るということを痛感します。ある企業トップと対談した際も、「やっぱり一番大事なのは３Ｃ」と仰っていました。経営戦略論の世界では、外部環境の重視＝マイケル・ポーターに代表されるポジショニング派と、内部資源の重視＝ジェイ・バーニーに代表されるケイパビリティ派の論争が長く続きましたが、「結局両方大事」であることは実務上では自明ですし、学術上もそのように決着がついています。現在ではそれに加えて社会的な価値が重視されるようになってきており、その意味では経営戦略論自体が社会的な価値を内包しようとしているといってよいでしょう。競争戦略論の大家であるポーターがＣＳＶ

（Creating Shared Value、共有価値の創造）を提唱したのは象徴的でもあります。

ちょっと話が小難しくなったので、もう少しイメージしやすく考えてみましょう。企業における経済的価値の向上と社会的価値の実現は、例えて言えば富士山をどこから見るかといったようなものではないでしょうか。「パーパス」を頂点として、その企業を静岡県側から見るとそこに至る経済的な活動の姿が見え、山梨県側から見ると社会的活動の姿として映る、ということです（静岡県と山梨県を逆にして頂いても結構です）。どこから見るかで違う姿が見えるわけですが、皆さんが心の中で富士山を思い浮かべる時、そこにあるのは美しい一つの霊峰の姿ではないでしょうか。企業も同様です。一体として統合された姿を目に焼き付けたいものです。

▼ＥＳＧを消化せよ

経済的価値と社会的価値を統合した戦略を考えるにあたって、外部環境と内部資源の分析に、あえてＥＳＧの要素を組み込んでみると、恐らく図４－７のようになると思われます。

環境（Ｅ）は、その名の通り企業を取り巻く外部の環境です。従来は、直接競合や間接競合、それらが切磋琢磨する市場の状況や顧客の動向、それらを取り巻く政治や経済などのマクロ動向を考えていれば良かったのですが、そうした我々が作った社会の動向に加えて、自然環境も社会

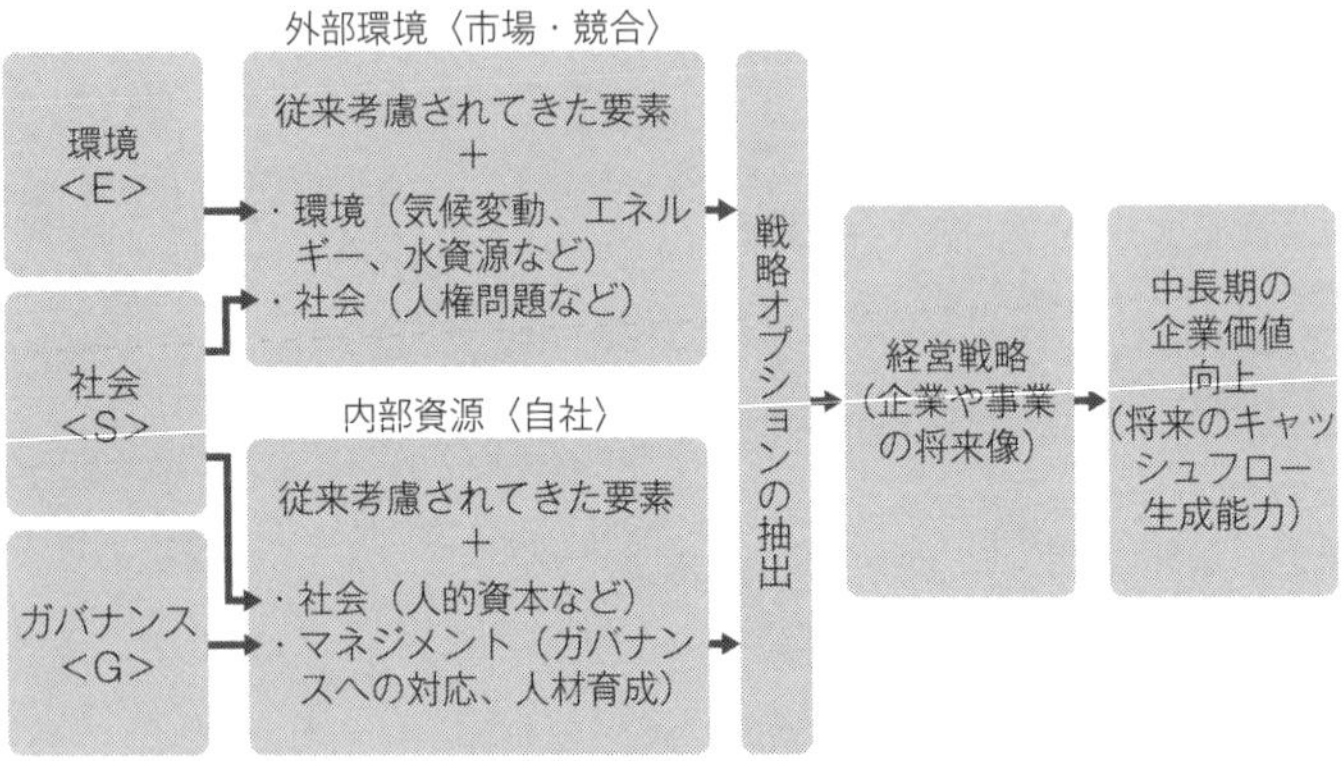

図 4−7　戦略構築における外部環境と内部資源、ESGの関係

に大きな影響を与えるようになってきましたし、それはもとはと言えば、我々の社会やそこに生きる企業や個人が自然環境に大きな影響を与えてきたからでもあります。従って、企業の戦略策定においては、「自社のビジネス（を営む業界）が環境に与える影響」と「環境が自社のビジネス（を営む業界）に与える影響」を考えることになります。特に環境に関しては、いったんは業界共通の問題として扱った方が適切に考えやすいでしょう。そのうえで個社の戦略に落としていけばよいことです。先ほど見て頂いた主要なＥＳＧ情報開示基準（表４－３）においても、多くは業種別の違いの有無に大変こだわっています。

次に社会（Ｓ）です。これが最も複雑かもしれません。もともとの設定が曖昧、というよりも広すぎるからです。「社会」という言葉は自然環境以外のほとんどすべての人間の営みを含んでしまいます。まあ、だから「環境」

と「社会」であるわけですが。さて、その人間の営みとあなたのビジネスとの関係を考えてみると、外部環境の変化として考えた方が良い面と、内部資源の問題として考えた方が良い面の両面あることが分かります。前者は、人権問題の深刻化、意識の強化といった流れが代表的なものです。ウイグルの状況がアパレル業界を直撃していることなどを考えれば問題の深刻さは実感されるところでしょう。一方、後者については何と言っても人的資本の活用が焦点です。昔は従業員というのは労働力であり、コストのかかる存在でした。しかし、知識やアイデアを売る時代になると、それらの生産はヒトの頭の中で行われるため、多様な従業員の才能こそが会社の重要な資産であり、価値創造の源となります。詳細は後述しますが、こうした才能ある人々をつなぎ留めておくために企業はどうするべきか、というのはこれからの企業においての重要な課題です。

本当は、人権問題など外部環境としての側面と、人的資本といった内部資源としての問題はシームレスにつながっています。何といってもヒトの営みですから。企業内部においても人権問題は重要ですし、企業外部においても多様性は尊重されなければなりません。そうしたシームレスな営みを、敢えて人工的に作った企業という組織の壁によって内外に分けているだけの話です。

ガバナンス（G）においても「人工的に作った企業という組織の壁」があることが関係してきます。その組織を動かしていくためにマネジメントが必要であり、それをチェックするのがガバナンスだからです。マネジメントがきちんと機能していなければ外部のステークホルダーに影響を与える可能性があります。マネジメントが外部のステークホルダーから影響を受けることによる変化も考える必要があります。例えば資本市場がエクイティガバナンスへと大きく舵を切ったり、そのために法律の枠組みが変わったりすることの影響を企業は大きく受けているわけですね。[注13]

第4節

リスクと機会を把握し発信する

▼将来シナリオの策定と開示

ＥＳＧという「不思議な言葉」を、経営戦略策定のための枠組みに落とし込むと、そこから考え得る将来のシナリオは複数出てくるのが普通です。こうした複数の戦略の選択肢を戦略オプションと呼びます。これらを比較検討することで、企業が現段階において考える将来像を一つに絞っていきます。その時の判断要素は、単に今すぐ儲かればいい、後は野となれ山となれ＝経済的価値だけの追求、でもなく、社会のために役に立てば死んでもいい、採算度外視＝社会的価値だけの追求、でもありません。それらを統合した将来像となっているかどうか、が重要です。そして、それは持続可能でなければなりません。全てのステークホルダーにとっても、当事者である企業にとっても、快活明朗、元気で長生きを約束してほしいということでしたね。そのためにべストなシナリオを選んで頂きたいと思います。

気を付けてほしいことが幾つかあります。戦略オプションの中からベストな選択肢を選んで実行することは大事ですが、実行している間にも常にモニタリングし、必要に応じて柔軟に変更して下さい。そして、その際の代替案になり得る他の戦略オプションを捨てないで覚えておいてください。外部環境や内部資源の分析が現実と乖離してきたときの修正や、環境が変化して別のオプションがベストになってきた時の再考に役に立ちます。

そのためには、選んだシナリオの本質を明確にしておくことも大事です。例えば、「タイ市場での販路拡大を目指すために、M＆Aを通じて販社を獲得する」などというシナリオを描いたとしましょう。この時に、これ以外何の手持ちもないと、ひたすらM＆Aという単なる戦術レベルの手段に拘泥せざるを得なくなります。うまくいかないのは何か前提条件に変化があったからかもしれません。そもそもタイでの売上を上げたいということが目的であるなら、本当に販社を得ることがその解決策として有効なのか、ということにも頭が回りますし、もっと言えば「本当にタイでいいのか」とか「売上を上げればいいのか」といったところまで立ち戻って考えた方が良い場合も少なくありません。戦略は常に状況変化に対する見直しによる変更の連続です。これは企業における戦略ではなく、戦略がまだ軍事用語でしかなかった頃から変わらないことです。一度決めたら命がけ、変更や撤退は許さない、という軍事的決定が日本の戦争史に悲惨な影を落としていることを忘れないようにしましょう。これはリスクマネジメントの観点からも大事です。柔軟な変更ができず、戦略オプションの手持ちが少ないと、リスクは急激に高まります。私たちは昔、あやうく本土決戦強行で一億総火の玉になるところだったわけですので、これも胸に刻んでおきましょう。

ついでに申し上げると、変更やオプションの検討というのは、あくまでも戦略レベルの話においてです。先ほどのM&Aがうまくいかない場合について、「じゃあコンサルを変えてみよう」とか「価格の計算をやり直してみよう」というのは、別にやっても構わないのですが、単に戦術レベルの見直しにすぎません。こういうことは日本企業ではよく起きます。事業戦略の立案といいながら、戦略オプションはなく決め打ちのシナリオが一つあるだけで、それについて具体的な計画をあれこれと作る作業に追われているような場合です。中期経営計画策定などでも起こりがちですが、先に述べたように計画は戦略の下位概念です。戦略のレベルにおいて、幾つもの選択肢を比較検討し、ベストを選び、状況変化に対応することが必要です。

▼リスクマネジメントも進化する

さて、ベストなシナリオを選んで頂いたら、次は「それがどこまで悪くなるのか」の検討です。

「せっかくベストを選んだのに、悪くなるなんて考えたくない」といった声が聞こえてきそうですが、戦略オプションの選択肢の中であるシナリオがベストということと、それが将来どのくらい下振れする可能性があるのかを見極めることは別物で、両方必要です。一定以上下振れした場合に、状況変化への対応策を発動する際のアラームにもなります。

これまでの分析結果などから最もあり得そうな将来予測を「ベースケース」[注14]と呼びます。ここから上振れしてもっとスゴイことになった、というケースを「楽観ケース」として作って頂いても結構ですが、その作業は後にしましょう。大事なのは「悪くなっても大丈夫か」という点の確認です。ベースケースを構成している重要な要素について改めて検討し、①悲観的に見た場合にはどのくらいになりそうか、②考えられる最悪の場合にはどうなりそうか、という二点を考えて、それぞれについて「悲観ケース」と「最悪ケース」を作りましょう。ここでは、ベースケースを作った当事者だけではなく、リスク統括部門やCFO分野の方々など、色々な立場から見てもらうことも有用です。社外取締役などの意見も聞きましょう。もちろん、こうしたことは戦略オプションの決定においても必要なことですが、いったんベストシナリオを選んでしまうと、段々愛着がわいて目が曇ることも多いものです。もう一度フレッシュな目で見てもらいましょう。

そのうえで、定性的なシナリオが固まったら、ぜひ定量的な予測に落としましょう。いわゆるファイナンシャル・プロジェクションです。将来の簡単な財務三表を作っておくということです

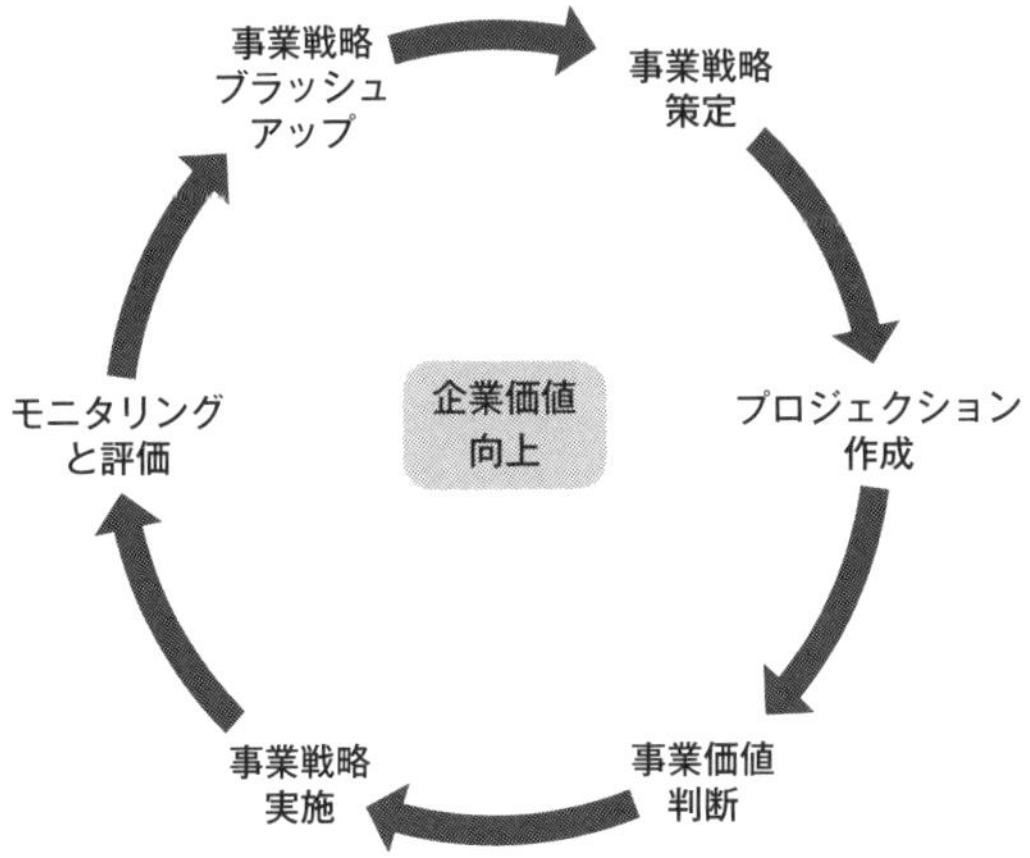

図 4−8　ファイナンシャル・プロジェクションによるマネジメントサイクル

ね。これによって、先ほど述べた「状況変化に対する見直し」がやりやすくなります。現実の推移は数値として出てきますので、それと比べてどうかという数値予測を作っておけば、乖離が定量的に測れるということですね。事業部門の目標値としている指標、経営陣の報酬に関係する指標などがどのようになっていくかについても視覚化することができます。

ファイナンシャル・プロジェクションを作っておけば、それによって各シナリオにおける自社の企業価値やあり得べき株価も分かります。複数の事業がある場合には、後述する事業ポートフォリオマネジメントにも役立ちます。そして、当然ながらリスクマネジメントにも使えます。戦略策定とはリターンを追求するための将来予測ですが、リターンを得るためにはリスクは必ずついてきます。リスクシナリオを二つ作る意味も、しっかりとリスクの影響度と可能性を把握したいからです。[注15]この先、様々な感度分析を行っていくことも大事ですが、段々話が逸れていきそうなのでこの辺りまでにしておきます。

▼なぜシナリオアナリシスなのか

ここまで述べてきたシナリオ分析が重要である理由がもう一つあります。TCFDの枠組みの中で要請されているからです。

TCFDは、企業が、気候変動に関するリスクや機会の情報を、シナリオ分析とともに投資家などへ一貫した枠組みで伝えることを提言しています。一貫した枠組みについては既に見た通りですが、改めて表1－8（20ページ）をご覧頂くと、ここまでの話こそがまさに求められている内容であることが分かります。経営者が率先して統合された企業の姿を語り、その為に検討し、戦略を策定し、その影響について考え、リスクを特定・評価し、そのマネジメントを行い、それらについて定量的な指標を用いて乖離をチェックし、目標につなげる、ということです。TCFDはこの枠組みを「気候変動」というテーマについて提言しているわけですが、当然ながら企業がやるべきことは気候変動への対応ばかりではありません。その他の要素に関しても当然にこうした対応が必要であるはずです。逆に言えば、気候変動だけ取り出して研究室での実験のように報告を行ったとしても企業の実態に関する十分な情報開示にはなりません。企業は生き物です。気候変動のような外部環境として大きな影響を与えるような要素から、本業におけるビジネスモデルの優位性や人的資本の重要性など、様々な要素から成り立っているわけです。これを戦略としてまとめて考えた方がよほど生産的です。

こうした対応にはヒトも時間もコストもかかります。しかし、実は同じような、もしかしたらそれ以上の時間を既に中期経営計画や年度計画策定という作業にかけてはいないでしょうか。ここで言っていることは、そのレベルアップ、経営視点からの将来予測の策定にし直しましょうよ、ということです。日本企業は全般的に、過去の実績開示は得意ですが、将来予測の策定は苦手であるように見えます。繰り返しになりますが、中期経営計画といった将来情報の開示が、特に外国人投資家などから「総花的」「戦略ではない」と不評を買うのもその表れといえるでしょう。しかし、いつまでもそうした状況に安住してはいられません。コーポレートガバナンス・コードにおけるＴＣＦＤを用いた開示の要請は、もちろん気候変動を念頭に置いたものですが、これを契機に、自社のプランニングの内容やプロセスそのものを見直してみる必要があるのではないでしょうか。[注16]

▼下手な統合報告書なら作らない方がまし

この先、図4－4（168ページ）で示されている〈2〉や〈3〉&〈4〉の開示はどのようになっていくのでしょうか。TCFDは、主として想定される開示チャネルとして、本来の年次財務報告書に開示されるべきとしており、統合報告書なども可としています。先頃からのIFRSの動きや、ESG関連情報が強制開示項目になりつつあることなどを考え合わせると、特に〈2〉に属する情報の多くは定量情報として、財務情報とともに有価証券報告書などでの開示事項になっていくように思われます。また、〈3〉&〈4〉に属する情報も、一部は定性的ながらそうした開示が求められるようになっていくでしょう。既に、2020年の有価証券報告書においては、企業内容等の開示に関する内閣府令の一部改正の適用初年度であることも影響し、記述情報の量が増えているようにみえます。

ただ、企業の将来情報である〈3〉&〈4〉については、非常に個別性も強いため、企業独自で効果的な開示や対話を進めていく必要もより強くなりそうです。そのためのツールとして、統合報告書というのはかなり一般的になってきているようにみえます。既に500社を超える企業が何らかの統合報告書的なレポートを公表しており、その数はさらに増えつつあります。また、

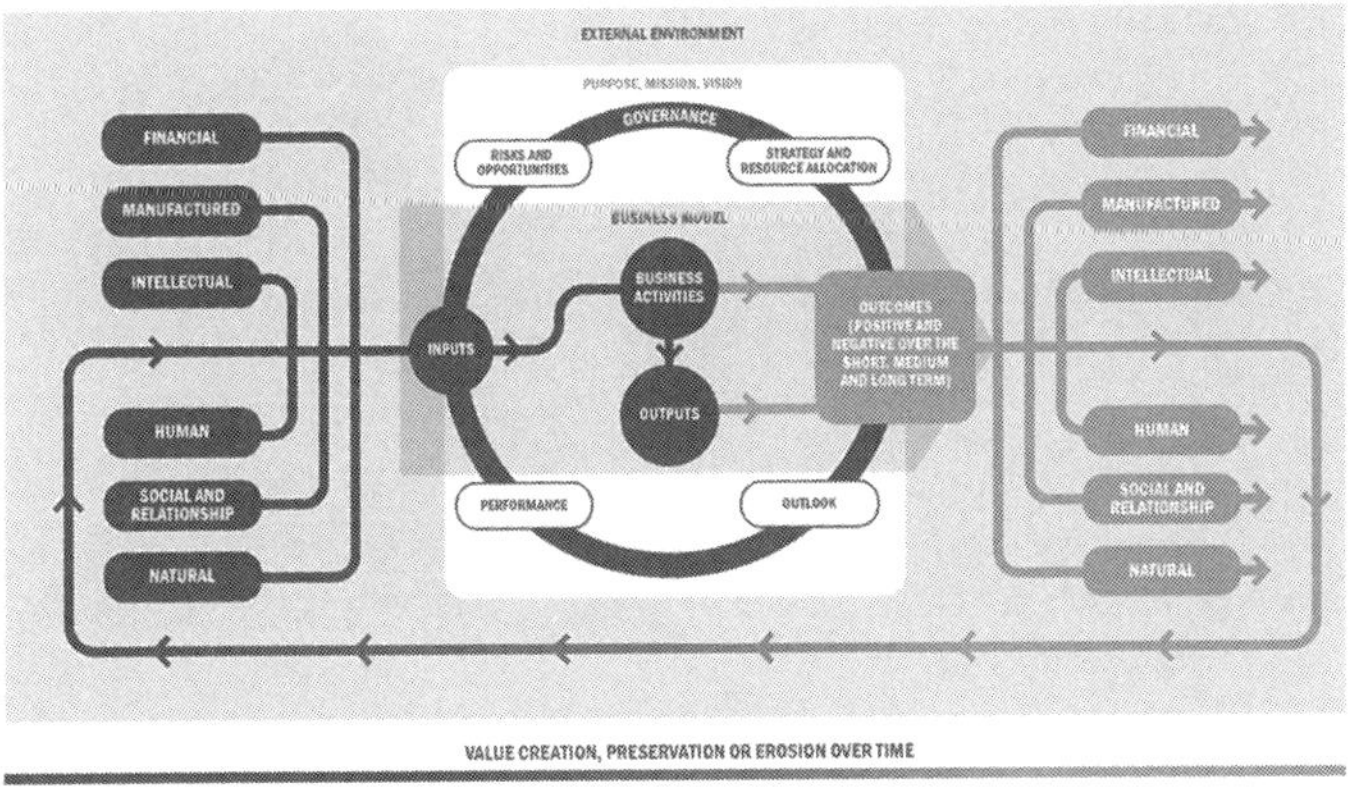

図 4−9　IIRCによる価値創造プロセスの説明図
出所：IIRC（2021）「国際統合報告フレームワーク（改訂版）」

内容の充実も図られてきています。しかし、中には「他社が作ったからウチも」「流行に乗り遅れないように取り敢えず」的な対応も目に付きます。しかし、強制開示でもないのに、わざわざ自発的に出す情報について、そのような消極的な対応で良いのでしょうか。それだったら出さない方がましです。真摯に考えて作っている企業の統合報告書が年々進化していく中、単なる悪目立ちになってしまう可能性大ですから。

特に、統合報告書と言えばこれ、とばかりにＩＩＲＣが公表してきた「価値創造プロセス」の図（図４－９）をそのまま自社にあてはめて使っている企業も目立ちます。蛸足配線図みたいですが、通称も「オクトパスモデル」と呼ばれます。[注17] これだけでは不安と、細かく注釈や吹き出しを付けてみたり、コメントを増やしてみたりして、蛸のお化けか出来損ないの歯車みたいな巨大な図が見開き一ページも費やしてどっかりと載っている企業の多いこと。本当に内容は伝わっているのでしょうか。説明を求められたら、本当に自社の言葉でしっかりと語ることができるのでしょうか。別に、この図を使わなければ法律違反、などとは誰も言っていません。統合された自社の姿をしっかり説明できれば文章だろうが、独自の図だろうが、何でも良いのです。自社の姿が蛸のお化けで表されて良いものかどうか、じっくり考えてみてください。

アウトプットとアウトカムはどう違うのか

せっかくの価値創造ストーリーが蛸のお化けになってしまう理由の一つに、言葉の分かりにくさがあります。一つは「ビジネスモデル」。これを、何だか素敵なアイデア、のように思っている方はいませんか。そうした閃きから生まれることは確かに多いのですが、ここで言っているのはそういうことではありません。平たく言えば「何で儲かるの？」ということです。[注18]儲けを出すために何と言っても必要なのは、そのビジネスに費やしたおカネよりも、入ってくるおカネの方が多いことです。当然ですね。では、あなたのビジネスは本当にそうなっていますか？　どうしてそうなっているのでしょうか？　それは長期にわたって維持向上可能ですか？　そのためのキモは何ですか？——そういったことを聞いているわけですね。ただし、単に儲けておしまい、というわけではありません。あなたの儲けの源泉となった製品やサービスは、環境や社会にどのような影響を与えているのでしょうか、というところまでちゃんと見なさい、と言っています。ここでも「サステナブルであること」、すなわち、経済的にも社会的にも自立可能で豊かになっており、快活明朗、元気で長生き、迷惑かけず善きことをする存在であるかということが問われているのです。

ここで、分かりにくい言葉があります。アウトプットとアウトカムです。両方をきちんと説明すべきとされていますが、これらはどのように違うのでしょうか。「あなたの儲けの源泉となった製品やサービス」がアウトプットです。そして、それが「環境や社会にどのような影響を与えているのでしょうか」の答えがアウトカムです。アウトカムにはポジティブとネガティブの両方があります。世の中を豊かにするような素晴らしい結果もあれば、公害や自然破壊のようにネガティブな結果を招くこともあるということです。ビジネスモデルや、特にアウトプットとアウトカムについてはIIRC自身も分かりにくいと反省したらしく、先のオクトパスモデルも含めて2020年には見直しが行われました。そこでは、アウトプットとアウトカムの違いをわかりやすく説明するために、自動車産業の例が挙げられ、アウトプットは自動車、アウトカムは利益、ブランドや顧客満足度の向上、大気汚染、などとされています。[注19] 要は、自分の生み出した製品やサービスが、この先の将来にどういう影響を与えるのだろうか、ということを考えましょうということです。そこにもしネガティブな要素があれば、それは価値創造ではなくて、長期的に見れば価値の毀損になってしまうかもしれません。そうしたことにどう対応するのでしょうか、ということが問われています。先に述べたように、ＩＩＲＣは今般、ＳＡＳＢと統合しましたので、今後新たなガイドラインなども公表されるでしょうが、ひな型盲信に陥らず、自分の言葉でビジネスのユニークさを存分に語って頂きたいものです。

▼企業内のフォーメーションをどうするか

本章の最後に、こうした内容を効果的に語るために、企業内のフォーメーションをどうするかについて見ておきましょう。実は結構悩ましい事態に陥っていることが多いからです。皆さんの会社では、統合報告書はどの部門が作っていますか？　有価証券報告書は？　コーポレートガバナンスの事務局はどこですか？　経営戦略を策定しているのは？　リスクマネジメントはどこでやっていますか？　投資家への対応は？　決算説明会の担当はどこがやっていますか？　環境と社会について聞かれたらどこが対応しますか？――このくらいにしておきましょう。おそらく、少なくとも三つ以上の部門の名前が挙がったのではないでしょうか。もしかしたら、片手に余る部門が関係している企業もあるかもしれません。

ここで縦割りの弊害を語るのは簡単なのですが、事はそれほど単純ではありません。縦割りでもきちんと連携ができ、最終的に統合されていれば問題はないのです。しかし多くの場合、結構つまずきまくっています。縦割りの「割り方」自体がもう古くなっており、仕事の内容の見直しが必要なのになされておらず、それゆえ右記にあるような最近とみに重要になってきた仕事の意味が腹落ちされていなかったり、片手間でこなしたりすることが頻発し、手っ取り早く個別最適に走るので、出来上がった開示内容は何やら出来の悪いモザイクの寄せ集めのようになってしまっています。

この状態に最も責任のあるのは経営者です。セールスパーソンが、商品の良さをしっかり語ることもせず、セールストークに磨きもかけず、セールスグッズに何の工夫もしていなければ商品は売れませんよね。ちょっと露悪的な言い方になりますが、できの悪い開示内容で平然としている経営者はこのセールスパーソンと同じです。企業が外部に開示する情報は皆そうですが、特に、将来の企業像を含めて語る統合報告書のような自発的な開示情報は、これからに向けた経営者の所信表明演説のようなものです。どんなに忙しい大国の大統領だって、就任演説のスピーチをするためには一流のスピーチライターを雇い、自分でも何度も推敲し、得心がいった内容を話そうとしますよね。あなたの会社の経営者は、情報開示の内容にそうした責任を感じているでしょうか。もちろん、多くの経営者の方々は真摯に取り組んでいらっしゃることと思います。そうでなければここ数年の開示情報の変化もあり得ないわけですから。しかし、まだまだ悩める本社スタッフも多いものです。

困ったパターンが幾つかあります。そもそもそうした仕事が自分の範疇にないと思っている経営者。「ESG関連はサステナビリティ推進部に任せているから」とのたまうトップはよくいます。サステナビリティ推進部はあなたの仕事のサポートをするためにいるのであって、推進する主体は経営者、あなたです。本社内の縦割りによる個別最適を解決しようとしない経営者。それによって結果的に負荷を背負っているのもあなたです。そろそろ本社の仕事の見直しをしませんか。これについてはまた後述します。

（注1）　もちろん、「会社の行く末に関わるような」重大な個別案件は十分議論することが求められます。

（注2）　債権者は、将来の業況などという不確定な要素に自分の資金を投じるようなリスク選好者ではありません。安定しているならそれで良いので危ない橋は渡ってくれるな、というメンタリティです。こういう方々に対する説明は、むしろ中期経営計画を綿密に作って漏れのないよう全ての事業を網羅的に説明し、そして何と言っても過去の実績をきちんと見せて、いざとなったら資産を売って資金返済できる余地なども数字から分かるようにしておく方が効果的です。こうした経緯から、日本企業では中計が重視され、そして過去の実績の集大成である会計情報を握る経理部門がオペレーショナル・エクセレンスを発揮してきたわけです。

（注3）　この図は前著でも触れましたが、大事なので再掲しておきます。ミッションやバリューの順番や意味合いについては諸説あり、学問的にも一致をみていないのが実状ですが、ここではピーター・ドラッカーの定義を基にしています。また、最近ではパーパスからビジョンに至るまでを「ＰＭＶＶ」などとまとめて呼ぶことも多くなってきましたね。重要なのは、自社において浸透を図る時にそれぞれの言葉の定義を自社なりで結構なので明確にしておくことです。

（注4）　コーポレートガバナンス・コードの第四章では「取締役会は、会社の目指すところ（経営理念等）を確立し、戦略的な方向付けを行うことを主要な役割・責務の一つと捉え、具体的な経営戦略や経営計画等について建設的な議論を行うべき」であり、これらが「株主に対するコミットメントの一つであるとの認識に立ち、その実現に向けて最善の努力を行うべきである」とも述べています。

（注5）　もちろん、債券の世界でもプライシング情報は重要なのですが、信用格付けの高低がそもそもの債券の発行や保有を左右してしまうので、株価ほどの評価情報にはなっていません。例えば投資信託が増加するにつれて、その優劣を判断するために、モーニングスターといった評価機関が星の数を使った情報（五つ星が最高）を提供したりするようになってきました。

（注6）　ＭＳＣＩは「モルガン・スタンレー・キャピタル・インターナショナル」という米国企業の名前でもあり、同社が算出する指数の総称でもあります。ただし、現在はモルガン・スタンレーからは完全に独立した企業です。一方、英国における指数算出企業として有名なのがＦＴＳＥです。「FTSE Russell」の名前で様々な指数の算出サービスを展開しています。この二つがよく目にされる理由は、ＥＳＧに限らず様々な指数を投資家に提供し、インデックス投資のよりどころになっているからでもあり、より直接的には、世界最大の年金基金であり、我々の年金を運用している機関である日本のＧＰＩＦ（Government Pension Investment Fund、年金積立金管理運用独立行政法人）が最初に採用したＥＳＧ関連のインデックス指数が、ＭＳＣＩとＦＴＳＥのものだったからです。

（注7）　これをもう少し進めて、「株主の思うようにならないならモノを言ってやる」というところまでいくとアクティビストなどと呼ばれるわけですが、アクティブ投資を行う投資家がすべてアクティビストであるわけではありません。

（注8）　信用格付けにおいて、Moody'sがＡＡＡを付けている企業に対してＳ＆ＰがＢＢを付けている、などということはまずありま

せんが、そうしたことが頻発しているということですね。

（注9） Auer, B. R., & Schuhmacher, F. (2016). Do socially (ir) responsible investments pay? New evidence from international ESG data. The Quarterly Review of Economics and Finance, 59, 51-62.

（注10） 湯山智教（２０２０）『ＥＳＧ投資とパフォーマンス』金融財政事情研究会

Friede, G., Busch, T., & Bassen, A. (2015). ESG and financial performance: aggregated evidence from more than 2000 empirical studies. Journal of Sustainable Finance & Investment, 5（4）, 210-233.

（注11） ＳＳＢがＩＡＳＢと対を成す形で運営されることにより、サステナビリティ報告と財務報告の相互関連性の高まりに効果的に対応できること、サステナビリティ報告において、高質かつ一貫した測定と開示基準を設定する際には、会計士の知見は必要不可欠だと考えられること、などにも言及しており、今後の展開が注目されています。

（注12） このあたりはメインバンクガバナンスに関する記述を思い出して頂ければと思います。また、「三方良し」というのは良い言葉ですが、よく考えると株主は入っていませんよね。

（注13） ただ、どんな内部資源も外部環境とのかかわりがあり、また逆も真なりです。例えば、外部環境としての技術進化と、内部資源としての研究開発能力は相互に影響を与え合っています。

（注14） 「最もあり得るべきケース」という意味でMost Likely Caseと呼ぶこともあります。

（注15） できればそれぞれのシナリオの生成確率などはおおよそ見積もっておきたいところです。よく、ベースケース80％、楽観ケース10％、悲観ケース10％などと言われますが、ここでおススメしているのは悲観ケースが二つ、というものなので、一つめの悲観ケースはより高い可能性、最悪のケースはより低い可能性といったことになるでしょう。

（注16） こうしたブラッシュアップは、企業だけに要請されるものではありません。金融機関や投資家も同様です。ひたすら情報を欲する彼ら彼女らは、プロとして「企業の将来を見る眼」を磨くことが本当にできているでしょうか。特に、先に挙げたパッシブ運用が増えれば増えるほど、生き物としての企業をしっかり理解しようという能力も意欲もともに薄い投資家が増えているように思えてなりません。別にパッシブ運用が悪いわけではないのですが、そうした投資家にとっては、企業というのは単にティッカーコードに象徴される銘柄、金融商品の一つでしかないようです。こうした投資家から「企業情報なんて全部定量化してほしいよな」という声を聴くことも少なからずあります。これらの要請に対して、前述の情報開示マップにおける〈1〉に加えて〈2〉を提供することには意味がありそうですが、〈3〉および〈4〉を統合した姿をしっかり伝えたとしても、理解してくれるかどうかやや心許ありません。しかし、ＴＣＦＤが要請しているのはまさにこの部分でもあります。企業、投資家双方ともにシナリオ分析の要請に的確に対応できるのか、気になるところです。掲げる理想は立派なれど、実際にやっていることはうわべだけの「ボックス・ティッキング」となっては意味がありません。

（注17）別に、この内容自体が悪いと言っているわけではありません。これらは本書でも述べてきたことばかりです。ただ、個人的な好みもありますが、率直に言ってこのオクトパスモデル図は分かりにくいです（まあ、よく読むとタコワサのように味わい深くはあるのですが）。聞く限りでは、統合報告書の作者の方々も内心ではそう思っている向きが多いようですが、いったんひな型が出るとそれにすがりたくなるのが日本人の悪い癖です。

（注18）ちなみに、「ＩＩＲＣはビジネスモデルが『利益をあげる方法』と解釈され、短期的なアウトカムが強調されることに懸念を示している」（ＫＰＭＧ（２０２０）「ＩＩＲＣ、年内の統合報告フレームワークの更新にむけ、３つのトピックペーパーを公表」https://home.kpmg/jp/ja/home/insights/2020/03/integrated-reporting-20200326.html、２０２１・７・５閲覧）とされますが、日本では逆に「価値」という言葉が何やら尊いように思い込まれてやたらと抽象的な概念を述べる傾向が目に付きます。少なくとも投資家にとって、「価値」というのは「おカネ」と同義です。何だか身も蓋もありませんが、そのようなことも頭の片隅に置きながら対応するとちょうど良いのではないでしょうか。

（注19）ＫＰＭＧ（２０２１）「ＩＩＲＣが統合報告フレームワークを改訂」https://home.kpmg/jp/ja/home/insights/2021/02/integrated-reporting-0212.html　２０２１・７・５閲覧

第5章

進化へのポイント④
資本コストを踏まえた
事業ポートフォリオマネジメント

第1節

全社戦略のない日本企業

▼資本コストと言われても

前章の最後では、経営者の方にも本社スタッフの方にもイヤなことを申し上げましたが、イヤなことは実はこれからが本番です、すみません。でも、とても大事なことなのでしばらくお付き合いくださいさい。特に多角化企業の方にとっては喫緊の課題であると思います。「資本コストを踏まえた事業ポートフォリオマネジメント」の話です。

ご存じの通り、この内容については既に2018年のコーポレートガバナンス・コードの改訂の際から要請に組み込もうと、原則5－2において「収益力だけではなくて資本効率も見なさいね」といったことは言われていました。しかし遅々として進まず。業を煮やして今回は新たに原則自体を一つ増やしてしまいました。また、こうしたことについて取締役会できちんと議論しているのかを問うために「事業ポートフォリオに関する戦略の実行が、企業の持続的な成長に資するよう、実効的に監督を行うべきである」との言葉も盛り込まれました。企業としてはいよいよ待ったなしで対応しなければならなくなってきたということですね。ただ、これはなかなか大変です。企業における経営管理を全面的に見直さなければならないのですが、この経営管理分野は日本企業において一番遅れている分野の一つといってもよいからです。逆に言えば、株主からのプレッシャーが弱かったからこそ、未発達のままだったと言えるかもしれません。これから具体的にどう対処していけば良いのか、一緒に考えていきましょう。

今回は、更に補充原則までも新設してこの内容を強く要請しています。表1－13（30ページ）の通りです。先ほどもみたように、投資家はバランスシートから発想して「自分が出した元手に対して幾ら儲かったのか」という資本効率性の良さをみています。個々の事業における元手に資本コストがどれほどかかっており、それをどれほど上回るリターンが上がっているのかが大問題なのです。もし逆ザヤになっているような事業があれば、そんな事業からはすぐに撤退、あるいは売却してほしいと思います。自分が出した元手が無駄に使われ、企業価値が毀損しているからです。資本コストに対してより高いリターンを上げられるような事業への「選択と集中」を推進する企業に投資しようとします。

一方、企業にとってバランスシートの右側にかかる資本コストというのは、これまで縁遠いもののように扱われてきました。メインバンクガバナンスの時には実払額であるところの金利と配当だけ気にしていれば良かったのです。しかし、今ではそうではありません。資本コストは過去の実払額ではなく、将来に向けた投資家の期待値です。せっかく他の投融資を全部諦めて御社に投資するのだから、これくらいのリターンは将来実現してくれなければ困るという、投資家にとっての機会費用ということです。過去の財務数値ではないので有価証券報告書には載っていませんし、投資家によって期待値も異なります。ファイナンスの基礎ぐらいは知っていないと意味も分からないので、何だか敷居が高く感じます。結果として敬遠することになり、慣れ親しんだ売上と利益の世界から一歩も出ないということがよく起こります。もう一度、図3－4（124ページ）を見て頂ければ一目瞭然ですね。資本効率性に関する指標はＲＯＥだけです。

こうした企業の状況を変えようと、経済産業省ではコーポレートガバナンス・コードの再改訂の前年には「事業再編実務指針」まで出して、企業における事業の見直しを後押ししました。ここでは、資本コスト割れした企業価値毀損事業のみならず、一歩進んで、例え収益を生んでいたとしても、その企業が持っていてはこの先の成長に限界があるような事業についても切り出せ、ということを言っています。ここまで切羽詰まってきているのはなぜかと言うと、こうした事業をあまりにも持ちすぎているがゆえに、そこに経営資源が滞留してしまい、成長分野に再配分できない、だから成長しないのではないか、という疑念があるからです。企業が現預金を退蔵しているから成長ができない、ゆえに株主のガバナンスを厳しくしてそれを吐き出させ、成長につなげようとしたコーポレートガバナンス・コードの設定趣旨が、企業の事業ポートフォリオマネジメントに及んできたともいえます。

▼全社戦略とは何か

しかし、言うは易し行うは難し。どこの企業でも、頭では分かっているのです。それでもなかなか動けないのは、事業部門が非常に強く本社の言うことを聞いてくれなかったからです。すなわち、事業を束ねて全社戦略を立案実行するコーポレート機能が弱すぎる、という組織能力の問題が立ちはだかっているのです。これでは、いくら資本コストを踏まえた事業ポートフォリオだの、全社戦略などと言ってみたところで誰も見向きもしません。「カネは天から降ってくるもの」「ヒトはいつでもそこにいるもの」であれば、経営資源が有限だから配分を考えなければという発想は生まれません。長い間、「日本企業には事業戦略はあるが全社戦略は無い」と言われてきたのはそのためです。

そもそも、全社戦略とは何でしょうか。経営戦略には、大別して二つの分野があります。事業戦略と全社戦略です。これに機能戦略を加えて三つといっても良いのですが、今は既に見た事業戦略との違いを中心に考えましょう。事業戦略では3C（市場・競合・自社）に尽きると申し上げましたが、全社戦略では、顧客は誰か、競合はどこか、などから始めてもあまり意味を成しません。事業によって異なるからです。全社戦略とは、一言でいえば「事業を行う範囲を定めたうえで、行っている複数の事業への効率的な資源配分と回収を考え、事業間のシナジーを実現し、組織全体としての企業価値向上を図るための戦略」といえましょう。事業を行う範囲をドメインと言いますが、全社戦略においては、事業戦略よりも緩やかに定められるのが普通です。範囲の制限なし、という企業も時々見かけます。この点については、多角化が経営戦略論に登場し始めた頃から研究されており、結論だけ言うと、全く関係ない分野に出ていくよりは、それなりに関連する分野に出ていった方が成功する傾向が高いとされています[注1]。

多角化成功の条件

ただ、分野を選んだだけで成功するわけではありません。多角化を軌道に乗せるためには、本社の働きが非常に重要になってきます。本社機能というのは「全社戦略を立案し実行する機能」でもあるからです。では、本社はどのような機能を有していれば良いのでしょうか。前著[注2]でも「見極める力」「連ねる力」「束ねる力」として紹介していますが、言い換えると、「事業ポートフ

見極める力	経営資源配分	・各事業の将来を見定め、経営資源の配分を決める	事業ポートフォリオマネジメント	➡ 全社戦略
	経営資源配分基盤整備	・マネジメントサイクルを回すうえでの情報・インフラを確保する		
連ねる力	事業推進（新規事業の創造）	・全事業の連なりを俯瞰したうえで、創造と破壊を行う	事業シナジーマネジメント	
	事業推進（シナジーの発揮）	・事業横断的な働きかけを行う		
束ねる力	グループアイデンティティ	・グループの代表として全体を一つに方向付ける	全社アイデンティティマネジメント	
	経営資源調達	・利害関係者との建設的な関係を築き、ガバナンスを受ける		

図 5―1　本社の役割と全社戦略

出所：松田千恵子（2019）『グループ経営入門　第4版』税務経理協会より改変

オリオマネジメント機能」「事業間シナジーマネジメント機能」「企業統合マネジメント機能」が本社には必要です。わざわざ堅苦しくする必要はないのですが、コーポレートガバナンス・コードなどでやたらと「事業ポートフォリオマネジメント」という言葉が使われるので、それに即してまとめるとこのようになります。

　まずは事業ポートフォリオマネジメント。全社戦略で重要なのは経営資源配分、そして配分したらきちんと回収することです。個々の事業のありようをしっかりと見定め、ここぞと思う事業に対して経営資源を手厚く配分し、配分しっぱなしではなくその将来をモニタリング、回収状況を評価し、次のアクションにつなげるといったマネジメントサイクルを回すことが必要です。そして、個々の事業を見極めた後は、それら事業を並べてみた場合、どこにどれだけ経営資源を増やすのか、あるいは引き揚げるのか、といった意思決定が不可欠です。まさに事業のポートフォリオを管理するということです。そのためには、経営管理をきちんと行うためのデータインフラもそろっていなければなりません。全社戦略を行うにあたって、経営管理の充実は欠かせない要素です。

こうしてみると、事業ポートフォリオマネジメントとして求められているのは、グループ内投資家として、事業投資を見極めるプロとなって内部資本市場を円滑に回していけるかどうかであることが分かります。日本企業には全社戦略が無いと言われるのは、これらの仕組みや仕掛けが未整備であること、本社において事業ポートフォリオマネジメントを行う人々に投資家的な知識と知見、そしてマインドセットが乏しいことが大きく影響しているように思います。最近では、資本市場の経験者などが事業会社に転職して、こうした機能を担う事例も目にするようになりました。もちろん、投資家的目線さえあれば良いというわけではありませんが、それが無ければ事業ポートフォリオマネジメントはできません。

▼シナジー発揮の困難を乗り越える

一方、事業ポートフォリオマネジメントだけなら、投資ファンドでもできます。こちらの道をひたすら追求してソフトバンクグループのようにもはや投資会社と言われるようになる道もありますが、多くの企業はやはり事業会社としての道を歩んでいくのだろうと思います。そうなると、やはり投資会社にはできないことをやらなければなりません。

では、その決定打は何でしょう。事業間にシナジーを生み出せることではないでしょうか。「うわ、またシナジーか。耳にタコが…」という方も多いかと思いますが、投資家がいくら素晴らしい投資ポートフォリオを作ったとしても、彼らはその投資銘柄間のシナジーを実現することはできません。しかし、企業であればそれができる可能性があるので、実は投資家からはちょっと期待されているのです。1＋1＝3にできるということですね。

もちろん、シナジーを出すのはとても大変です。それゆえ、まるで蜃気楼のような扱いをされる言葉になってしまっているわけですが、ただ、なかなかシナジーが発揮できないのは、「皆さんが発揮しようと本気で思っていないから」という面も結構あります。よほど意識的に事業間のシナジーマネジメントを考えているような企業でないと、例えば事業責任者の業績目標や、事業の到達目標に「シナジー」という言葉は入りません。まずは自分の事業の成長が第一ですし、本社もそれをまず望むからです。仮に、事業責任者が大変によくできた人で、シナジーを第一に考え真剣に取り組んだとしても、シナジーの発揮には困難な道のりが立ちはだかります。関係者が多いということです。隣の事業とのシナジーを出すために、隣の事業責任者と話し合っただけでは恐らく済まないでしょう。機能部門のあちこちや、本社、子会社、その他関係各所の意見を聞き、時には反対されたり、面倒くさがられたりしながら進めていかなければなりません。積極的に反対してくれるならまだ問題にもできようものですが、やるでもなくやらぬでもなく単に消極的、という関係者が一番困ります。しかし、こういう手合いが恐らく一番多いでしょう。最初はシナジー発揮の志に燃えていても、ボールを持って走り回っている側は段々疲れて意気消沈してきます。

▼定量化しなければ実現しない

シナジーを定量的に可視化しないことも、実現を困難にしている理由の一つです。シナジーには、コストを削減するという方向のダウンサイドシナジーと、売上を増やすという方向のアップサイドシナジーとがあります。前者は、実は定量化しやすいです。事業部門Aと事業部門Bの物流を統合したら、今までそれぞれ7億円、4億円かかっていた物流経費が11億円になり、10億円以上の物流に関してはボリュームディスカウントが働いて1割削減できた、といったようなことです。せっせと定量化し、さっさと進めましょう。一方、売上を増やす方は、何やら夢物語のようになりがちですが、これも「嘘でもいいから」定量化しましょう。定量化しておかないと「そういうことできるといいよねえ」といった井戸端会議で終わってしまいます。ちまたにもよくいますよね、「そのうち会いましょう」などというヒト。そのうち、という日は絶対に来ません。本当に会いたければさっさと日取りを決める＝定量化することです。

定量化すると、シナジー発揮のメリットだけではなくデメリットも見えてきます。先ほどの例で言えば、物流費のボリュームディスカウントを実現するためには、最初に備品を標準化しなければならず、それに2億円かかるかもしれません。こうした「コスト」が可視化されるのです。これらも見積もっておかないと、シナジー発揮プランはすぐ頓挫しかねません。

ここまで、シナジーに関して、「目標に入れることが必要」「関係者との調整が必要」「定量化することが必要」「コストも考えることが必要」…と述べてきましたが、これを事業部門だけでやり切るのは辛いです。結局のところ雲散霧消してしまうかもしれません。そうならないよう、縁の下の力持ちとして様々なプロセスの円滑化を実現するのは本社の仕事です。決して高みの見物をしていてはいけません。ただでさえシナジーを出そうとしている側は大変なのです。全力で支えてあげてください。もちろん、トップマネジメントの理解も不可欠です。

ただ、シナジーの存在は多角化を肯定するための「必要条件ではあるが十分条件ではない」[注3]ことも事実です。先ほど見たように、事業を複数保有してポートフォリオを組む形態としては、一つには資本市場で投資家が投資ポートフォリオを組む、すなわち市場による統治を行うという選択肢があります。これよりも、企業内部における階層的な統治（本社があり、複数の事業があるグループ経営を意味する）のほうが効率的であることが示されない限り、万全ではないことは改めて思い出しておいてください。要は「グループ経営において、本社が外部投資家以上の手腕を持って、事業ポートフォリオ管理を行う能力があること」がまず大前提で、それに加えてシナジー発揮ができれば万全ということです。

▼グループ・アイデンティティは確立しているか

最後は「企業統合マネジメント」です。シナジーは、グループとして総合力を発揮することで可能になるかもしれません。強いブランド力や知名度をグループとして持っていることがメリットとして働くかもしれません。創業者の志を思い出して社員一同燃えるかもしれません。こうした力を発揮するためには、グループとしてのアイデンティティをよほど強く持たなければなりません。こうしたグループ・アイデンティティを常に社員に意識させ、浸透させていく役割も、本社としては不可欠です。当然ながらここには「確固たる全社共通の軸」が必要になります。これが企業理念です。先ほど、事業戦略のところでも見ましたね。一つひとつの事業が、企業理念を具現化するために頑張っていることも大事ですし、その企業理念を常に新鮮に保ち、グループ津々浦々まで浸透させ続けることも非常に重要です。「新鮮に保つ」というのは、何かあるとすぐにリニューアルして字面だけ変えるということではありません。環境の激変の中で、自社の企業理念が如何にきちんと機能しているかを様々な機会を捉えて発信し続けるということです。例えば、コマツは価値観を行動様式で表現した「コマツウェイ」で有名ですが、毎年コマツウェイブックを作成し、コマツウェイを体現した社員の取り組みなどを紹介しているそうです。コマツウェイは「創業者の精神をベースに、先人たちが築き上げてきたコマツの強さ、強さを支える信念、基本的な心構えと持つべき視点を定めたもの」[注4]ということですが、これに日々新しい血が流入し、アップデートされているのですね。また、オムロンは毎年、企業理念の実践を促進する「TOGA（The Omron Global Awards）」を開催していることで知られています。企業理念に基づくテーマを宣言し、チームで協力しながら取り組むこの活動を通じて、「組織内はもとより、地域・職種を超えて社会的課題の解決、お客様・社会への価値創造について話し合う機会となり、毎年多くのテーマが世界中で宣言・実行されて」[注5]います。その様子を間近で見る機会に恵まれましたが、実に熱気にあふれ、かつ真摯に取り組まれた全社的な催しであり、トップマネジメントが全力で統合マネジメントにいそしんでいる姿が大変印象的でした。

企業理念を軸とした統合マネジメントには、本社はもちろん、トップマネジメントの尽力が不可欠です。トップこそが企業理念を体現する「象徴」であるからです。キリンホールディングス

図 5−2　キリンホールディングス社長の寄稿

CSV経営　キリンホールディングス社長　磯崎功典

キリンといえば多くの人はまずビールを思い浮かべるのではないだろうか。私はキリンは何の会社ですかと問われると「発酵バイオテクノロジーの会社です」と答えている。110年前にビールを作り、40年前に医薬に参入。そして今、ヘルスサイエンスにまい進している。

キリンビール、キリンビバレッジ、協和キリンなどそれぞれ特色ある企業を束ねるのがホールディングカンパニーの役目だが、その羅針盤こそが「CSV経営」だ。CSVとは「Creating Shared Value」の略語で、自分たちが持つ強みで社会が抱える課題を解決し、同時に企業としての経済的価値を創出していこうという競争戦略だ。

キリンは「健康」「地域社会・コミュニティ」「環境」という3つの社会課題に取り組むことを掲げている。まず発酵バイオテクノロジーというキリンの強みを生かせる健康領域は、コロナ禍でますますその意義が重要になっている。長年培ってきた免疫研究などの分野で世界の人々の健康に貢献していきたい。そして消費者向けに商品を販売する企業として地域社会への貢献も必要になる。さらに二酸化炭素の排出削減やペット容器などの環境問題も喫緊の課題だ。

最後にキリンとして忘れてはいけない一丁目一番地の課題は「アルコールの適正飲酒」だ。これが成り立った上でこそ他の3つの課題に対して取り組める。

CSV経営をグループビジョンに掲げて8年。キリンに入社する学生の志望動機にもCSV経営が並ぶようになった。社会課題に真剣に向き合わなければ、若者に見向きもされない時代が来ていると感じる。

出所：日本経済新聞　https://www.nikkei.com/article/DGXZQOUC29A200Z20C21A6000000

の磯崎功典社長は、ビールから医薬までを扱う多角化企業としての同社を統合するのにCSV経営を標榜していますが、日本経済新聞に図5−2のような寄稿をしています。トップがこうして企業内外に「会社の目指すべきところ」を宣言してくれているのは心強いですね。

一方、「俺は言ってるんだが社員が聞かないんだ」などとのたまうトップもいます。果たして何回発信したのでしょうか。一年に一回？　論外です。一日に一回でも少ないです。一日に百回同じことを言っても、相手の百人にとっては一回聞いただけです。すぐ忘れます。そう考えると、如何にトップの発信が質量ともに重要か、様々な工夫が必要か、そしてそれを支える本社の役割が不可欠かということが実感されるのではないでしょうか。もちろん、企業理念だけが遊離してしまっていてはなりません。先に述べたように事業としっかり紐づいて、現場で息づいていてほしいものです。

ここまで見てきたように、本社が投資家以上に投資家的機能を発揮することができ、事業間にシナジーを生み出す力があり、しかもグループ一体として強いアイデンティティを保持しているということは、多角化を存続させ、全社戦略を成功させるための条件ともいえます。そして、これらはそのまま、本社のなすべき役割でもあるということです。

▼コングロマリット・ディスカウントを克服できるか

さて、多角化企業の皆さんにはぜひ、「事業ポートフォリオマネジメント」「事業間シナジーマネジメント」「企業統合マネジメント」にいそしんで頂きたいのですが、改めてここで悲しいお知らせです。前述した「株主は多角化が嫌い」ということです。株主は、株式市場において自分で投資ポートフォリオを形成しています。これがそのまま企業の持つ事業ポートフォリオとバッティングするから「嫌い」なのですね。直接手を出せないこともイライラ感を強めます。従って、先ほどの三つのマネジメントができていないと早速文句を言ってくるわけです。

とはいえ、企業側としても「はい、そうですか。専業になります」と受け入れるのも難しいことです。事業は生き物、ライフサイクルがあります。一つの事業の命が終わろうとしている時に「座して死を待つ」とはなりません。新規事業など次の展開を考えようとする動きは、必然的に企業の多角化へと向かいます。

この時に、株主の厳しい目に対して抗弁できるのが、先ほどの三つのマネジメントができていることです。

これらが万全だと、恐らく個々の事業の価値の単純合計よりも、企業全体の価値のほうが上回るはずです。これをコングロマリット・プレミアムといいます。逆の場合がコングロマリット・ディスカウントでしたね。こちらを生じさせている企業に対して株主は辛辣です。ただし、嫌いだから近づかないと思ったら大間違いです。物を言って儲ける千載一遇の機会とばかりに、「選択と集中」の名の下に専業化を促す圧力をむしろ強めるでしょう。

特に狙われるのは、成熟企業が持つ事業ポートフォリオの中に、成長事業が入っている場合です。成熟企業としては、これからの成長の柱ですから絶対に手放したくないですが、株主から見れば、成熟した親会社のくびきから放たれて、専業上場企業として活躍してくれる方がはるかに

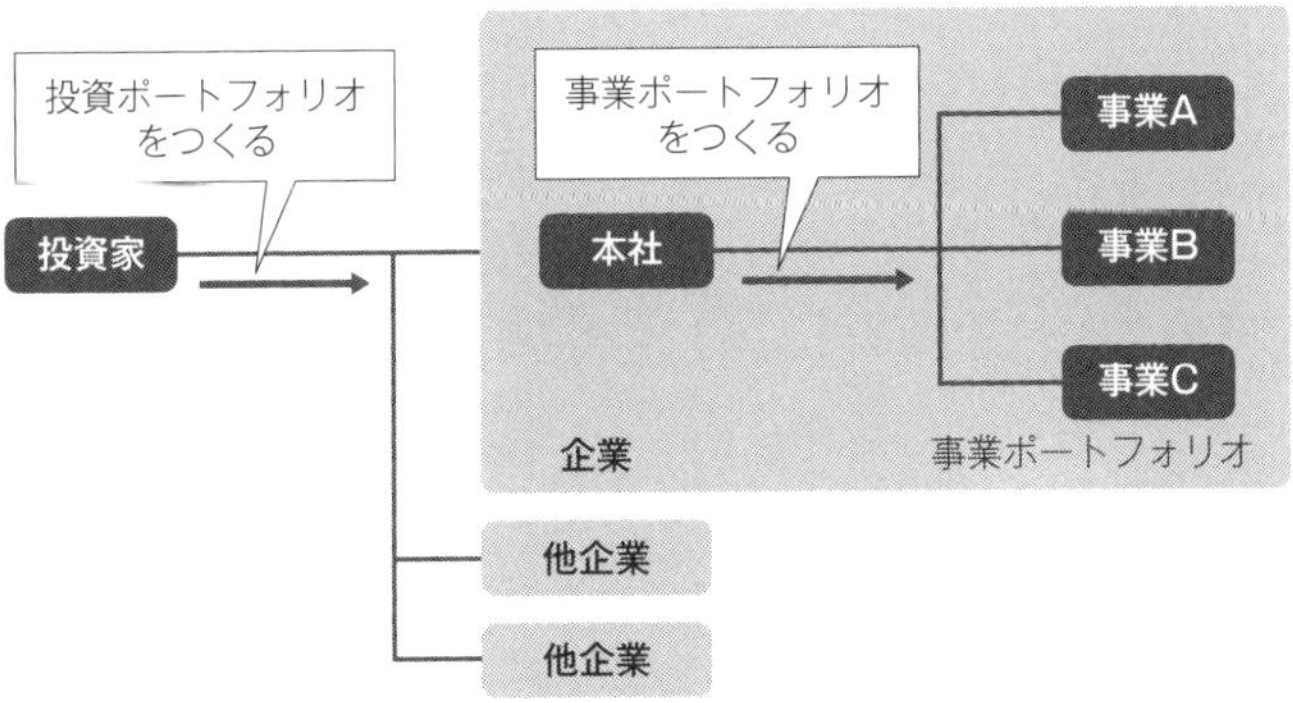

図 5−3　投資ポートフォリオと事業ポートフォリオ

投資の甲斐があります。株主提案をしてでも切り離そうとするかもしれません。また、シナジーを発揮できていないように見える企業も同様です。専業として成長できるのであれば切り離した方が良いという圧力がかかります。資本市場の、特にアクティビストと呼ばれる方々は、こうした多角化企業を虎視眈々と狙っています。これは、日本だけの動きではありません。世界的なカネ余り状況を受けて、アクティビスト（に限りませんが）など投資家達は、投資行動を活発化させてきました。あらゆる金融商品に投資し尽して、それでも足りずに目を付けたのが、多角化企業グループの中にある個々の事業部門、特に切り離せば成長により リターンが見込めるような事業です。こうした投資家の動きは、最近立て続けに発表された米GEや米ジョンソン・エンド・ジョンソン（J&J）、東芝などの分社化の動きと無縁ではありません。投資ファンドの米サード・ポイントが英蘭ロイヤル・ダッチ・シェルに分割案を突き付けたのも同様です。ＥＳＧの流れも加わって更にインパクトの大きなニュースになっていますね。日本でも、数年前までソニーがサード・ポイントから様々な提案を突き付けられていました。２０１４年にはエンターテインメント事業の分離・上場を求められ、そして２０１９年６月には「半導体を切り離し、〝ソニーテクノロジーズ〟として上場させるべきだ」と、半導体の分離・独立が提案されました。どちらも先に述べた通り、成長を期待される事業を切り出して、投資家がその事業（のみ）に投資できるようにすべきということです。企業側としてみれば、高収益で成長も見込める半導体を切り離すのは現実的ではないと考えるでしょうが、株主は、「それならばコングロマリット・プレミアムを実現せよ、さもなくば成長期待のある事業には我々自身が投資できるようにしろ」と考えます。といって、株主には株主の立場があるのでこの主張が悪いわけではありません。また、こうしたプレッシャーは企業を悩ませますが、場合によっては強くもします。ソニーの投資家対応はこうした数年越しの提案を経て明らかにうまくなっていますし、今のソニーが好調を回復した背景には、こうした試練からの学びもあったかもしれません。単に逃げ回っているだけでは何も解決しないので、自社の多角化状況を、先ほどの三つのマネジメントの視点から客観的に見つめ直してみることが急務と言えます。

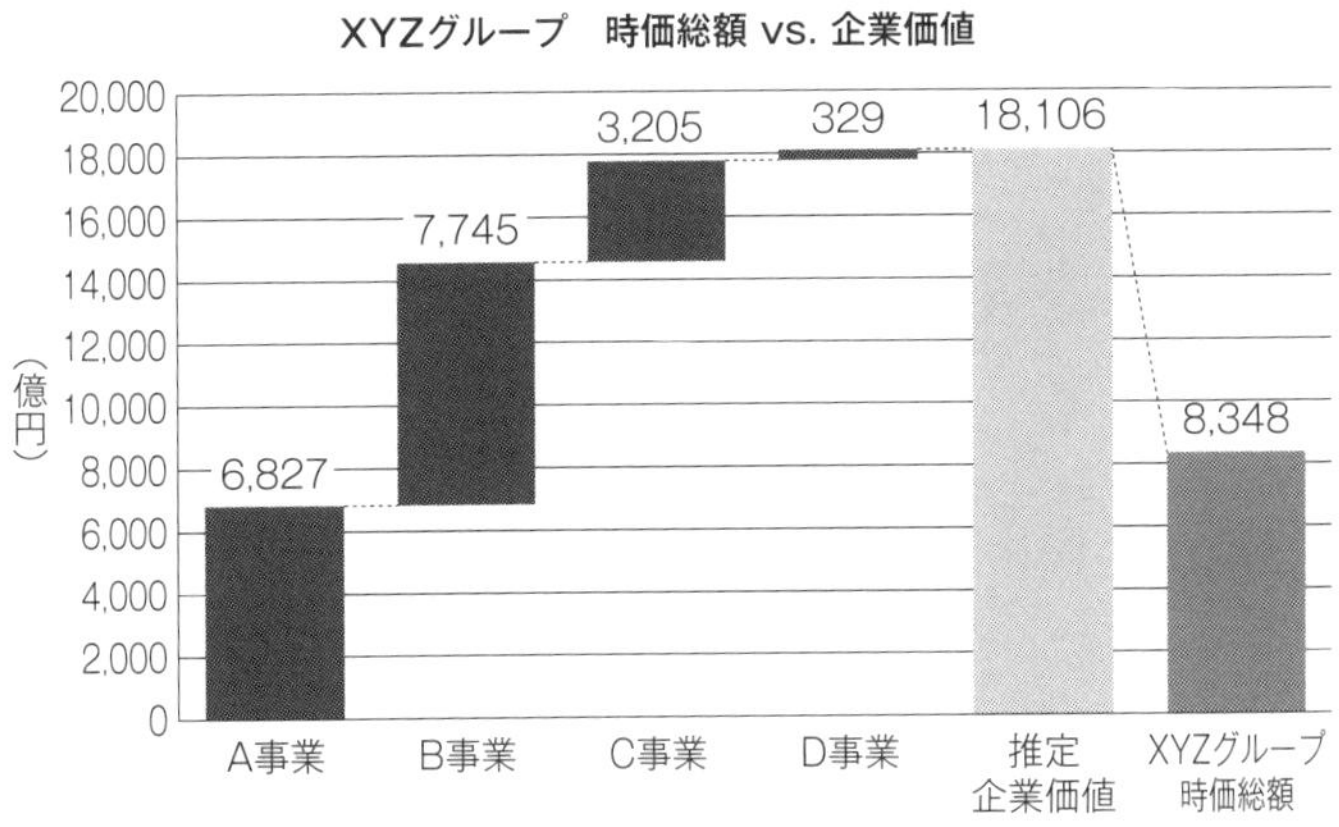

図 5−4　Sum of the Parts Analysis（SOTP）の事例

▼ SOTP Analysisとは何か

　ところで、株主たちは企業がコングロマリット・ディスカウントに陥っているのかどうかをどのようにして見抜くのでしょうか。実は意外に簡単です。実際にはそれほど単純に割り切れるものではないのですが、事業ごとの事業価値を推定し、その単純合計と企業全体の時価総額を比較するということが株式市場のアナリストたちの間ではしょっちゅう行われています。これをSum of the Parts Analysis（SOTP）といいます。

「そんな情報出していないぞ」と思われるあなた、有価証券報告書に〃セグメント情報〃というものがありますよね。あれはアナリストにとっては大変貴重な情報です。おそらく有価証券報告書の中で、最も更なる開示が望まれているセクションでしょう。企業は「競合に事業状況が知られるから」などといった理由でセグメント情報の開示には消極的ですが、数少ない情報からでも、事業部門の価値を推測することはできます。要は、勝手に計算されてしまっているということですね。ここでも某社の事例を計算してみました。

まともなアナリストなら、分析対象企業が持つ主な事業の一つひとつに対して、きちんと将来予測をしています。当然ファイナンシャル・プロジェクションもあるはずですから、そこから事業価値の計算はできます。もっと簡単に行おうと思えば、売上と営業利益と総資産の情報はたいていの場合開示されていますから、アバウトではありますが、その数字を手掛かりにマーケットアプローチ[注6]を行うことで簡単に事業価値の試算ができます。

こうしたアバウトな試算で企業にとって重要な多角化戦略が否定されてしまうことに違和感を持つ方も多いでしょう。ただ、以下の三つの点を忘れないでください。一つは、アバウトであってもその手法等に一定の信頼があれば、試算はないよりましであるということ。コングロマリット・ディスカウント状態になっているかどうかは株主にとって非常に知りたい情報の一つです。しかも、これは会計情報のように、過去の実績値を正確に知るという分野の話ではなく、将来の予測を確からしく行うという分野の話です。アナリストの手腕によってどのくらい確からしいかも変わってきますが、企業の将来予測をするのは彼らの仕事ですから、そのプロフェッショナル度合いによってはかなり正鵠を射た内容ともなり得ます。

二つめには、しっかり試算してほしいなら、企業側も開示内容を考える必要があるということです。外部で情報を受け取る身としては、何も情報が無ければ必ずリスクは最大に見積もります。情報を出すまいとすればするほど企業にとっては不利な試算をされてしまうということです。何でもかんでも情報開示をすれば良いわけでもありませんが、多角化を進めているのに事業別の状況には固く口を閉ざすような企業は、株主の将来予測に対して批判する資格はありません。きちんと理解してもらおうとすれば、事業別の説明会をやってみたり、分かりやすい資料にまとめてみたり、色々な方法があります。情報の出所は企業なのですから、その質量を常に見直し続けることが必要です。

三つめですが、こうした試算は企業内部でこそきちんとなされるべきであるということ。これが一番大事です。何と言っても多角化企業の場合には、内部資本市場が存在する中でグループ内投資家としての本社がいるわけですから、当然投資家として事業ポートフォリオマネジメントの一環としてSOTPくらいやって頂かないと困るわけです。「それらの事業を束ねる本社が、ちまたの株主よりも投資家能力に優れて、より高いリターンを生むポートフォリオ管理を行えていること」は多角化企業の必須条件でしたよね。それなのに、コングロマリット・ディスカウントの試算もしていないというのでは、事業ポートフォリオを任せておけない気分になってしまいます。内部投資家である本社は、何と言っても外部投資家よりも圧倒的に情報優位にあるわけですから、それに基づいて個々の事業に関する確からしい将来予測をきちんと行い、そこから事業別の価値を試算し、全体に与える影響をチェックし、コングロマリット・プレミアムの実現を図ることは必須の仕事です。この過程で本社は各事業における将来予測、もとい事業戦略がこれで良いのかといったことを始終見極めることになります。こうした一連の作業は戦略レビューなどとも呼ばれますが、アクティビストなどがよく「そういうことをやっているのか」とチェックしてくる内容でもあります。こんなことは外部に言われる前にさっさとやりましょう。また、執行の側でこうしたプロセスをきちんと踏むとともに、その経過や結果をタイムリーに取締役会に報告し、そこで議論することも大事です。

今回、コーポレートガバナンス・コードに新しく加わった補充原則5－2①「上場会社は、経営戦略等の策定・公表に当たっては、取締役会において決定された事業ポートフォリオに関する基本的な方針や事業ポートフォリオの見直しの状況について分かりやすく示すべきである」というのは、こうしたことを指しています。

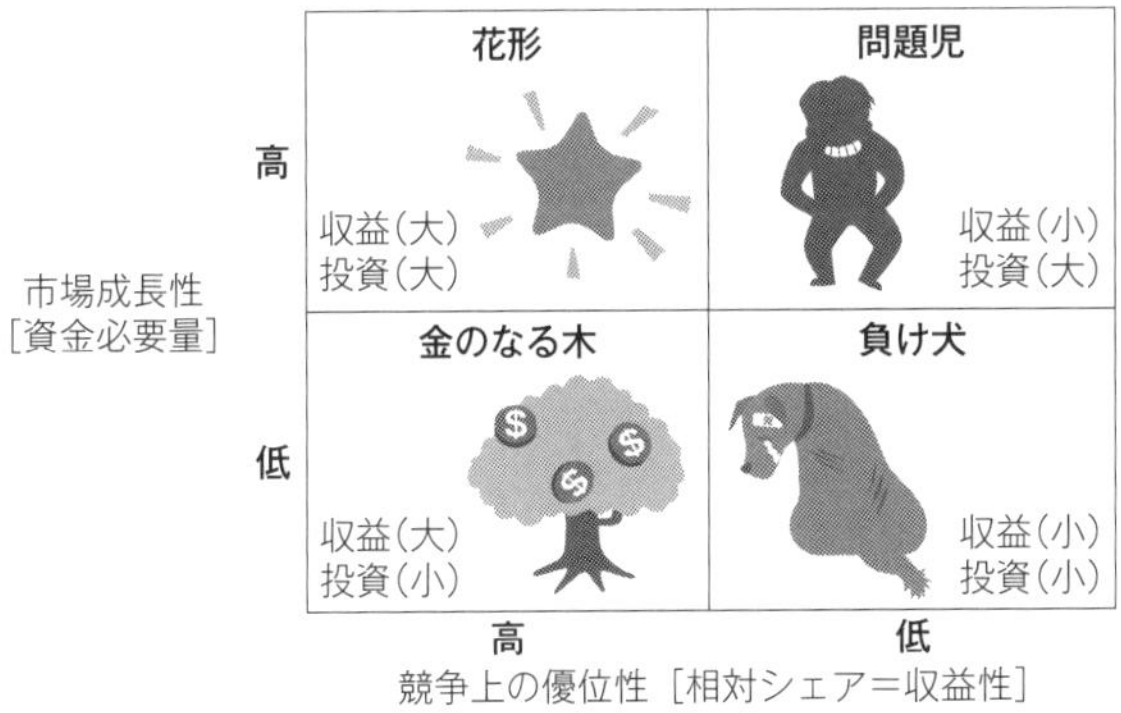

図 5−5　プロダクト・ポートフォリオ・マネジメント

PPMは全社戦略にはなり得ない

全社戦略や事業ポートフォリオというと、必ず皆さんが思い浮かべるフレームワークがあります。言わずと知れたPPM、プロダクト・ポートフォリオ・マネジメントですね。

このフレームワークの考え方は、キャッシュフローの観点で事業を分類し、企業全体として効率の良い資源配分を検討しようとするものです。縦軸は「市場成長率」、横軸は「相対的な市場シェア」の2軸を用いる。要は、縦軸は投資の多寡を表し、横軸は利益の大きさを表すと言っても良いでしょう。各象限を「花形」、「金のなる木」、「問題児」、「負け犬」に分類していますが、それぞれ以下のように定義されます。戦略のハウツー本などには必ず載っているおなじみの枠組みですね。

表5−1　プロダクト・ポートフォリオ・マネジメントの各象限

・問題児（PROBLEM CHILD）：市場成長率・高、製品シェア・低
　導入期から成長期にある事業。投資が必要だが、シェアを拡大できれば花形になる。逆に成長が低下すると負け犬になる。まだ先行きは分からず、キャッシュを食うばかりなので問題児と呼ばれる。

・花形（STAR）：市場成長率・高、製品シェア・高
　シェア、成長性が共に高い事業。収入も多いが、増産や競争力強化のための投資も大きい。一人勝ち状態になれば「金のなる木」へ移行する。

・金のなる木（CASH COW）：市場成長率・低、製品シェア・高
　いわゆる成熟市場で流入が多く流出が少ない。企業の収入源で、キャッシュフローの源となっている。ここで得た資金を問題児や花形の投資にあてて、次の成長を形作る必要がある。また、負け犬にならないような戦略を考える必要もある。

・負け犬（DOG）：市場成長率・低、製品シェア・低
　市場成長率もシェアも低い。つまり、資金の流入はなく成長も低い状態。資本コスト割れするようであれば、損害を最小限に食い止めるための撤退や経営資源の回収が必要。

では、このPPMを皆さんは実際に使ってみたことがあるでしょうか。おそらく作ってみた人は多いに違いありません。けれども、その結果をどのように用いたでしょうか。

実は、現時点でのPPMを一生懸命作ったところで、それだけで得られるものは少ないのです。要はこれだけでは「使えない」ということです。これは、あくまでも一時点のスナップショットにすぎません。その時点での事業間の相対比較をしたりするのには有効ですが、一期間のバランスシートを眺めているのと同じで、将来の打ち手についてはあまり語ってくれません。また、結局のところ頭の中にある各事業の位置づけを視覚化した

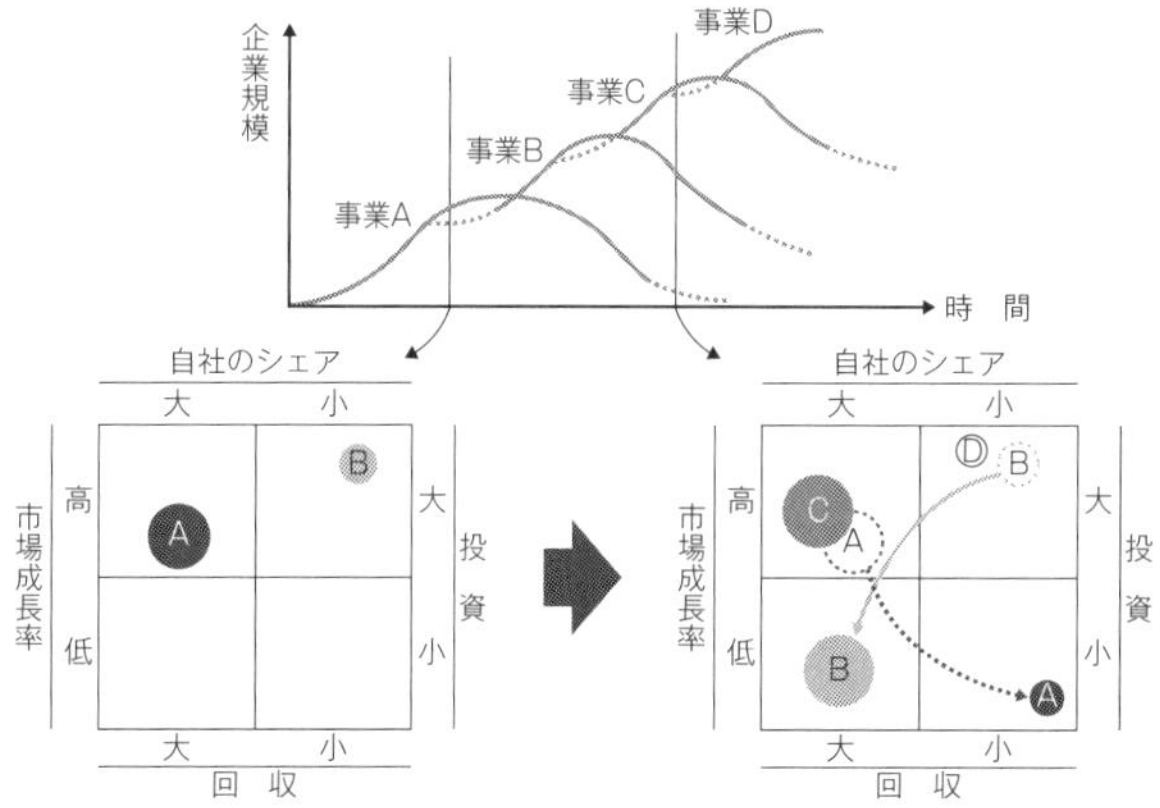

図 5−6 市場ライフサイクルと企業の成長

にすぎず、「So What?」となってしまう可能性もあります。さて、どうしましょうか？

使うとすれば、その方法は二種類でしょう。一つは、この配置を見てそれぞれの事業における戦略が「型」に合致しているかをチェックする、ということです。「負け犬」に分類されているのに猛然と投資するシナリオになっていたり、「問題児」が問題を正しく把握できていなかったりしたら困ります。「金のなる木」がキャッシュフローを囲い込んで手放さない、というのも何とかしなくてはなりません。

もう一つは、せっかく将来のファイナンシャル・プロジェクションを作ったのだから、現状のＰＰＭばかり眺めているのではなく、将来のＰＰＭを作ってみる、ということです。ＰＰＭの欠点はそれだけでは極めて静態的にしか見えないということなのですが、将来版を作ることで何をどうダイナミックに動かせばよいのか、動態的

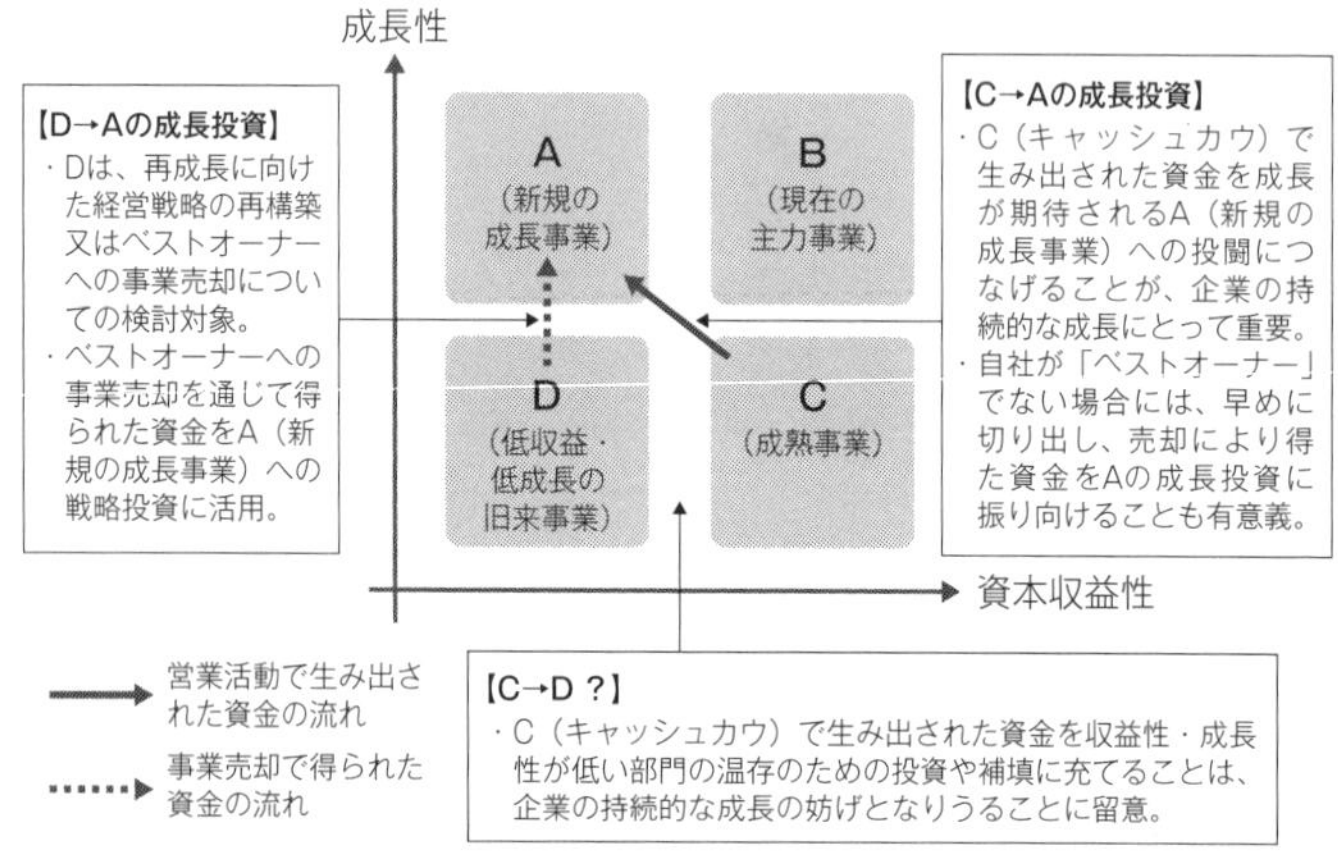

成長性
資本収益性
A
（新規の
成長事業）
B
（現在の
主力事業）
D
（低収益・
低成長の
旧来事業）
C
（成熟事業）
【D→Aの成長投資】
・Dは、再成長に向けた経営戦略の再構築又はベストオーナーへの事業売却についての検討対象。
・ベストオーナーへの事業売却を通じて得られた資金をA（新規の成長事業）への戦略投資に活用。
【C→Aの成長投資】
・C（キャッシュカウ）で生み出された資金を成長が期待されるA（新規の成長事業）への投闇につなげることが、企業の持続的な成長にとって重要。
・自社が「ベストオーナー」でない場合には、早めに切り出し、売却により得た資金をAの成長投資に振り向けることも有意義。
【C→D ?】
・C（キャッシュカウ）で生み出された資金を収益性・成長性が低い部門の温存のための投資や補填に充てることは、企業の持続的な成長の妨げとなりうることに留意。
営業活動で生み出された資金の流れ
事業売却で得られた資金の流れ

図 5−7　事業再編研究会のPPM

出所：経済産業省（2020）「事業再編実務指針〜事業ポートフォリオと組織の変革に向けて〜」

な思考を刺激してくれることがあります。また、こうして考えていくと、ＰＰＭというのは、実は事業や製品のライフサイクルを四象限に落としたものであることにも気づかれるはずです。

さて、もう一つＰＰＭには欠点があります。「成長率」と「マーケットシェア」を前面に出してしまえば、まったくのＰＬ脳だけでの判断ともなりかねない点です。本来はキャッシュフローを中心に考えれば、ＰＰＭも投資の多寡と利益の大きさを扱っているという意味ではＰＬ脳に留まっているものではないのですが、その辺りはつい忘れられがちです。従って、例えば成長率と資本効率を２軸に持ってくるような見方をしたほうが、今の日本企業には必要とされているものといえましょう。経済産業省の事業再編研究会が公表した報告書にも、こうした２軸のマネジメントが紹介されています。

表 5−2　ベストオーナーを巡る発言

全体を読んで、個人的に一番印象に残ったのは、ベストオーナー原則というのが非常に強く打ち出されている点である。そもそも事業ポートフォリオ再編は中長期的に成長して、持続的な価値を生み出すために行うのである。そのために、自社のケイパビリティーに適した強靱な企業体質をつくり出すということである。そういう強靱な企業体質があれば、今のウィズコロナのような逆境にも強く、ポストコロナの環境変化を機会に変えて飛躍することもできるのではないかと思う。そういう強靱な企業体質を作り出す、そのための指導原理がベストオーナー原則なのではないかと思う。このベストオーナー原則の根底にあるのは、企業は社会のための存在であるということで、経済同友会の資料にもあったが、社会の公器であるという考えだと思う。社会から預かっている大事な経営資源、企業が預かっている経営資源、人とか事業であるが、そのポテンシャルを十分に発揮させられるかどうかが問われる。ただ、1つ、少し心配しているのが、「ベストオーナー原則」と言うと、短絡的に「世界中の企業と比べて自分がベストでなかったら直ちに売らなければならないのか」といった誤解を招かないかという点である。実際のベストオーナー原則の運用は、そのような短絡的な、デジタルな判断ではない。重要なのは、ベストオーナー原則を理念型として念頭に置いて、事業ポートフォリオを見直していくということである。 指針案に記載されている通り、自分の会社がベストオーナーであるかどうかというのを考える重要な材料は、事業部門の評価である。ステークホルダー、環境、あるいは社会への貢献は当然の前提として、その上で事業の成果が社会的にも十分に評価されているか。これがROICにも反映されてくるし、そして事業を成長させられるかにもつながる。この資本収益性と成長性の2軸が事業のポテンシャルを発揮させられているかどうかの検討の出発点になる重要なメルクマールである。ベストオーナー原則というと、では、ベストオーナーではないから売るということで、縮小戦略というように誤解される方もいると思うが、これは縮小戦略ではなく、伸びるために縮む、あるいは伸びたら一旦縮むということで、強靱な成長のための戦略である。ベストオーナー原則に則って、自社が他社よりもポテンシャルを発揮させられる事業については注力して、さらには買収も含めて拡大していく。他方で、自社の外に出た方がポテンシャルを発揮できる事業、これは「幸あれ」ということで快く送り出す。そして、より多くの経営資源にとってのベストオーナーとなる努力を不断に行っていくことが重要である。自らの経営力や組織能力を涵養してガバナンス体制を強化すると、より多くの経営資源を社会から預けていただく資格が出てくる。こういったことが事業ポートフォリオ戦略の本旨なのではないかと思っている。

出所：経済産業省（2020）「事業再編実務指針〜事業ポートフォリオと組織の変革に向けて」

全社戦略というと何とかの一つ覚えのように出てくるＰＰＭですが、こうした限界も把握した上で、自社にふさわしいフレームワークを考えて活用して頂きたいと思います。

▼難しい「ベストオーナー」の議論

事業再編研究会の話が出てきたので、ここで気になる言葉に触れておきたいと思います。図５－７にもある「ベストオーナー」です。この報告書のもととなった事業再編研究会でも、おそらく最も議論になった言葉なのではないかと思います。例えば、委員の一人は表５－２のように発言しています。

この発言は、「ベストオーナー」の本質と、その後のこの言葉を巡る論議の危うさを的確に表現しているように思います。実際に、短絡的な投資家は「この事業のベストオーナーは御社ではない」などと圧力をかけにいったりしていますし、そうなると企業も感情的になってしまいます。企業としてみれば、どの事業も由緒沿革のある可愛い我が子なのだから当然でしょう。本来は、「もうそろそろ親離れしたら」とか「子供には子供の道があるだろうし」とか「良い人ができたから別に所帯を持とうね」という前向きに考えるべき話をしたいのですが、「ベストオーナー」という言葉だけが独り歩きして、何やら「嫌がる子を親から引き離して泣き別れ」「せっかく育てた愛しい我が子と引き裂かれ」のようなイメージを企業に持たせてしまったような感もあります。

そもそも「ベスト」というのがかなり強い言葉です。「世界中のどの企業と比べても、本当にお前はベストなのか」という問いに応えるのも難しいですし、そもそも何をもってベストとするのかも定かではありません。個人的にはベターオーナーくらいが企業側にも受け入れやすくて良かったのではないかとも思いますが、一方、投資家にしてみれば、どんなに資本コスト割れした低収益事業でも死んでも離しません、といった企業には堪忍袋の緒も切れかかろうというものでしょう。投資家の視点と企業の思いのギャップが図らずも現れ出たような言葉でもあります。

▼「両利きの経営」を実現できるか

では、本来は何をすべきなのでしょうか。これは、企業側が「投資家からあれこれ言われる前に、自分できちんと事業ポートフォリオマネジメントを行う」ということに尽きます。先ほど見た三つのマネジメントの中でも、企業がやっていると思っているけれどももっともできていない分野はここかもしれません。あるいは、気づいているけれども見て見ぬふりをしているようにも思えます。

ここまで見てきたように、一つひとつの事業の数値をきちんと見ていれば、何年経っても資本コスト割れし続けている事業に経営資源を張り付けておくのは機会損失が大きい、ということに気が付くはずです。この「機会損失」という考え方に日本企業は極めて鈍感です。100億円あったら、衰退事業にだらだらと垂れ流すよりも、成長事業に投じたいと普通は思うはずでしょう。将来戦略をしっかりとブラッシュアップしていれば、例えば「この事業は規模のメリットが効くのだが、ウチのマーケットシェアではそれが生かせない。だから、マーケットシェアの高いところにこの事業を売却してもっと伸ばしてもらおう」といった考え方が自然に出てくるかと思います。

事業を売却した後はどうしましょうか。当然ながら次世代に向けて新しい成長を追求していくことになります。しかし、足元も不安定ななか一足飛びに新しい事業に全てを賭けるというような無茶な真似は、普通はしません。まだ地盤が盤石なうちに、その地盤をより固めてしっかりと儲ける仕組みを強化しておきつつ、不要なところに無駄遣いすることはきっぱりやめて、余った経営資源を新しい領域に向ける必要があります。既存事業の深化と、新規事業への進化を両方バランスを取りながら行うことのできる企業こそが伸びるということですね。これが最近注目されている「両利きの経営」ということです。これについては多くの方が色々語っているので本書ではスルーしますが、ただこの話は、多角化企業にこそ実感されるはずです。例えば富士フイルムは、今やフィルムの売上など0・1%にも満たない状況です。カメラに移行したと思ったら、いつの間にかそれを医療用に応用し、医療分野に土地勘を得たと思ったら、ついに医薬に進出してコロナ禍でも健闘しています。多角化企業というのは、単に事業をたくさん持っていることを言うのではなく、それらの事業の栄枯盛衰をきちんと見定め、まだ既存事業が元気なうちに次の成長事業へと経営資源を移すことのできる柔軟性を持つ企業のことを言うのですね。当然、その過程では結構苦しいこともあります。投資家は、さっさと新規事業に移りなさいよ、と言ったかと思えば、既存事業で専業を目指せなどと言ったりもします。株式市場で株式を売買するのとは違って、経営資源を移して新しい領域に根付くためにはそれなりの時間もかかります。少しは気長に待ってほしい、と思うのは企業の本音でしょう。しかし、もしそういうことを言うのならば、経営資源を移すにあたっての将来に向けたグランドデザインをしっかりと示し、都度都度に進行状況を説明し、自らがその遂行を定性的及び定量的に管理し、それができていることを見せることが不可欠となってきます。また昨今は、少しは長期投資が見直されてきたとはいえ、投資家に対して10年待てというのは酷というものです。投資家は短期的すぎますが、日本の企業は気が長すぎます。スピードアップは不可欠といえましょう。

第2節

意外に大事なもう一つのガバナンス

▼子会社の経営陣を規律付ける

「何をやるか」についてはおよそ理解して頂いたとして、そろそろ「どうやるか」の方に移りましょう。全社戦略をしっかり行っていく上では、個々の事業をきちんと見ることが不可欠であることは繰り返し見ました。しかし、日本企業においては長らくその必要を感じさせる環境になかったために、そのためのインフラが圧倒的に不足しています。特に足りないのは「グループガバナンス」と「経営管理」です。実はこれらは別々のものではなく、かなり重複もあるのですが、本書では「グループガバナンス」というのは、ガバナンスという言葉がついているだけに、「グループ内部での株主である親会社が、子会社の経営陣を規律付けること」と定義します。拡張して、コーポレート部門が事業部門の責任者を規律付けること、としても構いません。一方の経営管理はもう少し組織的に、「グループ内部での投資家機能を果たす親会社が、子会社や事業の状況をしっかり把握してコントロールするために必要な組織的な管理を行っていくこと」とします。対象が、経営者なのか、組織なのか、ということですね。

まずはグループガバナンスから見てみましょう。これについては2019年6月に、経済産業省より「グループ・ガバナンス・システムに関する実務指針」（以下「ガイドライン」）が公表されました。このガイドラインは、「主として単体としての企業経営を念頭に作成されたコーポレートガバナンス・コードの趣旨を敷衍《ふえん》し、グループガバナンスの在り方をコードと整合性を保ちつつ示すことで、コードを補完するもの」と位置付けられています。企業の中には、箸の上げ下ろしにまでいちいち口を出されたくないという声もある一方で、グローバル化が進む中で誰に言われるまでもなくグループ経営、グループガバナンスを喫緊の課題として考えている企業も多く、ここで示された内容は、今回の再改訂においても多く反映されています。最も重要なものの一つとしては内部監査の信頼性の担保が挙げられるでしょう。これについては既に見ました。ここでは、もう少しそもそも論に戻って、「子会社」の存在から考えてみます。なお、親子上場については既に見ましたので、ここでは特に上場子会社を念頭に置いているわけではなく、一般的に子会社と呼ばれる存在、更には事業部門などを対象にします。

本社は傘下の企業や事業に経営資源を配分する投資家であり、「事業ポートフォリオマネジメント」を行う存在であるわけですが、子会社にとってはこれは比喩ではありません。本社は現実に子会社の「株主」です。何を当たり前のことを、と思われるかもしれませんが、これは意外に忘れられがちでもあります。なぜなら日本では長らくこの関係を「親会社」「子会社」と呼び慣わしてきているため、株主としての権利、あるいは株主から規律付けを受ける経営者の立場といったものを忘れがちだからです。その結果、親離れできない企業としては機能不全の子会社や、子離れできない成長を止めた親会社など「親子べったり」でその関係を考えようとしない企業グループが多く生じているように見えます。そういった日頃の不健康な関係が、企業不祥事があったり、あるいは海外企業のM＆Aを行ったりすると一気に問題化してくるともいえましょう。

こうしたグループ内の企業関係を考えるときに、まず思い出していただきたいのは、「親会社は株主として、コーポレートガバナンス・コードにあるようなガバナンスの担い手としての機能を発揮しなければならず、子会社の経営陣は同じくコードにあるようなガバナンスの受け手としての機能を考えなければならない」ということです。一例を挙げれば、子会社の取締役に親会社の役員などが就任している場合、皆様の会社ではきちんとその役員は子会社の取締役会に出ていますか？　取締役会自体「やったこと」にして終わりにしてはいないでしょうか？　遠いから行くのが嫌とか、現地の経営陣に任せているから大丈夫だろうとか思ってはいませんか？　株主総会も同様です。実質的には書面上だけの株主総会でお茶を濁していませんか？　せっかくガバナンスの担い手として、株主総会や取締役会という「規律付けの発揮の機会」が与えられているのに、それを生かしていない企業は多いように見えます。しかし、株主にガバナンスを発揮される方の立場になってみればすぐ分かる通り、こうした機会があるということ自体が経営陣にとっての重要な規律付けとなります。子会社の株主総会や取締役会をないがしろにしている「親会社」という名の株主は、自分で自分の持つグループガバナンス発揮の機会を放棄しているようなものです。

▼子会社の数が多すぎないか

「そうは言っても、ウチは大企業だ、子会社がいくつあると思っているんだ、そんなに面倒見切れないよ」と思っている方もいらっしゃるでしょう。確かに莫大な数の子会社群を擁する企業グループは多く存在します。しかし、ここで次のことを考えてみてください。「その子会社は、本当に必要ですか？」。

子会社が不要というのではありません。日本では過去から連綿と続く様々な経緯の中で、「何となく存続している」子会社群が多すぎます。そして、その存在を前提としてあれやこれやとグループ組織改革やグループガバナンスの見直しなどを行おうとしますが、これではまずうまくい

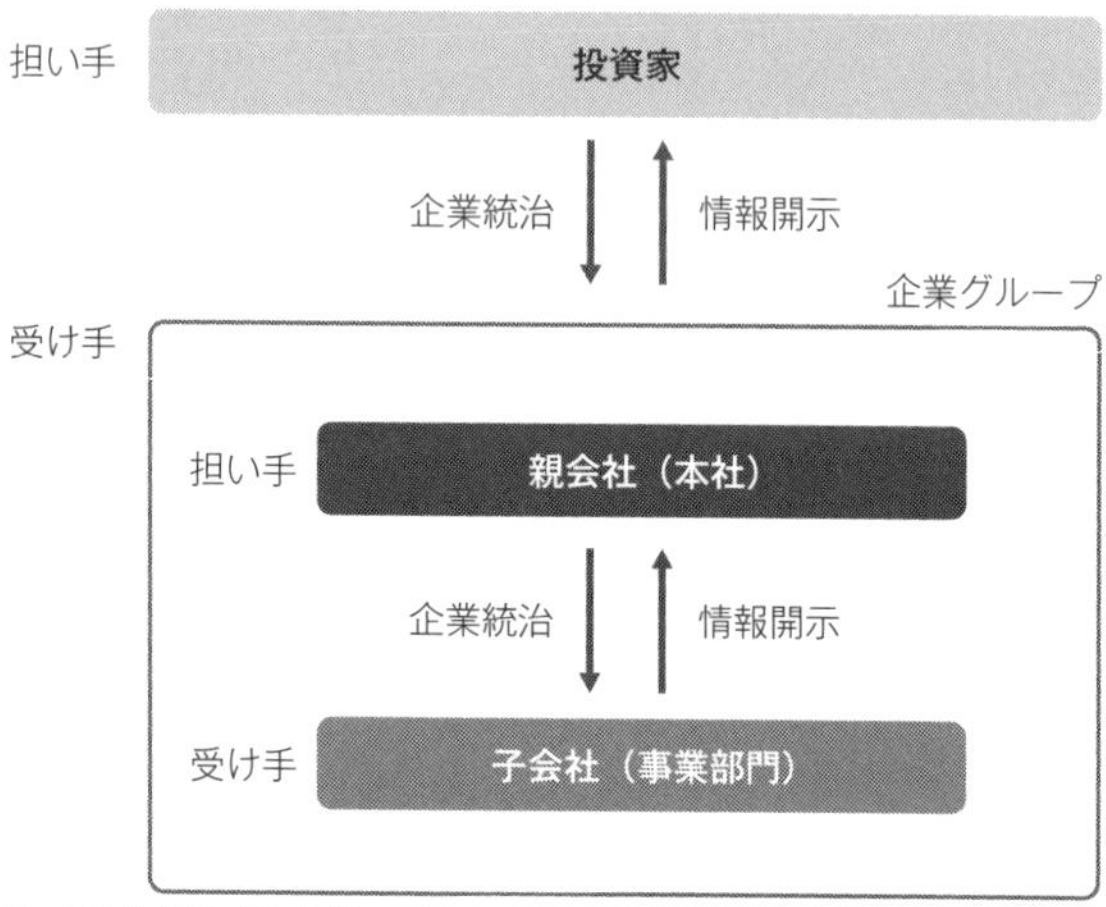

図 5−8　親会社と子会社

きません。過去買収したままＰＭＩがうまくいかなくて放置してある子会社、権力闘争に敗れた役員を処遇するためだけに作ってそのままになっている子会社、こうした存在をそのままにしてグループガバナンスを考えること自体が無謀です。まずはゼロベースで子会社を見直しましょう。その時に留意して頂きたいのは「組織」ではなく「目的」「機能」で考えるということです。そこにあるカイシャのことを考えると目が曇ります。どのような目的で傘下に置いておくことが必要な機能なのか、に的を絞りましょう。そこにいる人の顔や具体的な処遇などが浮かんでくるかもしれませんが、それは後で考えればよいことです。まずはグループの中での存在意義を、目的と機能によってきちんと証明できなければ始まりません。これを考えると、如何に「存在意義の見つけられない」子会社群が多いかに驚くことでしょう。また、子会社など組織として株式会社形態を取っていなくても、事業部門やユニットなどにも同様のことが言えます。まずは「本社」「親会社」は株主としての権利を意識し、投資している先の「目的」と「機能」を明確にすることから始めましょう。

第3節

経営管理を真剣に考える

▼経営管理機能の問題点

さて、次は「経営管理」です。日本企業の弱点といっても過言ではないでしょう。メインバンクシステムの昔、経営管理は「制度会計中心」かつ「過去の数字中心」でした。財務は銀行にお任せ、人事は終身雇用と年功序列にお任せなので、本社の力は弱く、事業部門の力は強大でした。本来はそれをコントロールするための経営管理はますます弱体となっていきました。しかし、このままではマズイことはもはや明白です。

基本的な流れを見てみましょう。Plan-Do-Check-Actionの流れに沿うならば、「Plan」においてグループ内投資家は企業グループとしての明確な将来像を示すとともに、それを実現するためにグループ内企業家に対してどのように資源配分を行うかポートフォリオ戦略を構築し、企業家に対する投資家としての期待値を示すことになります。その際、実行に必要な責任と権限をどう設定するかで、グループ内企業家への期待値の程度も決まってきます。グループ内企業家はこれらを受けて事業戦略を構築し、その内容をグループ内投資家に説明して必要な資源を得ることになります。

「Do」においては、グループ内投資家は資源配分あるいは引き揚げを、一定の基準において行います。投資実行基準や投資撤退基準は非常に重要となります。一方、グループ内企業家は投下された資源を用いて、実際の事業戦略や計数計画を展開します。また、自らの事業にかかる負債資本構成を調節して資本コストの低減を図ることもあります。

「Check」の段階においては、責任と権限を委譲し、期待値を与えたその結果が評価され、「Action」の段階でフィードバックが行われることになります。一連の流れにおけるモノサシは全て同一、企業価値です。言い換えれば、投資に対するリスクとリターンということになります。企業内投資家であれば当然ですね。モノサシを共通化、定量化したことを示すためには、投下資本に対するリスクとリターンを勘案した指標が経営の全てのプロセスにおいて用いられていることが必要になってきます。これが、後述するROICであったり、EVAであったりすることになります。

…と、書くだけならばいとも簡単。しかし、実行するのは至難の業です。あちこちに障害が控えているからです。挙げていけばきりがないのですが、詳細は別の機会に委ねて、ここでは三大課題を挙げてみましょう。

① 事業面―将来予測をする
② 財務面―投下資本とそのコストを把握していない
③ 組織面―事業を評価する機能が足りない

ちょっとドキドキした方もいらっしゃったのではないでしょうか。一つずつ見ていきます。

▼将来予測を回避する

最も重要なのは、先述したPlan-Do-Check-Actionの「Plan」です。これは戦略策定のところでさんざん見ました。ところが、こうした事前の計画策定は不可欠であるにもかかわらず、ここで将来予測を避けようとする姿勢が多くみられます。企業内部にリスク回避的な傾向が強まり、将来のことを予測すると「それは本当なのか」「事実といえるのか」などと無理な注文が多くついてくるという話はよく聞きます。「事実だと断言できる将来」などは、当然この世にはありません。我々が行うべきなのは「将来の確からしい予測」です。これができなければ企業としては失格とさえいえるでしょう。

最近ではようやく、「バックキャスティングによる中期経営計画策定を行う」などといったことが見られるようになってきましたが、遠い将来のメガトレンドの把握と分析にこだわるあまり、「自分たちはどうしたいのか」という将来への究極の目標が抜けてしまったり、戦略の下位概念である「計画」をやたらと総花的に作ったりする傾向があることは既に指摘した通りです。将来予測をしっかり行うためには、それなりの態勢も必要です。内部投資家である本社側は、事業部門の側に対してまずは骨太な方針を示し、期待値を明らかにします。それを受けて事業部門は、現場の状況に沿った将来予測を作り、本社側に説明します。投資家と企業家の例えで言えば、企業側が行うＩＲ（Investor Relations、投資家向け広報）のようなものですね。本社側は説明されっぱなしではなく、それについて「ツッコミを入れる」ことが必要です。これもちまたの投資家やアナリストが行っているのと同じことです。よく、「事業の状況が分からないし、事業部門の方が事業に詳しいのだから、本社から質問をすることなどできない」と言う方がいますが、事業部門より事業に詳しいことなど誰も求めていません。事業会社より事業に詳しいアナリストがいないのと同じです。ただ、アナリストの側は、市場全体の動向や競合他社との比較については詳しいです。目指すべきはこちらです。現場起点の事業の将来予測を事業部門が出し、それを全体を見ながら本社がチェックする、ということです。事業部門はこれから３年間で５％成長すると言っているけれども、市場全体の予測では3年間の平均予測成長率は10％であり、直接競合に至っては15％の伸びを予測している、というのであれば、これこそツッコミどころです。なぜ市場や競合に後れを取っているのか、しっかりチェックして直すべきところは直しましょう。ひとりよがりな将来予測が跋扈するのを防ぐことができます。

こうしたことを行うためには、本社側の備えが片手間では困ります。将来予測を担う担当が幾つも仕事を兼務していてろくに時間を割けなかったりするのは是正しましょう。企業の方々からお聞きする一番の悩みは、「（本社側からの）〝ツッコミ〟がうまくできない」というものです。質問力に乏しいということですね。これは経営戦略をしっかり勉強することが第一です。そのうえで、市場や競合の分析を深め、投資家の見方についても実際のＩＲの場などに臨んで理解することで相当向上します。ぜひ、専任の担当を付けて頑張ってもらってください。

▼投下資本とそのコストを把握していない

そもそも各事業にどのくらいおカネを投下したのか分かっていない、という事態が意外に多くみられます。投下資本が把握できていないということですね。典型的なのは、事業が相当程度多角化しているのに事業ごとのバランスシートがないというケースです。事業別の売上も、利益も分かるのに、事業別の投下資本は分からず、事業リスクも把握されていないため、それに基づいた財務構成も作ることができません。とすれば、当然ながら事業別の加重平均資本コストも算定できず、それを上回るリターンを挙げたかも定かでないということになります。どの事業がどのくらい事業価値を上げて、全体としての企業価値向上に貢献したかも分からないということです。外部の投資家には企業価値向上を謳っても、内部では管理どころか把握もできていない、というのはちょっと情けない気もしますね。

中には「そこまでやらなくても管理はできるし、事業部門にそのような財務の話を理解させるのは大変だ」「財務数字でがんじがらめにするのはかえってよろしくない」という企業もあります。しかし、百歩譲って事業部門に考えさせなくてもいいとしても、本社が分からなくていいということにはなりません。少なくとも本社においては、この事業がどの程度株主資本を使っていて、そのコストを上回るリターンを挙げているのかを把握しているのは当然のことでしょう。また今後は、事業部門のトップを率いるような責任者がこの程度の財務を理解していないという「ファイナンシャルリテラシーの欠落」は許されなくなってくるでしょう。

そうは言っても、難しいことを要求しているわけではありません。バランスシートを作るにあたってのポイントは「ざっくり作る、さっさと作る」です。また、そのためには「誰が作るか」も重要です。当然経理部門の担当だろうと思う方が多いのですが、実はここに落とし穴があります。ここで「制度会計的に正しい」バランスシートを作っても意味がありません。ここで必要なのは、どこの事業が最も企業価値を向上させているのか、全体としてコングロマリット・プレミアムを実現できているか、売却したほうがよいような事業をいつまでも持っていないか、ということをきちんと管理することです。これらは全てマネジメントとファイナンスの問題です。アカウンティングの細部にこだわるのはやめましょう。[注7] 経理部門に丸投げせず、経営企画や財務担当もメンバーに加わりながら、できれば3カ月以内で作りたいものです。詳しい作り方については、別の機会に触れましたので参考にしてみてください。[注8]

事業別の資本コストを知る

「成長はもう望めないけれど、伝統的に保守本流の中核事業が株主資本を大量に握って離さない」というのはよくみられるケースです。株主資本コストは高いので、事業によるリターンが低いのに大量に株主資本を保有すると逆ザヤ、つまり企業価値を毀損することになってしまいます。

さて、ここで問題です。皆さんの会社は、事業ごとに株主資本コストを設定し、事業リスクに見合った負債と資本の構成を決め、事業のハードルレートとなる加重平均資本コストを明らかにして、リターンと比べることができているでしょうか。

例えば、リスク・リターンが高く成長期待の強い開発医薬事業と、同じようにディフェンシブ銘柄と言われても成熟事業でありローリスク・ローリターンの食品事業を両方持っているような企業を考えてみましょう。

開発医薬事業に投資するには、株主もその高いリスクを取るわけですから、リターンも相当高いものを期待せざるを得ません。すなわち、株主資本コストは非常に高くなるということです。こうしたリスクの高い事業を営む場合には、あまり借金をせずに株主資本を厚くしてリスクに備えるのが普通です。平たく言えば「ギャンブルするなら借金するな」ということですね。それによって株主資本コストの割合が増え、加重平均資本コストが相当高くなったとしても、リスクが高ければリターンも高いわけですから、しっかり儲ければ加重平均資本コストを上回るリターンを得ることができるでしょう。

一方、ローリスク・ローリターンの食品事業はこれと逆です。株主のリターンに対する期待値はそれほど高くないので、株主資本コストもそんなに高くはありません。しかし、事業のリターンも低いので、あまり株主資本を多く使うとすぐ逆ザヤになってしまいます。もっと安い有利子負債を適度に用いて加重平均資本コストを下げる必要があります。もちろん、信用リスクの懸念に抵触するほど借金漬けになってしまっては元も子もありませんが。

要は、事業別にそのリスクとリターンは異なるのだから、それに見合ったハードルレート[注9]を設定してあげないと不公平になりますよ、ということです。このあたりはちょっとファイナンスの知識が必要ですが、興味のある方は、別の機会に詳しく説明していますのでご参考になさってください。[注10]

事業を評価する機能が足りない

「事業別に元手にかかるコストを上回るリターンを稼げているのか？」という点をもう少しみましょう。この問いに答えられるような「事業と評価する機能」が弱いことが、事業ポートフォリオマネジメントを遅らせているからです。例えば、この「リターン」をどう計算しましょうか？先ほどの加重平均資本コストと同じ分母、すなわち「有利子負債と株主資本」の額に対してどのくらい儲けたか、を考えると楽ですね。「そんな財務的な話は事業部門には説明できないよ」という場合には、有利子負債と株主資本を使って、事業に必要な運転資金や固定資産、投資などを賄っているわけですから、その合計と考えてももちろん結構です。図5－9を見て頂くと分かりやすいかもしれません。この時のリターンを、投下資本利益率（Return on Invested Capital、ＲＯＩＣ）と言います。

何だか似たような名前が他にもあったな、と思ったあなた、その通りです。この仲間には、株

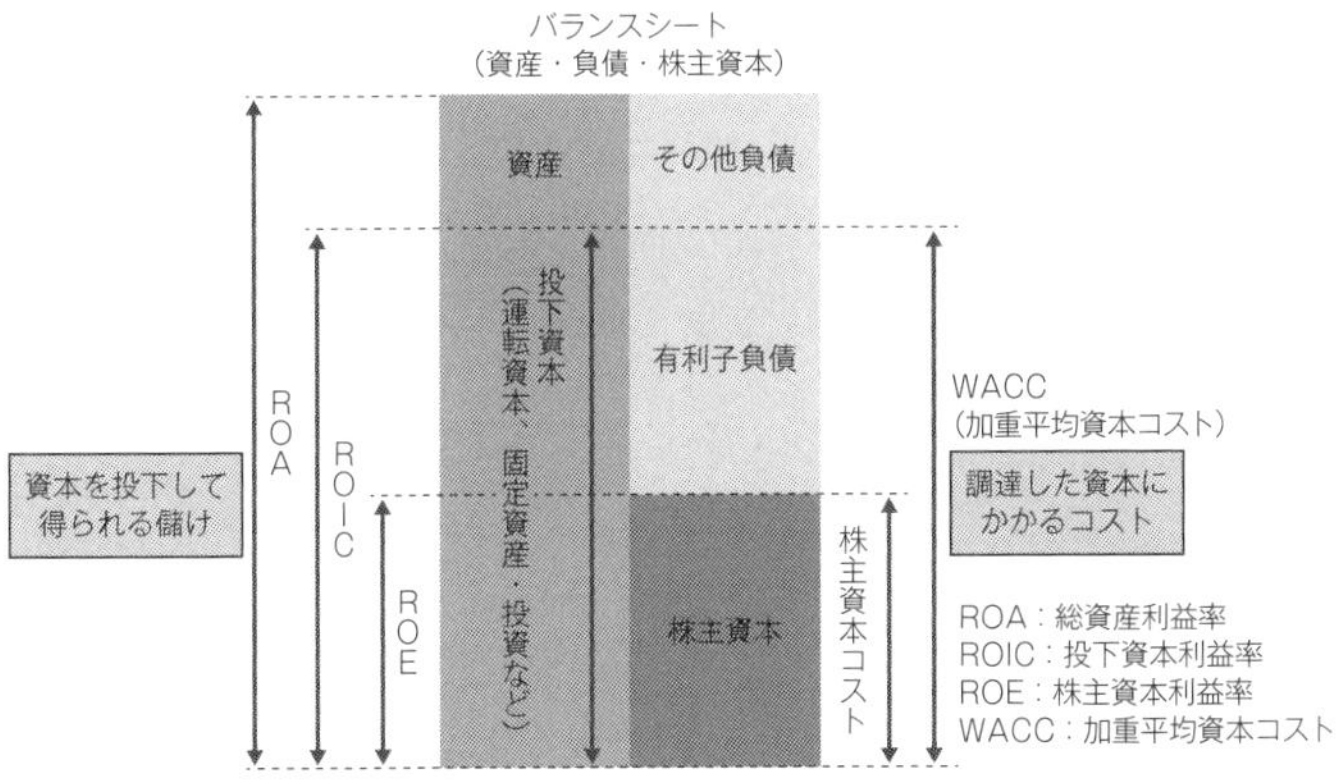

図 5−9　事業が付加価値を生んでいるか

主資本利益率（Return on Equity、ＲＯＥ）や、総資産利益率（Return on Assets、ＲＯＡ）などがあります。元手に対する儲けを見るという点では、皆同じ指標です。団子三兄弟みたいなものです（古いですね）[注11]。

各事業別に将来予測ができており、バランスシートと資本コストが可視化できていれば、各事業別にＲＯＩＣも出せるはずです。これで準備は万端。ようやく「事業を評価する」段階に入ります[注12]。資本コストをかけているのに、それを上回るＲＯＩＣが出せない、となると元手割れになってしまいます。こうなっている事業はないか、しっかりみておきたいものです。例えば、ＲＯＩＣが５％で、資本コストが８％の事業があったとすると、その事業は５％−８％＝マイナス３％の元手割れとなっているということですね。その分だけ、企業価値を毀損しているということになります。従って、各事業が目指すべきは資本コストを上回るＲＯＩＣを実現することです。ＲＯＩＣが10％で、資本コストが６％なら、４％分だけ企業価値を向上させているということになります。[注13]

このように使われる「ＲＯＩＣと資本コストの差分」を、ROIC-WACCスプレッド、あるいはＥＶＡスプレッドなどと呼びます。ちなみに、同じことはＲＯＥでもできます。ＲＯＥは株主資本を対象にしているので、相手方は加重平均資本コストではなく株主資本コストです。ＲＯＥ－株主資本コストとなり、これはエクイティスプレッドと呼ばれます。

これらのスプレッドを見ることにより、「この事業には元手をかけすぎているから控えた方が良い（あまり投資をするなということ）」とか「この事業は企業価値を毀損し続けているから、ウチのグループに居るより、他で頑張った方が良い（他社に売却すべきということ）」などを考えることができるようになります。「ＲＯＩＣがＷＡＣＣをはるかに上回って伸びているので経営資源をこの事業にもっとつぎ込もう」といった意思決定も同様です。

もちろん、ＲＯＩＣとＷＡＣＣだけですべてが決まるわけではありません。ここに一つ欠けているのはその事業の、あるいは市場の成長性です。一つだけで万能な指標はありませんから、こうしたものを合わせてみることにより、より的確な意思決定ができるようになります。まずは「各事業の元手に対するリターンとコストを見られるようにする」ということに全力を挙げて頂いた方が良いかと思います。事業ポートフォリオに関する意思決定すべき事柄が、はるかに明確に見えてくることでしょう。

▼儲かる事業の売却、なぜ？

ここまで見てきた課題をクリアして頂くと「資本コストを踏まえた事業ポートフォリオマネジメントの適正化」にかなり近づいてきます。ここでは実際の活用事例をご紹介しましょう。オムロン株式会社は、2019年4月に車載事業を日本電産に売却しました。この取引、一般的にはM&A巧者である買い手の日本電産側の談話が多く取り上げられましたが[注14]、ここで重要なのはオムロンによる「売り」の方です。

この車載事業、電気自動車や自動運転など将来のテーマ満載の自動車業界に関わる製品群で将来的な成長ストーリーは描きやすい領域です。しかも、オムロンの連結売上高の15%を占め、営業利益率は5%程度あります。ざっと見た限りにおいては〝お荷物〟などではなく、「しっかりと儲かっていて衰退サイクルにも入っていない事業」であったわけです。これをオムロンはいさぎよく手放しました。背景には何があったのでしょうか。

ここで出てくるのが「事業ポートフォリオマネジメント」です。同社の統合報告書でも毎年説明されている通り、同社はＲＯＩＣ経営で有名です。このＲＯＩＣ経営は大きく二つの要素で成り立っています。一つは「ＲＯＩＣをドライバーとした事業ポートフォリオマネジメント」です。「全社を約90の事業ユニットに分解し、ＲＯＩＣと売上高成長率の2軸で経済価値を評価するポートフォリオマネジメントを行っています。これにより新規参入、成長加速、構造改革、事業撤退などの経営判断を適切かつ迅速に行い、全社の価値向上をドライブしています」という説明がなされていますが、先の事業売却はまさにこの産物であったわけですね。

たとえ儲かっていても、世界的大企業が社運を賭ける自動車事業の将来投資に巻き込まれるのは大きな負担です。そこでＮｏ・1やＮｏ・2になれないのならば、より儲かるヘルスケアなど他の強みのある主流事業に投資を振り向けた方が良い選択です。この意思決定ができるかどうかが、「資本コストを勘案した事業ポートフォリオマネジメント」において問われており、判断基準として投資に対するリスク・リターンを示す明確な定量指標を持つことが必要になってきているということです。ある企業の方はこの売却報道を聞いて「黒字の事業を売るなんてウチの会社にはとても決断できない」と頭を抱えたそうですが、この言葉自体に、「ＰＬ脳では行うことができない」事業ポートフォリオマネジメントの特性が表れているともいえましょう。

加えて、この意思決定は単に自社にとっての価値を見ているだけではなく、市場における成長やそこでの価値を見ていることにも意義があります。ＲＯＩＣだけを見ていると縮小均衡に陥る危険性もありますから、非常にバランスとの取れた経営管理だということができます。

ROICを知るために

とは言え、経営企画などスタッフ部門にはおなじみの指標と言っても、現場で働く人々からは、「ROICって何?」という声はやはり聞こえてきそうです。

そこでオムロンが力を入れるもう一つの要素が登場します。「逆ROICツリー経営」。ROICをそのままのカタマリとして扱うのではなく、「各部門のKPIに分解して落とし込むことで、現場レベルでのROIC向上を可能に」することがポイントとなっています。それも、単純に「ROS」や「投下資本回転率」といった指標への分解にとどまらず、現場レベルの業務に直接関係する「自動化率や設備回転率といった製造部門のKPIにまで分解して」浸透させています。これによって「初めて部門の担当者の目標とROIC向上の取り組みが直接つながります。現場レベルで全社一丸となりROICを向上させているのが、オムロンの強みです」とまで言い切っていますから、外部から見ても相当力を入れていることが分かります。はるか以前、EVAを入れたと言いながらいつのまにか雲散霧消してしまった企業の多くは、この徹底した分解能が不足していたと反省していることも多いようです。皆さんの会社はいかがでしょうか。

もちろん、オムロンの取り組みをただほめることはたやすいですが、それが唯一の教科書的解であるというつもりもありません。今求められている「資本コストを勘案した事業ポートフォリオマネジメント」を行い、どこに投資していけば本当に勝てるのかを考えるためには貴重な事例ですが、ただ真似をすればよいというものでもありません。こうした取り組みがうまくいくのは、やはり経営陣のこうした分野に対する深い理解と不退転の決意、そしてそれを強固にバックアップする経営理念の強さにあるといってよいでしょう。同社の経営者の方も、先の買収を決めるにあたって、「われわれの働きでわれわれの生活を向上しよりよい社会をつくりましょう」に始まる同社の企業理念に、本当に車載事業が適っているのか、他の企業の方がよりこの事業のポテンシャルを生かせるのではないかという点を十分に吟味されたそうです。やはり企業は、左脳（経済的価値）だけでは無味乾燥、かといって右脳（社会的価値）だけでも生きていけない、という自社なりの絶妙なバランスを考えていかなければならないのですね。

▼分かっちゃいるけどやめられない

このようなマネジメントを着々と実行できるのであればもちろん理想的です。ただ、そんなことは皆さんご承知の通り。「分かっているけどやめられない」のが問題なのですよね。特に、とっくの昔に低成長・低収益事業と化した〝旧来事業〟であるのに、「我が社のオリジンとなる事業なので、やめようとするとOBなどが反対の大合唱をして止められない」「今の現役事業責任者も、まだ黒字ではないか、などと言われると抗弁できない」などという声があちこちから聞こえてきそうです。OBからの声の多くはノスタルジックなものですし、それに沿った意思決定をして会社がますます傾いたからといってOBが責任を取ってくれるわけではありません。本当はさっさと無視した方がよいわけですが、それができないのは、OBが代表取締役顧問だの相談役だのと言って隠然たる勢力を持っているか、現在のトップが過去ではなく将来を見据えて意思決定をする能力が無いか、もしくはその両方か、です。これはまさにガバナンスの問題ですね。コーポレートガバナンスの世界において、顧問や相談役の存在が毛嫌いされているのはまさにこうした理由からです。的確な意思決定のできないような無能なトップを解任する仕組みについてコーポレートガバナンス・コードが熱意を持って語っているのも同じ理由です。

現役の事業責任者が「まだ黒字だから大丈夫」という場面もよくあります。「まあ、あと20年は持つさ」と豪語した猛者にもお目にかかったことがあります。「あなたはその頃いないけれど、少しは将来ある部下たちのことを考えたことがあるのでしょうか」と思ったものです。

利益が出ていれば良いのではありません。存在していれば良いのでもありません。元手にかかる資本コストを上回るリターンを挙げているか、今後も挙げていけるのかどうかをみたいのです。

低収益の旧来事業はほとんどの場合資本コスト割れしています。回復の見込みがないなら撤退や経営資源回収について考えるのはマネジメントとしての義務といえましょう。

「いや、私は一担当者なので、とてもそんなことは事業のトップに直言できない」という方もいらっしゃるでしょう。それなら上司に言ってもらいましょう。上司が駄目なら、事業のトップではなく、経営のトップから号令をかけてもらいましょう。多角化した企業において、資本コスト割れした事業を持っていながら何も感じていないトップというのはさすがに少なくなってきています。前述の通り、ここで話題にしているのは下世話な言い方をすれば「経営資源の分捕り合戦」なので、実はそれらを仲裁するには経営トップの力です。言い換えれば、全社戦略を本当に動かすのは、経営トップの仕事です。

ちなみに、経営トップも駄目だったらどうしましょうか。最近では、社外取締役に訴えるという手もあります。「そんな畏れ多いことを」とお思いの方、社外取締役には働いてもらってナンボです。気の利いた社外取締役であれば、社内の人々と経営課題について議論するなどという機会には喜んで飛びついてくるでしょうし、あなたが悩んでいるその問題には大きな関心を持つでしょう。多角化企業の社外取締役を担っているからには、事業ポートフォリオに関心のないはずがありませんし、再改訂されたコーポレートガバナンス・コードにおいても、この議論をすべきことが要請されています。再改訂を良い機会として、そうした議論の場を仕掛けてみるのも良いのではないでしょうか。

本社の役割を変える必要がある

この章も終わりに近づいてきました。最後に、ここで書いたようなことを誰がやるのか、について考えておきましょう。もちろん、先ほどから経営トップの仕事だと言っているので、まずトップマネジメントは確定です。で、部門で言うとどこの仕事でしょう？　数字のことだから経理部門に投げよう、などとひそかに思っていたりはしないでしょうか。もちろん、経理部門の仕事は大事ですが、彼ら彼女らのミッションは、過去の実績をルールに則って正確に開示する、ということにあります。少なくともメインバンクガバナンスの昔はそれで良かったわけですね。要は制度会計一筋。将来予測や経営管理とは少々機能が違います。また、財務部門は同じくメインバンクと仲良くしてしっかりと資金調達するのが仕事でした。資本市場と相対して企業の目指すべきところを投資家に理解させる、という機能を担っているかというとちょっと怪しいです。おそらくIR部門などの仕事になっているでしょうし、その中でもESG関連はサステナビリティ部門、ガバナンス関連は法務部門、あるいは総務部門、などと結構〝縦割り行政〟が目立つのではないでしょうか。

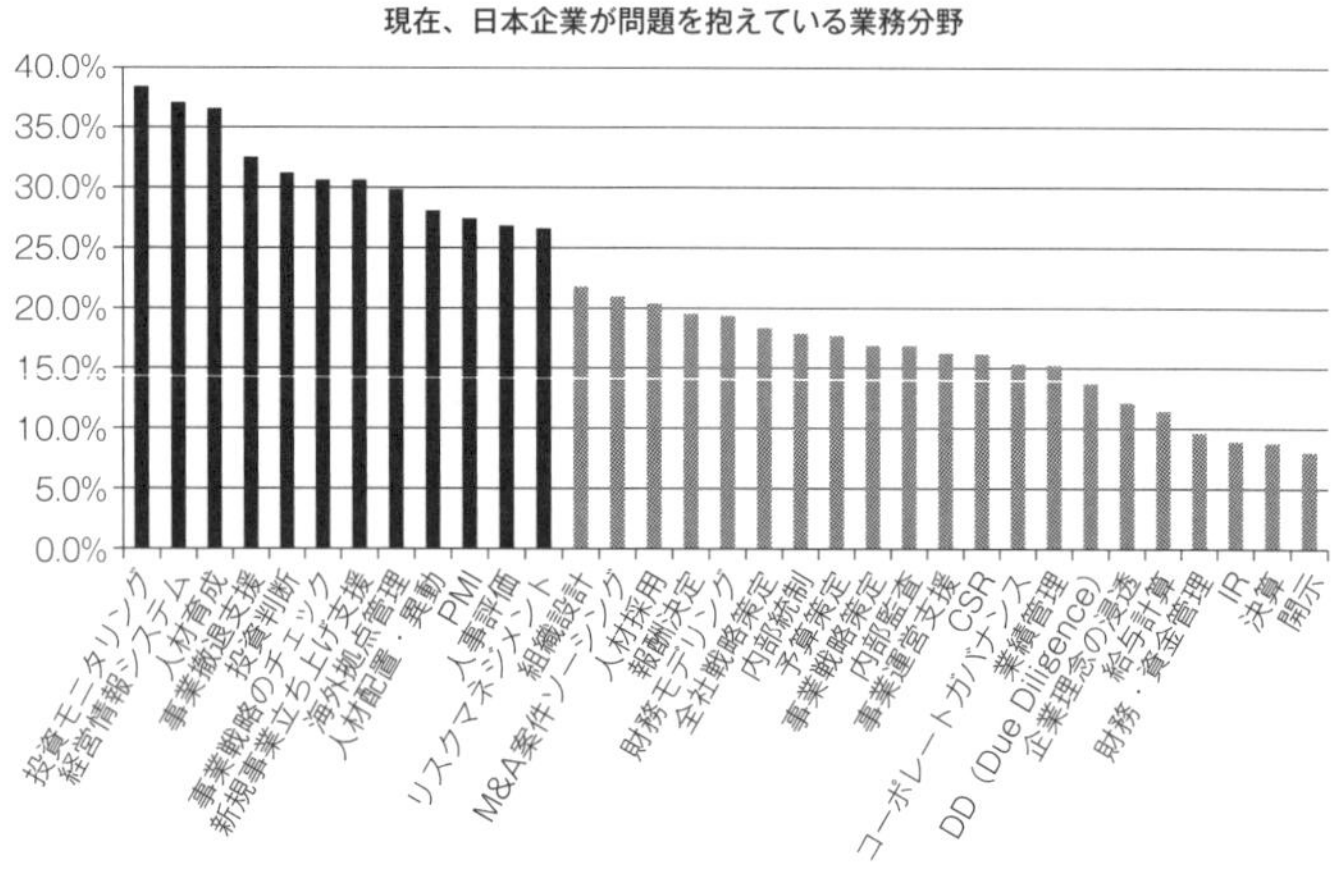

図 5−10　現在、日本企業が問題を抱えている分野
出所：日本CFO協会（2019）「財務マネジメント・サーベイ」

別に欧米が素晴らしいわけではないのですが、こうした機能を欧米の企業で担っているのは「CFO」です。これに最も近い機能は、日本では実は経営企画部門が担っています。ただ、経営企画部門はなぜかPL脳に染まっているので、BSとCFについては経理と財務部門任せのところがあります。こうした多くの部門が、一致団結して見事な連係プレーを見せていくのであれば、別に部門の分担や名称などはさしたる重大事ではありません。果たすべき機能が果たされればそれで良いのですから。

しかし、よく見るとちょっと心配な面もあります。図5－10は、欧米で言うところのCFOが何らかの形でかかわっていることの多い機能について、日本企業ではきちんとできているか、問題がある分野は無いか、ということを聞いたものです。

何だか惨憺たる有様ですね。本社に投資家的機能を求めているのに「投資モニタリング」ができておらず、データインフラの構築が急務なのに「経営情報システム」に難がある、という状況です。経営資源はよく「モノ」「カネ」「ヒト」「情報」と言われますが、「モノ」＝事業部門主体の経営資源、以外の部分は全部ダメ、というような悲しい結果になっています。

これらは全て「本社の仕事」です。すなわち、本社における「カネ」「ヒト」「情報」のプラットフォーム変革が必要となっているのです。従来、事業部門の強かった日本企業においては、本社は「間接部門」「コストセンター」として、事業部門の陰に隠れた存在でした。しかし、今後は本社力が試される時代になってくるでしょう。なぜならば、経営者の力自体が今後の企業の優位性を左右するようになり、その経営者の右腕として本社がどのくらい活躍できるかがその優位性を決めるようになるからです。また、前述したようなグループガバナンスの担い手としても、3線ディフェンスの第二線、第三線として事業部門をチェックする存在としても本社は重要です。先ほどの部門分けもそうですが、いつまでも昔の名前で出ていたり、意味のなくなった区分にこだわっていたりせずに、本当に本社で行うべき機能とは何なのかをしっかりに「機能仕分け」して、新しい本社を打ち立てていきたいものです。

（注1） Rumelt, R. P. (1974). Strategy, structure, and economic performance （邦訳『多角化戦略と経済成果』東洋経済新報社）

（注2） 松田千恵子『グループ経営入門 第4版』税務経理協会、２０１９年

（注3） ジェイ・B・バーニー『企業戦略論【競争優位の構築と持続】（下）全社戦略編』ダイヤモンド社、２００３年 pp.65

（注4） 同社ホームページhttps://www.komatsu.jp/ja/aboutus/corporate-identity （２０２１・７・12閲覧）

（注5） 同社ホームページhttps://www.omron.com/jp/ja/about/corporate/vision/initiative/ （２０２１・７・12閲覧）

（注6） 対象事業の直接競合など比較対象となる企業や属する業界の数値を用いて企業価値を算出する方法のことです。例えばA業界におけるＰＥＲが20倍、営業利益と当期純利益の割合が３：１といった情報があれば、セグメント情報だけから株価が類推できます。多く使われるのはマルチプルと言われるＥＢＩＴＤＡ倍率です。ＥＢＩＴＤＡに対して（株式時価総額＋有利子負債＝企業価値）が何倍あるかを見る指標です。例えば競合10社のＥＢＩＴＤＡ倍率が10倍であれば、幾つかの仮定を置いて同様の試算をすることで、やはりでセグメント情報だけから株価が類推できます。

（注7） 会計的に正しいバランスシートを作ろうとして何年も七転八倒した挙句までできず、経営管理の遅れが一層著しくなっている会社はいくつもあります。

（注8） 松田千恵子『学び直し講座「コーポレートガバナンス」』日経ＥＳＧ第18回～第23回、２０１９～２０２０年。本節はこの内容を簡略に説明しています。

（注9） 投資家には無数の投資機会があります。それらの将来成果を見極めたうえで「これだ」と思う投資先に投資をするわけですね。すなわち、皆さんの会社に投資をするということは、「少なくともある一定以上の将来成果＝リターン」が上がると見定めているということになります。これが投資家の期待する最低限の収益率です。資本コストが意味しているのはこのことです。資本コストの「コスト」というのは投資家にとっての「機会費用」という意味での「コスト」です。事業会社の側から見た場合には、これだけは投資家に約束してしまった、事業で"将来"得られるべき最低限のハードルレートということになります。あまりファイナンス的な詳細には立ち入りませんが、資本コストの計算自体はそれほど難しくありません。時々、詳細な計算で悩んでいる担当者の方も見ますが、これも先ほど同様「ざっくり」済ませましょう。ただ、資本コストの「意味」についてはしっかり押さえたいものです。これは、配当や金利など過去の実払額ではありません。「将来の儲けの見積もり」というのが実は近いかもしれません。だからこそ、企業の将来に期待する投資家たちに対しての約束、これだけは事業からしっかり儲けるぞ、というハードルレートになるのです。

（注10） 前掲の「日経ＥＳＧ」への連載の他、以下の本でも扱っています。松田千恵子『コーポレートファイナンス実務の教科書』日本実業出版社、２０１７年

（注11） ただ、ここでちょっと気を付けて頂きたいのは、「Ｒ」、すなわちリターンの定義です。実はちょっとずつ違うのです。ＲＯＡは、まあざっくり総資産に対する儲けを見てみるか、という程度の指標なのであまりうるさく定義はされません。営業利益を使うことが多いかと思います。ＲＯＥはもう少し厳しいです。これは株主資本を使ってどのくらい儲けたのか、という指標なので、儲けたものは株主に還元され得るものでないと困ります。従って、ＲＯＥを計算する場合の「Ｒ」は必ず税引後当期純利益です。取引先への支払いも、従業員への給料も、銀行への金利も、国や地域への税金も、別の利害関係者に支払うべきものはすべて払った後、残っているのは株主への還元だけ、という段階の利益ということです。
では、ＲＯＩＣの場合はどうしましょう？ この場合は株主資本に加えて有利子負債も考慮に入れるのでしたね。ということは、取引先への支払いも、従業員への給料も、国や地域への税金も支払った後、というのは同じですが、まだ有利子負債の出し手である銀行などの債権者に支払う金利は支払う前、という段階の利益を使うのが良さそうです。これを、税引後営業利益（Net Operating Profit After Tax、ＮＯＰＡＴ）と言います。ＲＯＩＣの「Ｒ」にはこれを使います。

（注12） 事業に対してそれなりにコストのかかる元手をかけているのに起きてほしくないことは何でしょう？ そう、そのコストを下回るリターンしか生み出せないことですね。コスト割れです。損益計算書で考えれば、原価割れでしか売れないという状況です。赤字になるのは嫌ですね。バランスシートで考えた場合も同じです。

（注13） ＲＯＩＣとＷＡＣＣについてあまり言われていませんが注意すべき事柄があります。ＷＡＣＣは極めてファイナンス的な概念ですが、ＲＯＩＣは財務分析的、アカウンティング的な見方を含みます。何を言いたいかというと、「分母は同じ（有利子負債＋株主資本）」と言っていても、実は片方（ＲＯＩＣ）は簿価ですが、もう片方（ＷＡＣＣ）は時価を使うべきなのです。先ほどのエクイティスプレッドに関しても同様です。

（注14） 「日本電産がオムロンの１００％子会社で車載電装部品を手掛けるオムロンオートモーティブエレクトロニクスを１，０００億円で買収する」と報じられました。

第6章

進化へのポイント⑤
人的資本への注力が将来を決める

第1節

働き方ではなく働く内容を変える

▼コロナが変えた日本企業の「抵抗勢力」

前章で、「本社の役割を変えなければならない」ということを申し上げましたが、実際に本社改革などに携わっていると、よく聞くのは、「人事部が最後の抵抗勢力」というお悩みです。曰く「色々新しい試みをしようとしているのにヒトを送ってくれない」「いつまでも終身雇用、年功序列時代の考え方を引きずっている」「できるヒトを引っ張り上げようとしているのに、できないヒトとの平等にこだわりすぎる」――どこかの小学校の運動会のような感想まででてきたりします。一方、人事部門も大変です。「事業部門はどんなに言ってもエースは絶対手放さない」「せっかく新しい試みをしようとしているのに、事業部門のボスがうるさい」「ウチだって労務もあって忙しい」――どこまでいっても平行線。やはり「ヒト」の話は、ここまで見て来た「カネ」や「情報」の話以上に一筋縄ではいかないようです。まあ、それが「最後の抵抗勢力」と呼ばれるゆえんとなっているわけですが、こうした状況も、コロナ禍で少々揺らいできているように思います。テレワークに象徴される働き方改革は、従来型の人事の在り方に一石を投じました。もっと早く変わるかと思ったら、意外に皆さんオフィスがお好きなようで、ラジカルな改革になるかどうかは予断を許しませんが、とはいえ、在宅勤務はワーキングマザーだけのこと、と思われていたところからすれば一歩前進ではあります。では、この先どこまで前進していけば良いのでしょうか。

実は、「ヒト」に関する分野は、この先最も大きく変わると思われる分野です。コーポレートガバナンスの観点から見てもそれは明白ですし、コーポレートガバナンス以前に、ポストコロナ下での企業運営にとっての最重要課題でもあります。本章では、この「ヒト」に焦点を当ててみましょう。

▼ガバナンスが人事を変える

コーポレートガバナンスの諸課題に直結する「ヒト」の問題は、これまで見てきた通り、大別して三種類に分かれます。まずは何と言っても経営者の選解任です。ステークホルダーからの規律付けを受ける存在としての経営者が経営者たるにふさわしいかという問題ですから、これが最重要なのは論を待ちません。「指名委員会」が一層注目を浴びるゆえんです。また、指名するにふさわしい人材を育てるという「マネジメント・トレーニング」についても要請されています。

二番目としては、取締役会のメンバー構成に関する問題が挙げられます。これも、社外取締役の人数割合やスキル・マトリックスなどについて見てきました。そして、三番目は「多様性の確保」でしたね。「ジェンダーや国際性」ばかりではなく「中途採用者」についてもスポットが当てられ、また取締役会だけではなく、執行役員をはじめとする中核人材の多様性についても確保が要請されたのでした。

こうした如何にもガバナンスの問題らしい内容に加えて、今回の改訂ではもう一つ目に付くポイントがあります。追加された文言のあちこちに「人材戦略」「人材資本への投資の重要性」「中長期的な企業価値の向上に向けた人材戦略の重要性」といった言葉が並んでいることです。人事部門と言えば企業においては保守派の本丸、遂にそこまで改革の手が伸びてきたということですね。こうした文言が挿入された背景には、「持続的な企業価値の向上を実現するためには、ビジネスモデル、経営戦略と人材戦略が連動していることが不可欠である」[注1]一方で、コロナ禍を含む環境の激変に伴い「目指すべきビジネスモデルや経営戦略と、足下の人材及び人材戦略のギャップが大きくなってきている」[注2]ことが挙げられます。終身雇用や年功序列に代表される日本型人事システムには、前途ある若者は誰もついてこなくなっています。コロナ禍を契機として湧き上がった「働き方改革」も、もはや「働き方」ではなく「働くこと」そのものを問い直す段階にきています。

こうして考えてくると、コーポレートガバナンスにおける様々な課題への取り組みは、単に取締役会や経営層に影響を与えるだけではなく、企業で働く従業員一人ひとりの将来に深くかかわることが分かります。経営人材プールを厚くしていこうとすれば、おのずからマネジメント・トレーニングの必要性も高まるでしょうし、経営人材の育成に力を入れれば、それと同じくらい他の分野でのプロフェッショナル育成といった複線型の人事も必要になってくるでしょう。取締役会が社外取締役多数という状況になれば、「出世のゴールは取締役」という昭和型の成功パターンも変わってくるでしょうし、一つの企業で「一所」懸命に働くことはもはや美徳ではなくなっていくでしょう。精神論に応えて頑張るよりも、スキルを身に付けて活躍した方がよほど将来のためかもしれません。旧態依然としたジェネラリスト育成中心の古き日本の人事制度では立ち行かない、このままでは「サステナブルではない」ことが明白となってきています。現在の日本企業において、最も改革が必要な分野の一つと言えるでしょう。

こうした変化には、今や若者の方がはるかに敏感です。「最近の新卒は堪え性がないからすぐ辞める」などと嘆いている経営幹部は、自社が、若者に対してプロフェッショナルとして自立するための道筋も示せず、スキルやノウハウも身に付ける機会も与えず、若者の価値を無駄に奪うだけの存在になっていないかどうかをまず自問自答する必要がありそうです。

▼若者はもう嫌になっている

実際、若者たちは動き始めています。彼ら彼女らの課題は明確です。「もう終身雇用には頼れない」し、「そんなものには頼りたくない」ということに尽きます。

中堅以上の層には、若手層が置かれている環境が見えていません。彼ら彼女らは、生まれてこの方一度も「右肩上がりの成長経済」を見たことがありません。そうした中である者は「頑張っても仕方ない」と早々に身の丈にあった生活を求めます。その場合には少しでも安定していた方がましですから、公務員になったり、転勤のない職場を求めたりということになります。一方、やる気のある者は焦ります。意気揚々と大企業に入ったのに、周りが「働かないおじさん」の巣窟だともう耐えられません。「こんなところで自分のスキルを磨けない」「独り立ちするのに時間がかかりすぎる」というのが彼ら彼女らの言い分です。彼ら彼女らには、同年代で起業し、数年でCXOとして華々しく活躍している（ように見える）ライバルがたくさんいます。それも日本人だけではありません。SNSを見れば、世界中のライバルの動きが目に飛び込んできます。自分が後れを取っているように思えて焦ります。こんな状況の彼ら彼女らに「10年は腰を据えてとにかく頑張れ」と言ったところで何も響きません。10年上の先輩だって大したスキルもなさそうな割には怪しげな社内遊泳術だけはうまくなっているのでなおのこと絶望します。超大手優良企業でも新卒の3割は辞めていくのにはこうした背景があります。

従って、有能な若手を惹きつけ、かつ長く働き続けてもらうためには、①会社自体が魅力的、②仕事を通じて成長を実感できるようなスキルの獲得やプロフェッショナルへの道筋が明確、③それに見合った報酬やポジションの公正性確保、が必須になります。昨今、学生がいわゆる「ホワイト企業」を好むのも同じ理由です。魅力的な人材に囲まれて仕事ができるのかということも大きく影響します。働かされるだけ働かされて処遇は先送りというのはもう通用しません。現在の終身雇用と年功序列を前提とした人事体系を変えるのは本当に喫緊の課題です。

▼有能な個人を繋ぎとめられるか

終身雇用や年功序列といった制度は、安定的な環境のもとで、国家と企業、そして個人が幸せに共存している「ムラ社会」では大変うまく機能していたと言えます。これら三者が綺麗に同心円を描いていた時代ですね（図6－2）。個人は企業に属して一生を過ごし、企業は国の枠の中で従順に活動する、という、ある意味幸せな時代が確かにありました。

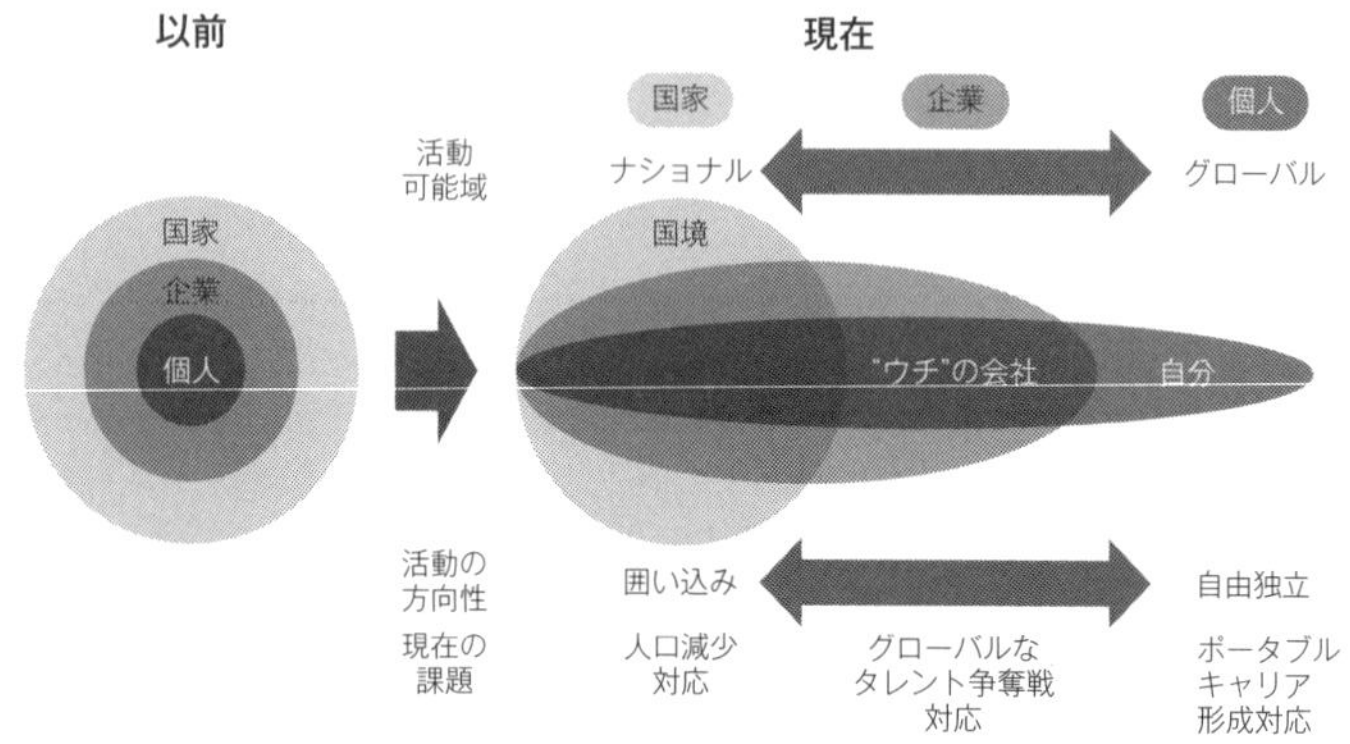

図 6−2　国家と企業、個人の関係

しかし、今はそんな時代ではありません。まず、企業が国家を超え始めました。グローバル化という点でもそうですが、話はよりラジカルです。ＧＡＦＡに代表される巨大企業が、国の枠などはるかに超えて世界の姿を変えつつあります。いみじくも「Google帝国」などと呼ばれるように、それらは国を超えた広がりを持ち、独自の理念に基づいた独自のシステムを動かしています。ひょっとしたら国家より強いのではないでしょうか。国境をいとも簡単に越えられた国家の方は、囲い込みに走ります。物理的な壁を国境に作った大統領もいましたが、最も明白な囲い込みは法人税の引き下げです。そのやり過ぎが目に余るようになったので、ようやく各国共通の最低税率を15％以上とし、２０２３年の実施を目指すことが大枠で合意されましたが、この決定が、国境を越えて事業を展開するグローバル企業に対する、新たな課税のルールを導入することとセットだったのは如何にも示唆的です。制度の詳細設計によっては、合意が「骨抜き」になりかねないという指摘もあるようで、実効性のある変革となるかは、なお予断を許さない様子です。

より身近な脅威は、企業と個人との関係です。企業が国家を超えるように、個人も優秀な層から企業を超えた個人としてグローバルに活躍し始めています。これまで、多くの社会人にとって、自分のキャリアというのは企業における移動や転勤によって作られることがほとんどでした。しかし、今後は自分でそれを創り上げたいという個人が増えるでしょう。そうした傾向を、コロナ禍は大きく促進したようにも思えます。おそらくこの1〜2年の間、自分の働き方や働く内容について少しでも考えてみなかった個人はいないのではないでしょうか。ある人は働く場所を変え、ある人は働く内容を変えたと思います。筆者の働くビジネススクールでも、個人として学び直したいという社会人が急増しました。自分のキャリアを自分でデザインしたいという意欲は、有能な人ほど強いものです。企業はこうした有能な人材を繋ぎ留めておくことができるでしょうか。

▼人材の質を確保するために

こうした危機感は、どこの企業でも多かれ少なかれ感じていることと思いますが、そこで安易な解決に走るとどうなるでしょうか。いくつか見てみましょう。

まず間違いなく起こるのは、「ウチの会社は学びの場をちゃんと提供していますよ」というアピールです。「人材開発研修」「新しい働き方セミナー」といったものがやたらと増えます。確かに、これまで労働力としてコスト扱いしていた「ヒト」について、価値の源泉としてスポットを当て、きちんと投資をしようというのは悪いことではありません。しかし、こうした研修の内容を見聞きすると首をかしげたくなるものも結構あります。従業員の「創造性の開発」「自律性の強化」をやたらと謳うもの。そのためには人事部門が丁寧にケアをし、まだ気づいていない本人の「やりたいこと」を引き出すべきと訴えるもの、等々。確かに創造性や自律性は大事です。やりたいことが明確なら人生も順風満帆でしょう。しかし、そのあたりに問題意識のない社員まで集めて十把一絡げにレベルアップに励むような改善運動にいそしむことが、本当に問題の解決につながるのでしょうか。全くそうは思えません。

企業はいま大転換期の真っ只中です。今後の運命は人材の質で決まるといってもよいでしょう。だからといって、他人が変わるためにあれこれ世話を焼いている暇はもうないのです。それよりも、まずは自分が変わること、すなわち企業側を変革する方がはるかに大事です。あなたの会社は働く場として魅力的になる努力を本当にしているでしょうか。「終身雇用と年功序列は終わっているよね」と口では言うくせに、制度を全く変えない会社の如何に多いことか。座学の研修は幾らでも増やす一方で、「この仕事は何のために行うのですか?」という若者の素朴な疑問に答えられないケースも目立ちます。彼ら彼女らは別に嫌味で聞いているのではなく（まあ時々そういうヒトもいるでしょうが）、自分が行うべきインプットと期待されるアウトプットの間に何ら因果関係が見いだせない命令ばかりが降ってくるので困惑しているのです。そういう人々に「とにかく頑張れ」「生意気なこと言うな」というのは論外ですが、どういうアウトプットを期待しているのだか分からない研修に出席して座っていろと言うのも酷なものです。中には素晴らしい研修もあるでしょうが、多くの場合「会社にとって都合の良い人材」に変わってほしいという意図が見え見えです。そうした意図は敏感に察知され、過剰適応する人材はどんどん創造性や自律性を失っていきますし、そうした資質に富む人材はさっさと辞めていきます。むなしいですね。

ではどうすれば良いのでしょうか。従業員を変えようとしないことです。それより、自社の状況を改めて見直しましょう。創造性や自律性に富んだ人材が魅力を感じて自然と集まってくるような企業になっているでしょうか。要は、従業員を変えようとするのではなく、自社を変えましょうということです。

▼「ジョブ型」に踊らされるな

こう言うと次に起きるのは、「小手先の制度改革」です。コロナ禍を機に流行したのは「ジョブ型への移行」でしたね。早くも勢いを失った感がありますが、ジョブ型の定義も不明確なままに、安易に流行語に飛びつくのですから当然です。「ジョブ型になったから評価をきちんとしなければならない」――それはジョブ型だろうが何型だろうが同じことです。今まできちんとした人事評価をサボっていただけの話です。「ジョブ型になったから職務記述書を作らなければならない」――それもその通りですが、ジョブ型でなければ自分のやっていることを説明できないというのもおかしな話です。また、そもそも部門自体が何を目的に設置されているのか本当に腑に落ちていますか？　まずは本社の機能を明確にする必要があるというのは先に述べた通りです。「ジョブ型というのは専門職の区分だ」――それなら既に多くの企業がそうした制度を持っています。しかし、実態としては何らかの形で専門職が不利になるような制度が大半です。今求められているのは、それらも含めた抜本的な見直しです。だいたい、給与体系も人事制度もろくに変えようとしないで、「これからはジョブ型だ」というのは単なる思考の怠慢です。本気でやろうとするならば、まずは正社員という制度自体見直さなければならないのは自明でしょう。２０２０年1月に経団連が今後の雇用システムの方向性としてジョブ型雇用を提唱したことがありますが、そこにはこう書かれていました。「まずは『メンバーシップ型社員』を中心に据えながら、『ジョブ型社員』が一層活躍できるような複線型の制度を構築・拡充していくことが、今後の方向性となろう」[注3]。正社員クラブはあくまでも温存したいと全力で叫んでいるようです。こうした小手先の制度改革はかえって従業員の方々を疑心暗鬼に陥れます。やる気がないなら下手に格好つけない方がはるかにましです。

テレワークや副業の容認という流れにも、時々同様の匂いを感じます。「時代の流れだから」と一応制度として導入はしてみたけれど、運用でつまずいて結局のところうまくいかない企業も多いようです。ほとんどの場合、上司が出社をそれとなく強制してしまったり、あるいはコミュニケーションが全くできなくなってしまったり。これらについては後で見ましょう。同調圧力の強さに本人がくじける場合もあります。こうした力が、今までワーキングマザーを悩ませていたのですが、結局それが拡大再生産されているようにも見えます。これは分析していないので何とも言えませんが、企業の状況を見渡す限りにおいては「コロナ禍において本社の出社率が低い企業ほど、同調圧力とは無縁なだけに活力があって業績が良い」という仮説は立派に成り立つのではとひそかに思っています。

メディアなどに踊らされ、小手先の制度改革ばかり行って泥沼にはまるよりも、先ほどの①会社自体が魅力的、②仕事を通じて成長を実感できるようなスキルの獲得やプロフェッショナルへの道筋が明確、③それに見合った報酬やポジションの公正性確保、の重要性を思い出しましょう。そして、何から手を付けることが最も「自社らしい」のか、じっくり考えて頂ければと思います。ある会社は「副業容認」の代わりに、「社内副業容認」を打ち出しました。社外で機会を見つけてスキルを伸ばすのも良いけれど、ウチの会社にはあちこちに面白いネタが満載だから探してご覧よ、やっていいよ、応援するよ、ということです。こちらの方がよほど魅力的です。自分の会社に自信がなければ、意外になかなかできない制度だと思います。実際、若者には大好評。会社のあちこちで楽しい「どぶろく作り」が始まっているようです。

▼サステナビリティは綺麗ごとにあらず

こうして見てくると、結局のところ人を惹きつける会社とは、本当に「良い会社」であることが分かります。自分の頭で考え、オリジナルな企業理念や戦略を持ち、綺麗ごとではなく社会との共生を実現し、働く人のことを真剣に考えたユニークな仕組みや仕掛けづくりに投資を惜しまないような企業であってこそ、人は集まります。同調圧力は低く多様性が高く、建前ではなく本音を重視し、表裏のない会社。一昔前であれば、「そんな会社は夢物語にすぎない」と言われたかもしれませんが、サステナブルな経営というのは、実はこうしたものではないでしょうか。

先に挙げた経済産業省の報告書では、「経営戦略と人材戦略の結びつきが弱い」ということが問題点として指摘されています。確かにその通りなのですが、その結びつきが弱い企業は、そもそも本書で口を酸っぱくして述べてきた事業戦略や全社戦略それ自体が曖昧なことが多いです。

経営資源配分を決定するための戦略が曖昧であれば、人的資源との結びつきも何もあったものではありません。また、戦略とESG要素との統合についても見てきましたが、前者があやふやであれば、後者を織り込んでいくことなどできません。様々なESG要素と企業業績の関連には諸説ありますが、「S」の要素である従業員の状況と企業業績に限れば、ポジティブな結果が多いともいえます。ある研究によれば「従業員エンゲージメントスコア1ポイントの上昇につき、翌四半期の営業利益率が0・38%上昇する」そうです[注4]。

最近は、従業員のエンゲージメントスコアや満足度調査なども多く行われるようになってきました。この背景には、ESGの隆盛とコロナ禍が相まって従業員という存在に対する考え方が変わってきており、従業員もステークホルダーであるという意識が強くなってきたことが挙げられます。昔のような家族主義、ゲマインシャフト的な組織においては、従業員は「ウチのヤツら」であり、満足度を測って対応を考えるなどということは考えられもしなかったでしょう。この先、こうした傾向はより強まると思われます。従業員の側も、こうした企業の対応をよく見るようになってきています。例えば、就職・転職情報サイトであるオープンワークは、社員の口コミによってその企業の働きやすさを定量化、評価を一般に公開しています。筆者は別にこの会社の回し者ではありませんが、興味深いデータだと思います。これを見ると、金銭面での待遇以外に、風通しの良さや社員の相互尊重、法令順守意識の多寡、そして人材の長期育成や20代における成長

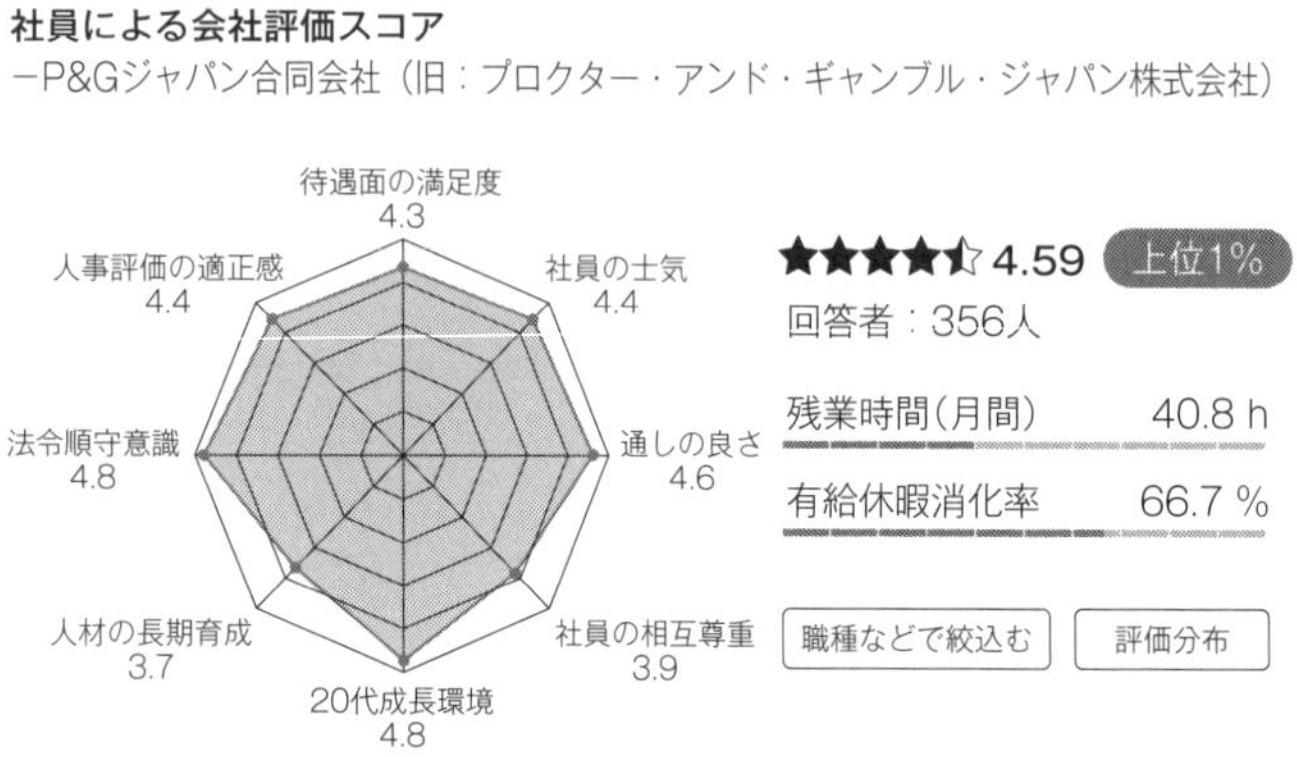

図 6−3　オープンワーク　データ事例
https://www.vorkers.com/company.php?m_id=a0910000000G7Hg（2021.10.5閲覧）

環境が、企業選びの重要なポイントになっていることが分かります。こうした内容は競合とも比較され、ランキングされています。これから就職・転職しようと思う若者や、現在社内にいる若手たちはこうした情報を見て、企業を判断しています。もしかすると、ちまたのＥＳＧ格付機関などよりもよっぽど生々しく企業のサステナブル経営の実態を表している情報かもしれません。ランキングの低い企業は敬遠されていくでしょう。本当に「良い会社」であることの重要性を実感させるようなデータです。

第2節

「管理職」ではなく「経営職」を

▼「岩盤地帯」をどうするか

若者の未来はどうやら変わっていきそうですね。経営トップもコーポレートガバナンスの波に洗われて意識改革は随分進んできたようです。ここで問題となるのはトップと若手の〝間〟です。その名も「中間管理職」と言われる層は、本音ではこうした変化に否定的なことも多いようです。別に彼ら彼女らが悪いわけではなく、これも環境の必然です。現在の中間管理職層は、若手の時には昭和的価値観のもと精神論で頑張れと言われ、処遇も先送りされながら会社の土台を支えてきた人たちです。やっと取り返せると思ったら全部白紙というのは酷だと言われれば頷ける面もあるでしょう。

ただ、このままでは同じ課題を再生産するだけです。「新常態」を契機に、将来思考で変えるべきものは変えましょう。とはいえ「中間管理職は要らない」と切って捨てるのは百害あって一利なしです。「抵抗勢力」や「岩盤地帯」となって既得権益を死守する困った人たちを量産するだけになってしまいます。

彼ら彼女らが意外に気づいていないのは、実は知らぬ間に培ってきた自分のスキルやノウハウです。本当はプロフェッショナルと言っても良い能力があるのに、それらが可視化・言語化されていないために生かせていない場合はかなり多くあります。まずはそれをきちんと可視化しましょう。自分のやっていることを説明できない人は意外に多くいます。だからといって仕事をしていないわけではなく、どのような「機能」を担っているのか、あまり考える機会に恵まれてこなかっただけです。人事評価だってこれまでいい加減だったのですからなおのことです。

社内外問わず副業を認めたり、他社との協働機会を増やしたりするのも良いことです。多様性の確保も大事です。同質的な集団は変化を嫌いがちです。女性や外国人はもちろん、即効性があるのは中途採用者の割合を増やすことです。中途採用者数がある閾値を超えると企業風土自体ががらりと変わるのを感じられるでしょう。

▼日本企業の管理職は〝無免許運転〟

もう一つ、是非やって頂きたいことがあります。「管理職」を名実ともども見直すことです。日本企業の「管理職」というのは、一定年齢に達すると自動的に呼称が変わり、椅子が変わり、部下の面倒を見なければならなくなることを指すように見えます。そして、「管理」が仕事といわれると、勤怠管理に始まって種々雑多な押印業務に追われ、重箱の隅をつつくような細かな指示を部下に与えるのが本務のような気にもなってきます。部長や課長というと、デスクにへばりついて資料の山の中でハンコを押しているイメージがまだありますよね。でも、それが本当にやるべきことでしょうか。

彼ら彼女らに与えられている仕事は「マネジャー」です。どんな小さな組織単位でも「マネジメント」は必須であり、それは一つの重要なスキルです。本来は、そのスキルを身に付けてマネジメントを行い、その結果に責任を取れる能力のある者を「マネジャー」といいます。もちろん、勤怠その他の「管理」も必要でしょうが、より能力を使ってほしいのは「経営」の方です。この二つは、英語ではどちらも「マネジメント」ですが、日本語では随分イメージが違います。「管理職なのに経営なんておこがましい」などと思われた方はいませんか。とんでもないことです。

大きかろうが小さかろうが、ある組織単位のリーダーとして、目指すべき目標に向かって戦略を策定し、その組織における経営資源配分を考え、部下たちのモチベーションに意を用い、難しい意思決定について責任を持つのが「経営」です。本来はそういうことを考えるべきポジションを「管理職」などと呼んだのが間違いのもとではないでしょうか。これからはぜひ「経営職」と呼んで頂きたいと思います。それだけで、中間管理職などと呼ばれていた人々の意識は大きく変わることでしょう。

「そんな〝経営〟なんて大それたことできないよ」という意見もありそうです。はい、すぐにはできません。経営というのは一つの機能であり、スキルです。もちろん向き不向きもありますし、センスも問われますが、そもそも基本的なスキルとしての経営の勉強を、日本の管理職はほとんど行わないまま今のポジションについています。そういう意味では、日本企業の管理職には〝無免許運転〟が横行しているともいえます。まずは「経営」という仕事についてしっかり学びましょう。怪しげな自己開発研修より、基本の勉強の方がはるかに大事です。日本企業では、MBA(Master of Business Administration、経営学修士)を取得しても全く役に立たないと従来言われてきました。そんなもの誰も持っていないし、必要ともされなかったからです。しかし、海外で経営職の端くれともなればMBAなど持っていて当然です。[注5]「マネジャー」ポジションにとってはほとんど運転免許証のようなものです。この時点で既に海外企業とだいぶ差がついてしまっていますが、まず運転免許くらいは取りましょう。世界標準は既にその先を行っていて、博士課程での研究を極めて実務に生かす人たちも多くいます。

▼プロジェクト・マネジメントも経営のうち

コーポレートガバナンス・コードが求める「経営者育成」のためのマネジメント・トレーニングも大事ですが、業務レベルの「プロジェクト・マネジメント」について明示的な学びの機会を設けるのも重要です。マネジメント・トレーニングの「集大成」が企業経営者育成であるとすれば、その「第一歩」は「プロジェクト・マネジメント・トレーニング」であるといえましょう。これを社内で明示的に行い、そのスキルを本人に可視化させると、実はマネジメント・スキルに長けた人材というのは、中堅や若手を問わず結構見つかるはずです。

筆者の知る限り、名経営者と呼ばれるトップの方々は、必ず若い頃にこの「プロジェクト・マネジメント」で苦労した経験を持っています。20代も半ばでいきなり一癖も二癖もある年上のお じ様たちを束ねなければいけなくなったり、英語もおぼつかないのに単身海外拠点に乗り込んで現地スタッフをまとめたり。会社というのはしょせん「社長とそれ以外」でできているわけですが、自分より他に責任を転嫁することのできない社長というトップポジションの、それはそれは辛い疑似体験を、まだ心身ともに柔軟な若いうちに積むことができるというのはまたとない貴重な機会と言えます。

ところで、「私は絶対に経営者になんてなりたくない」という人もいるでしょう。はい、無理する必要はありません。「せっかく好きな分野に打ち込めるのだから、この道を極めたい」という望みを持つ人もいます。もちろんぜひどうぞ。よく考えてみれば、いい歳をしたオジサン・オバサンになるまで「総合職」という名のもとにジェネラリストとしての横並びレースをさせられ、経営陣にはなれないことが分かった頃にはそろそろ定年、という人事制度こそ非人道的です。ちょっと言葉が強かったでしょうか。でも、どこかの企業のトップが「ウチの会社は、30年かけて人をダメにするところなんだよ」などと言っているのを聞くと、本当にそう思います。辞令一枚でどこにでも行かされ、経営スキルも身に付かない「管理職」をやらされ、残業手当もろくにつかず、家庭を顧みることもできず…暗くなるのでもうやめましょう。経済成長時代の昔は、そうやって頑張っているとそれなりに若いうちから良い思いができ、勝ち馬に賭けているようで楽しかったんですよね、きっと。でも、今は企業の成功イコール社員の幸せとは限りません。社員の方々は自分の幸せをしっかり追求しましょう。そのうえで、良い関係を結べる企業を見つけてきちんと働きましょう。

一方、企業の方は、そうした幸せの「多様性」をなるべく多く受け止められるような魅力的な場所づくり、機会づくりにいそしみましょう。経営は一つの機能ですから、それに向いている人も向いていない人もいます。向いている人にはマネジメント・トレーニングを、そうでない道を選びたい人にはその道のプロフェッショナルとしてのトレーニングを。どちらがエライとかいう話ではありません。本来、複線型の人事制度というのはこうした選択を自由にできるような制度のことです。正社員に対して職務限定社員を設けているけれども実は格差の温床であるとか、メンバーシップ型を守りつつジョブ型も都合よく使うということではありません。

▼個人の生き方が問われている

今後、試行錯誤を経て企業内の人事制度も、そして個人のキャリアデベロップメントも変わっていくでしょう。いったん企業に入ったら出世のゴールは取締役、それを目指してピラミッドを駆け上がる、といった昭和的キャリア形成はもう終焉を迎えています。何と言っても、取締役の定義が変わってきていることは既に見た通りです。社外取締役を中心とした「監督」機能を担う人々の集団へと、今後も変化を強めていくでしょう。

社内では、経営機能を担いたい人たちは「経営者」としてのマネジメント・トレーニングを経て、その専門家となっていくでしょう。それ以外の機能を担いたい人たちは、その道のプロフェ

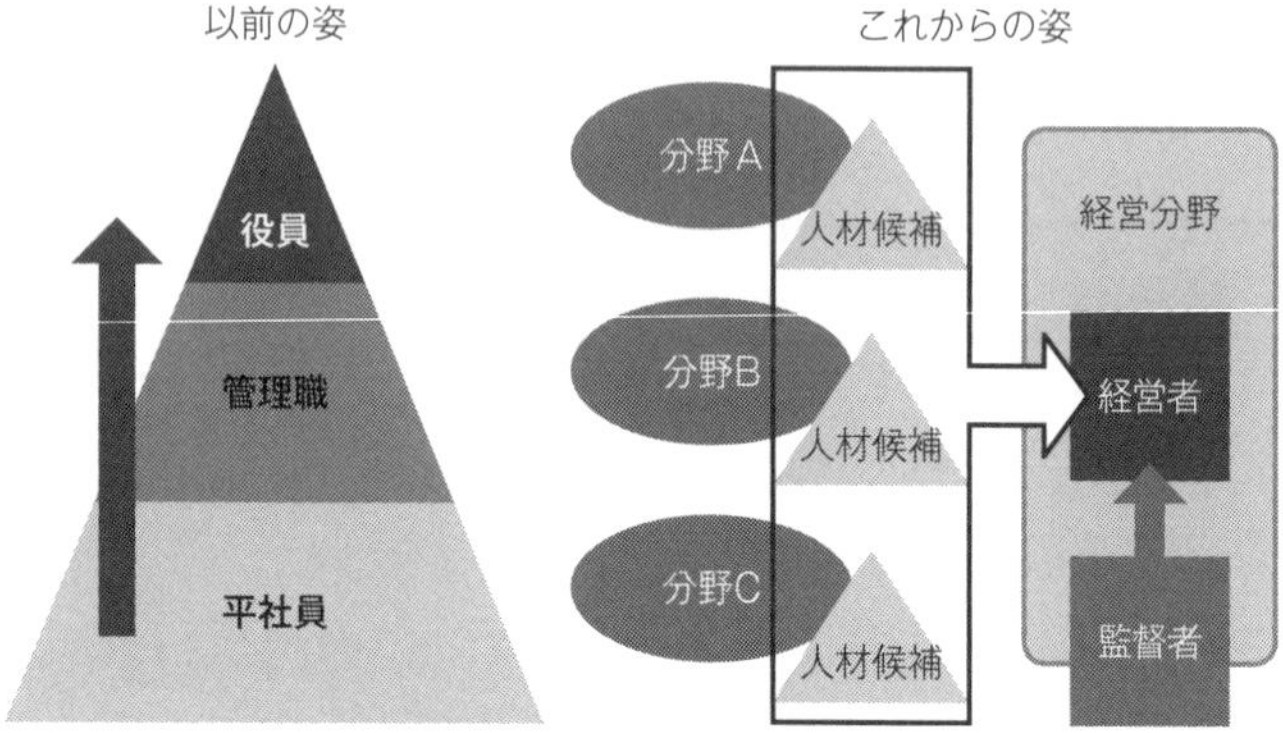

図 6−4　出世のゴールとキャリアデベロップメント

ッショナルとなっていくでしょう。分野によっては、ピラミッド型の組織さえなじまないかもしれません。機能を超えて、ティール組織[注6]のような形態が最も合うような分野が企業内にもできるかもしれません。そこで社内外から一目置かれる存在が生まれるかもしれません。

何だか素敵な世界のようですが、楽しいことばかりとは限りません。むしろ、個人にとってより厳しい世界がこれから待っているのではないでしょうか。これまでは企業の敷いたレールに乗っていれば、それなりの人生が待っていました。少々仕事をサボっても何とかなりました。研修も自己啓発も、全て企業がお膳立てしてくれました。しかし、これからは自分で決めなければならないことも増えるでしょう。プロフェッショナルとして常に研鑽を積むことが求められます。自分の能力は自分で花開かせなければなりません。そう思ってみると、最近の若者は本当によく勉強します。もう会社には頼れないからかもしれません。有能な個人としてアピールしていかないと明るい将来がつかめないからかもしれません。全体としてはそうした時代は始まったばかりです。しかし、早晩「一生勉強」になるでしょう。衝撃的なデータもあります。各国と比較した場合、日本人の「勉強しなさ加減」は群を抜いています（図6－5）。しかも、企業内でもそれほど勉強しているわけでもありません（図6－6）。これではグローバル競争に負けて当然ですね。ちょっと悔しいですが。しかし、このまま安穏としてはいられません。若者はそれに気付いているのかもしれません。これからは、個人の生き方が問われる時代となってくるでしょう。

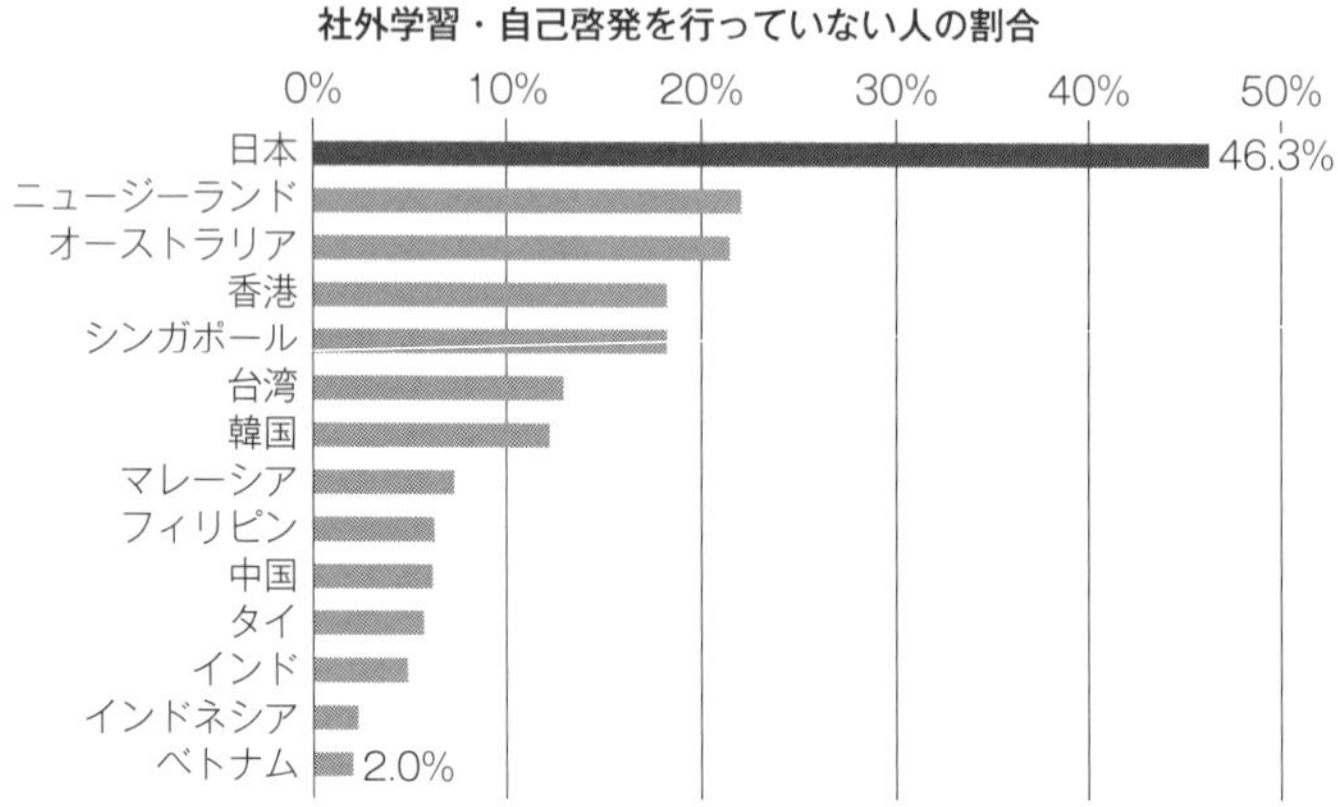

図 6−5　個人の社外学習・自己啓発の状況

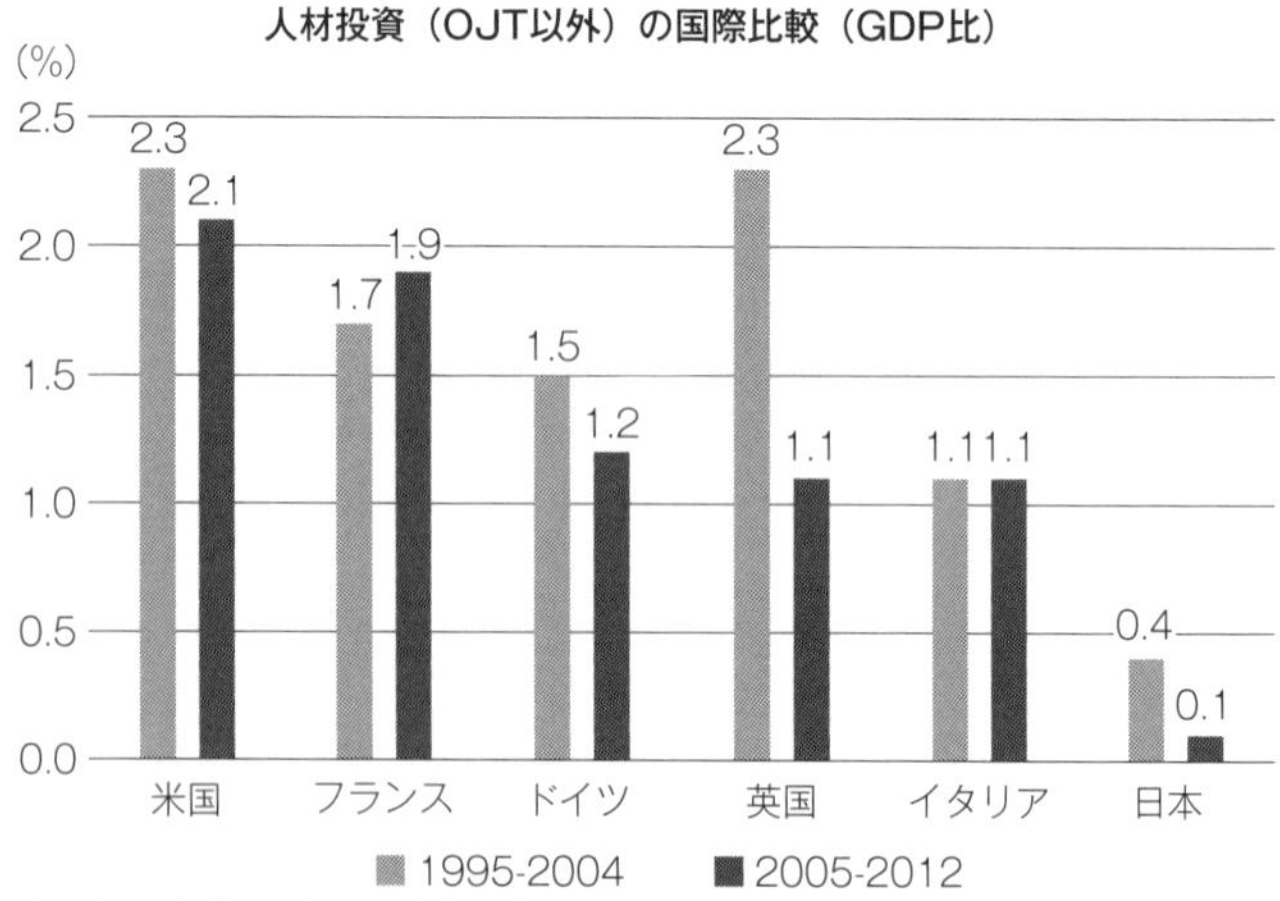

図 6−6　企業による人材投資

出所：経済産業省（2020）「持続的な企業価値の向上と人的資本に関する研究会 報告書」

第3節

コーポレートガバナンスと人事部門

▼人事部門の仕事とは何か

これから先、人事分野においてはとてつもなく大きな変化が待っているかもしれないと実感して頂けましたでしょうか。ただ、こうしたことを人事部門が全て担うのは無理、という声もよく聞きます。当然です。今の人事部門は、人材開発機能と労務管理機能を混然一体と担ってしまっています。まずは機能を分けましょう。この二つはどちらも大事ですが、全く異なる機能です。加えて、人事部門には、福利厚生施設のご案内を作るなどのサービス機能もあります。「ヒト」という経営資源が複雑かつセンシティブであるゆえに、その業務範囲も広く深遠になるわけですが、現時点で求められているのは何と言っても「人材開発機能」、そしてそれを可能にするための人事制度改革です。コストではなく価値向上の源泉としての人材に一層向き合う必要があるで

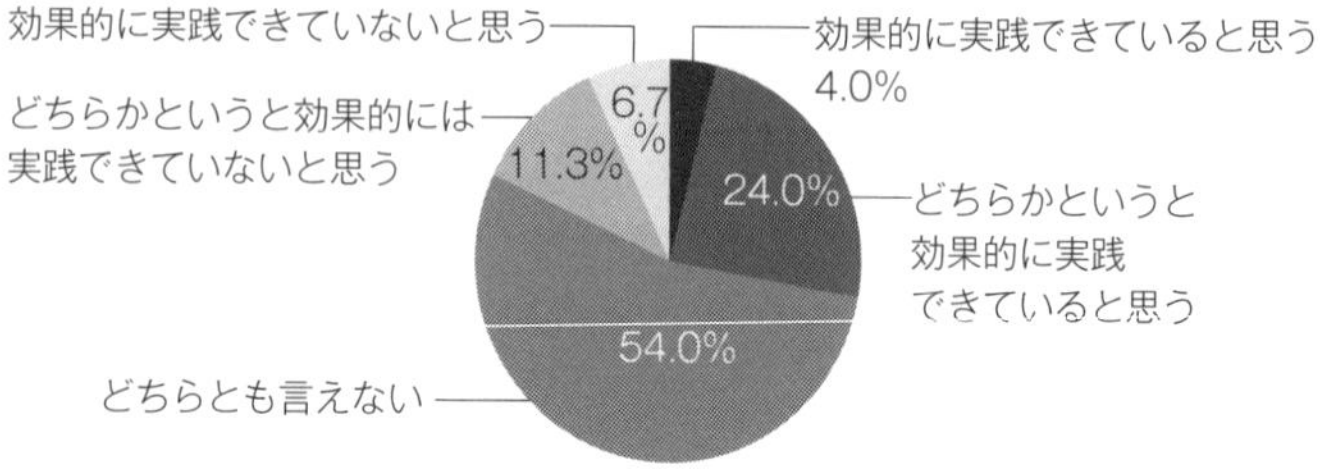

図6−7　人材マネジメント施策会般の効果
出所：経済産業省（2020）「持続的な企業価値の向上と人的資本に関する研究会報告書」

しょう。「材」を「財」に変えただけでその気になっている場合ではありません。実に約7割もの企業が、人材マネジメントを効果的に実施できていないと感じています。この分野において「本当にやりたいこと」はまだほとんどできていないのです。

ただ、図6−7に見られる結果にはちょっと注意しなくてはならないかもしれません。「人材マネジメントを効果的にできているのか」というのが設問ですが、そもそも「人材マネジメント」なるものは存在しているのでしょうか。本書でも見た通り、中期経営計画はあれども経営戦略は無い、ということと同様の現象が、人事でも起こっているように思います。すなわち、細かい人事規程はたくさん作るけれども人事戦略は無い、ということです。経営戦略が無ければそれに伴う資源配分を考えることはできず、人的資源配分に関する戦略も策定できないのは当然のことです。従って、人事部門だけの問題ではもちろんないのですが、この先、人事部門は相当力を入れて経営戦略策定への関与と、そこから導かれる人事戦略の立案及び実行に注力しなければならないように思います。そうした流れを意識してか、最近ではCHRO（Chief Human Resource Officer、最高人事責任者）といった存在も注目されるようになってきました。先に見たCFOが「カネ」という経営資源におけるトップだとすれば、CHROは「ヒト」という経営資源を司る役目です。CFOが単なる経理部長ではないように、CHROも普通の人事部長では困ります。「O」がつくのはOfficer、つまり経営者の印でした。経営者として全社を見据えた人事の意思決定をしていくことが必要です。

▼指名委員会との連携をどうするか

「いや、人材マネジメントが大事なのは分かっているけれど、具体的にはどうすればいいのだ」という声も聞こえてきそうです。はい、ここでようやくコーポレートガバナンスに話は戻ってきました。まずは「上」から始めましょう。

本書でさんざん見てきた「取締役会の改革」です。そこでは、指名委員会が中心となって、経営トップの後継者計画を作るわけですが、日本の場合単にそれだけでは済まず、その次の世代のマネジメント・トレーニングまで含めて議論することが必要だということはすでに申し上げました。しかし、この議論の材料になるような情報を、指名委員会は独自で集められるのでしょうか。

当然無理に決まっています。そこで人事部門の出番です。ガバナンス事務局に任せておけばいいや、などと消極的なことは考えないでください。指名委員会と人事部門がしっかりと連携することにより、まずは次世代の経営者育成に関する論議が多面的になります。先にも述べたように、人事部門自体は経営トップの人事を決められるわけではないですが、実際に決める場にいることで、経営的な目線をもって仕事をすることができます。CHROにもせっせと働いてもらいましょう。ここのつなぎがうまくできなければ、経営戦略と人事戦略の連動など絵に描いた餅です。

次世代経営者人事を考えることで、人事部門の次の仕事も明確になってきます。何と言ってもマネジメント・トレーニングを充実させなければなりません。それ以外の分野でのプロフェッショナル・トレーニングの必要も出てくるでしょう。勢い、人事制度の見直しに向けた格好の契機となります。また、次世代経営者候補の情報を上げようとすると、自社の人事データの不備や不足にも気が付くでしょう。事業部門が人材を抱え込んで離さない問題にも対処せざるを得なくなるでしょう。意外なところに前途有望な若者が潜んでいることに気が付くかもしれません。こうして、上から下へと改革を続けていって頂きたいと思います。当たり前の話ですが、社員は人事を見て動きます。役員の動きが変わり、人事部門の動きが変わってきて、そこから発する情報が変化してきたら、必ず社員は気づきます。せっかくのコーポレートガバナンス改革です。ぜひ、それを自社のマネジメント改革に生かして頂くことを切に願っています。

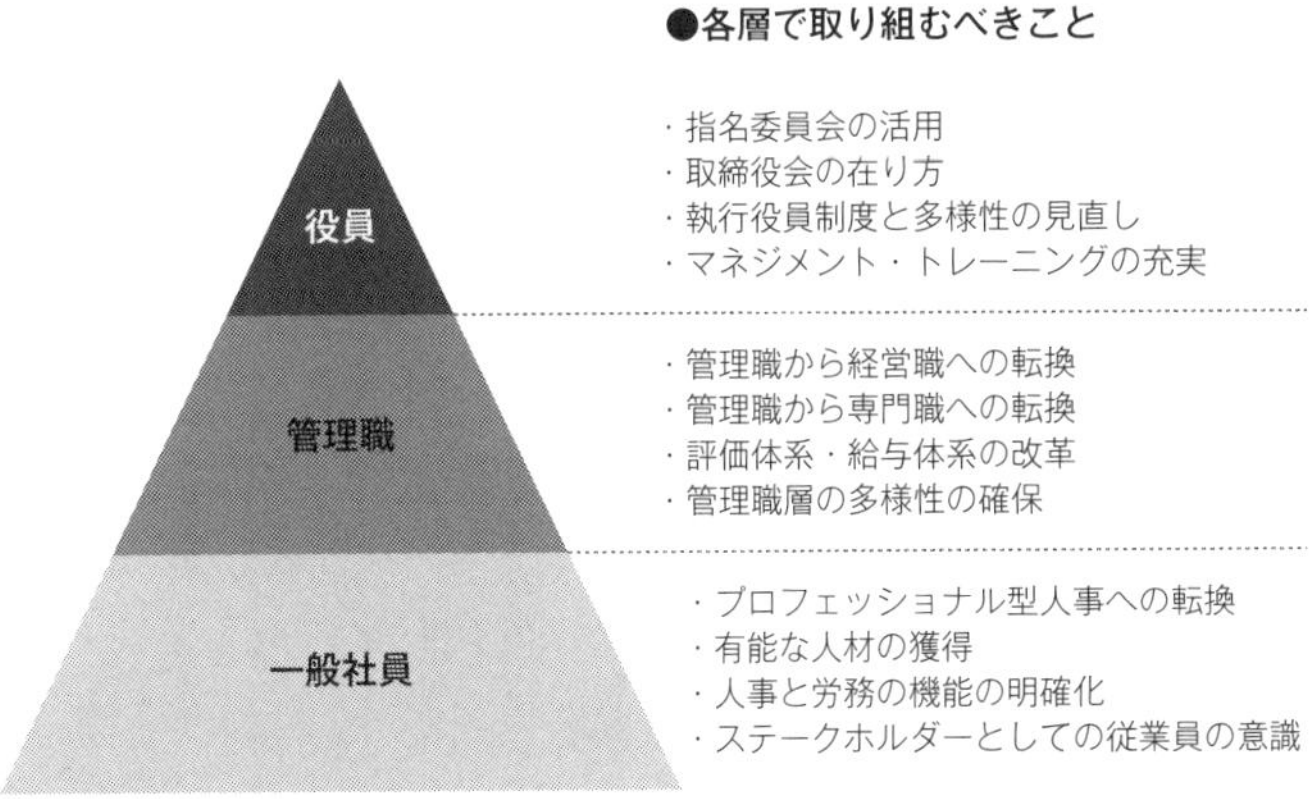
●各層で取り組むべきこと
役員
・指名委員会の活用
・取締役会の在り方
・執行役員制度と多様性の見直し
・マネジメント・トレーニングの充実
管理職
・管理職から経営職への転換
・管理職から専門職への転換
・評価体系・給与体系の改革
・管理職層の多様性の確保
一般社員
・プロフェッショナル型人事への転換
・有能な人材の獲得
・人事と労務の機能の明確化
・ステークホルダーとしての従業員の意識

図 6−8　人的資本の改革ポイント

（注1）経済産業省「持続的な企業価値の向上と人的資本に関する研究会報告書〜人材版伊藤レポート〜」2020年
（注2）同右
（注3）日本経済団体連合会（2020）「2020年版 経営労働政策特別委員会報告」
（注4）株式会社リンクアンドモチベーション（2018）「『エンゲージメントと企業業績』に関する研究結果を公開〜エンゲージメントスコアの向上は営業利益率・労働生産性にプラスの影響をもたらす〜」
（注5）MBAにも功罪は色々あります。最も辛辣なのは、あのヘンリー・ミンツバーグによる「MBAが会社を滅ぼす マネジャーの正しい育て方」（日経BP、2006年）でしょう。ただ、よく読むと「新卒でビジネススクールに入ってくる若者に数値管理やテクニックだけを教えるMBA教育は百害あって一利なし」と言っているわけで、これは全く同感です。社会人を一通り体験してから行きましょう。加えて、日本企業の場合にはこうした社会人教育は特に必要と思われます。ミンツバーグおススメの現場実践は嫌というほどやっているけれども、やっていることを体系化する知識や知恵を持たない場合が多いからです。また、経営職層の財務知識の薄さには愕然とすることもしばしばです。ぜひ理論武装を。
（注6）ティール組織は、個々のメンバーが自律的に動き、組織の目的達成に向けて変化する組織のこと。上からの管理があまりなく、階層や強いリーダーなどもないのが特徴です。一方、メンバーの高いセルフマネジメント力が求められます。

あとがき

「コーポレート・ガバナンス」は、多くの方々にとっては敬遠しがちな分野でもあり、法律の専門家以外に足を踏み入れるのははばかられるように感じる世界です。しかし、それゆえに最初から約束しておりました「難しいことは言わない」「綺麗ごとも言わない」「何かあればイチから説明する」という三原則を面白く感じて下さる方々もいらっしゃったようで、お蔭様でシリーズ三冊目となりました。本当に有難うございます。

一方、この本を初めて手に取られた方もご心配なさらないでください。前著の情報が全く無くても、楽しく気軽に読めるような本にしたつもりです。この本は、タイトルはコーポレートガバナンスと銘打っていますが、その実、企業におけるマネジメントをどう考えるか、どう変えていくか、というところに多くのページを割いています。本文にもあった通り、ガバナンスとマネジメントは合わせ鏡だからです。きっと、あなたが日常行っている実務にも何らかの形で必ず関係してくることばかりです。そう思って役立てて頂けると幸いです。

コーポレートガバナンス・コードも再改訂となり、いつの間にか原則主義が細則主義に衣替えしたのかと思うほど分量も多くなりました。個人的には、そろそろやたらと細かくするのはやめにして、しっかりと経営の土台を考え直すためのよすがとする時期に来ているように思います。折しもコロナ禍において、誰しも自分の将来を考え直すこととなりました。本書が、気安く読めつつ、どこかで将来に向けた企業の先行きを見つめ直すきっかけとなるようなものであれば良いなと願っています。

本書は、「日経ESG」に「学び直しコーポレートガバナンス講座」として掲載頂いた内容を基にしています。同連載も既に45回を数えるまでになりました。それだけあればそのままで本になりそう…というのは甘い考えで、やはりほとんど最初から書き直しとなりました。それだけこの世界の動きが急であり、その変化の幅が大きいのだと言えましょう。新しいことが次から次に湧いてくるようです。そうしたダイナミズムを惜しげもなく伝えてくれ、貴重な対話の時間を取って下さった素晴らしい経営者、投資家、学者、実務家、その他多くの方々に心から感謝いたします。

最後になりましたが、雑誌の連載からお世話になり、いつも温かく筆者を見守り、力づけてくださいました日経BPの半澤智様、本当に有難うございました。お蔭様で無事にゴールに辿り着くことができました。また、同社の田中太郎様、酒井耕一様には、折に触れて機知に富んだコメントを頂き、大変励みになりました。深く御礼申し上げます。

２０２１年11月

松田千恵子

索引

数字

英語

C

D

E

F

G

I

K

M

日本語

著者略歴

松田千恵子（まつだちえこ）
東京都立大学 経営学研究科 教授

東京外国語大学外国語学部卒業。仏国立ポンゼ・ショセ国際経営大学院経営学修士。筑波大学大学院企業科学専攻博士課程修了。博士（経営学）。日本長期信用銀行、ムーディーズジャパン格付けアナリストを経て、コーポレイトディレクションおよびブーズ・アンド・カンパニーでパートナーを務める。2011年より現職。上場企業の社外役員を務める。著書に『これならわかるコーポレートガバナンスの教科書』『ESG経営を強くするコーポレートガバナンスの実践』（以上、日経BP）など。

サステナブル経営と　**コーポレートガバナンスの進化**

2021年12月13日　第1版第1刷発行
2024年5月24日　第1版第4刷発行

著　者　松田千恵子
発行者　松井健
発　行　株式会社日経BP
発　売　株式会社日経BPマーケティング
〒105-8308　東京都港区虎ノ門4-3-12
装丁・本文デザイン　相羽裕太（明昌堂）
制　作　明昌堂
印刷・製本　中央精版印刷株式会社

本書籍に関するお問い合わせ、ご連絡は下記にて承ります。
https://nkbp.jp/booksQA

ISBN978-4-296-11064-3